転がる石のように

揺れるジャーナリズムと軋む表現の自由

山田健太
Yamada Kenta

田畑書店

転がる石のように——揺れるジャーナリズムと軋む表現の自由◎目　次

はじめに　8

2020

日本学術会議の任命拒否　10.10/20　16
進む国家管理　菅内閣のデジタル推進　11.14/20／日本学術会議問題*　11.18/20　20
少年法改正でどうなる匿名範囲　12.12/20　27

2021

菅政権のメディア戦略　01.09/21／ＳＮＳ各社のアカウント停止*　01.11/21　32
拙速な新型コロナ特措法の改正議論　02.13/21　39
国旗損壊罪の新設　03.13/21／続く文春砲*　03.16/21　43
デジタル化法案の罠　04.10/21　49
進む法改正と新法　無限定な私権制限　05.08/21　53
自由な言論活動の規制　06.12/21　57
取材の自由　07.10/21／五輪取材規制と民主主義*　07.11/21　62
違い際立った緊急事態下の五輪報道　08.14/21／リーダーとの付き合い方*　08.15/21　68
個人情報の保護　09.11/21／集会はだれのために*　09.19/21　74

国への異論認めず規制　10.09/21／パンドラの箱を閉じる前に＊　10.24/21　80
ネットの言論規制　11.13/21／打たない自由と打てない理由＊　11.28/21　87
侮辱罪強化の危うさ　12.11/21　93

2022

取材報道ガイドライン　01.08/22／表現の自由の原則と「劣後」＊　01.09/22　100
復帰五十年の沖縄報道　02.12/22／不自由による安定の希求＊　02.13/22　106
転機迎えるＮＨＫと民放　03.12/22／戦争をさせないこと＊　03.20/22　113
ヤジと民主主義　04.09/22／空気は読まない＊　04.24/22　120
改憲めぐる新聞社説　05.14/22／そこに「ためらい」はあるのか＊　05.29/22　126
侮辱罪の強化　06.11/22　132
那覇市内の写真展中止　07.09/22／過去の教訓は生かされているか＊　07.03/22　136
国と住民の関係性の有り様を考える　08.13/22／隠すことは法の支配にもとる＊　08.07/22　143
メディアの公共性　地域性喪失の危機　09.10/22／職業上の嘘と大義＊　09.11/22　149
国葬のマスコミ報道　10.08/22／善意の空回りと危険性＊　10.16/22　156
ヘイトスピーチの規制　11.12/22／「健全」を求める「不健全」さ＊　11.20/22　162
「紙」の新聞は社会への窓　12.10/22／思想・表現の自由の侵食を見過ごさない＊　12.25/22　169

2023

コロナ禍の言論状況　01.14/23／顔識別カメラの慣れと恐れと＊　01.29/23　178
オフレコ誰のため　取材の自由㊤　02.11/23／オフレコ必要な側面も　取材の自由㊦　02.14/23　184
テレビ放送七十年　03.11/23／モヤモヤとわざわざで見失う真意＊　03.05/23　190
マイナカードの弊害　04.08/23／「うわべだけ」をうまく生かす＊　04.09/23　197
期待したい最高裁報告書　05.13/23／「なぜ」を疎《おろそ》かにする社会＊　05.14/23　203
「大衆的検閲」続く表現規制立法　06.10/23／ジャーナリズムのやんちゃ性＊　06.18/23　209
被害者取材・報道　07.08/23／遠い戦争　近い戦争＊　07.23/23　216
記者会見の意味　08.12/23／報道機関の「戦う覚悟」＊　08.27/23　222
記者会見の政治利用　09.09/23　228
ニュースの価値　10.14/23／〈当たり前〉を超える＊　10.01/23　233
ジャーナリストの仕事　11.11/23／自分ルールの危うさ＊　11.05/23　239
続く報道圧力・二〇二三年回顧㊤　12.09/23／検証必要な司法判断・二〇二三回顧㊦　12.09/23
／ポストが赤いのもメディアのせい＊　12.10/23　246

2024

能登半島地震　問われる報道の真価　01.12/24／忘れて、本当にいいんですか＊　01.14/24　258
安全保障と私権制限　02.09/24／知らぬがホトケ＊　02.18/24　264

政治資金の透明化　03.08/24／過去があって今がある＊　03.24/24　271
放送百年の節目　04.12/24／「配慮」という欺瞞＊　04.28/24　277
選挙時の〈表現の自由〉　05.10/24　283
ネットの健全性　06.14/24／誰のためのプライバシー保護か＊　06.02/24　288
取材源秘匿と公益通報　07.12/24／それでも守らなければならないもの＊　07.07/24　294
能動的サイバー防御　08.09/24／スポーツジャーナリズムの神髄＊　08.11/24　300
公益性とプライバシー　09.13/24／ホイッスルは止まれの合図＊　09.15/24　306
ハイパーローカルメディア　10.11/24／抽象を具体化することの意味＊　10.20/24　312
庁舎内の録音・録画　禁止措置の危うさ　11.08/24／最後の砦は誰か＊　11.24/24　319
選挙報道とＳＮＳ　12.18/24／秘匿される公共基本情報＊　12.29/24　325

附

いま、なぜジャーナリズム教育か　334
ジャーナリズムの拠点を構築するために　344

※タイトルの脇に「＊」印が付いている項は、東京新聞連載、その他は琉球新報連載です。

本書は『見張塔からずっと──メディアと政権の8年』『愚かな風──忖度時代の政権とメディア』の続編である。

転がる石のように——揺れるジャーナリズムと軋む表現の自由

はじめに

本書のタイトル「転がる石のように」(Like A Rolling Stone)は、前二冊に続き、ボブ・ディラン(Bob Dylan)の詩《うた》からひかせていただいた。見張塔からずっと(All Along the Watchtower)、愚かな風(Idiot Wind)に続き、タイトルからはジャーナリズムをめぐる状況が改善されるどころかどんどん悪くなっていることを示している。

前著の刊行直後に、ボブ・ディランのノーベル文学賞受賞の知らせを聞いた。そして今回は、彼の青春時代を描いた映画「名もなき者／A COMPLETE UNKNOWN」の封切りと重なった。しかも本書のタイトルの最後の一節が映画のタイトルだ。これは単なる偶然ではあるが、それは、この三部作の編集を一貫して手掛け、タイトルの名付け親でもある田畑書店・大槻慎二さんの想いが通じていることの証だろう。

旧来のマスメディアが本来の自由奔放さを失い、社会的にも孤立した状況に陥っている昨今の状況を、この詩に写し込んだわけであるが、それはジャーナリズムだけではなく日本の政治も社会そのものにも当てはまるのかもしれない。ただし同曲の最後のフレーズは希望や励ましとも解釈されており、筆者のジャーナリズムに対するこれからへの希望も重ねている。

内容は、二〇〇八年春から一六年夏までの『見張塔からずっと』、それに続けて二〇年秋までの『愚かな風』に続き、二四年末までの表現の自由とジャーナリズムについての論評であるとともにクロニクルでもある。前二著の十二年間のほとんどは、副題の「政権とメディアの八年」と「忖度時代の政権とメディア」からみえるとおり、もっぱら政権とメディアの関係がタイトルとなる安倍の時代だった。

その間に挟まれた民主党政権時代は、東日本大震災・福島原発事故に見舞われた以外にも、沖縄基地問題の迷走や裁判員裁判の開始、マイナンバー制度導入の事実上決定など、いまに続く大きな課題に社会が揺れた時代でもあった。また、ヘイトスピーチが市民権を得たのも、SNSが日常化していったのも同時期である。

こうした時代の転換点から一回りし、いままたジャーナリズムが、あるいは表現の自由が大きなカーブを曲がりつつある。まさに二四年が象徴的にそうであった通り、SNSが個人に対する誹謗中傷にとどまらず、よくも悪くも社会全体に大きな影響力を与える状況の中で、さまざまな局面で表現の自由の行き過ぎや限界が議論され、ジャーナリズムとりわけ既存の言論報道機関の役割が問われる事態となっているからだ。

それをあらわしたのが本書の副題「揺れるジャーナリズムと軋む表現の自由」であって、この間、公共放送NHKはインターネットへの本格進出が法制化されたものの、その将来像が見えないまま迷走し、経営委員会の番組介入や現場でのやらせなど揺れている。二五年三月には放送開始百年を迎える中で、電波を伝送路とするテレビやラジオは次の百年、聴取者・視聴者に何をどう伝えていくか大きな課題に直面している。

さらに大きな壁に当たっているのは活字メディアだ。新聞は九〇年代、毎日七千万部以上が発行され戸別配達されていたものの、いまや半減どころか二千五百万部まで落ち込んでいる。書店もかつては二万店近くあったものが、近年は一万店を大きく割り込んで書店不在地区が当たり前になりつつある。まさに存続の危険水域にはいったといってもよい状況だ。こうした活字メディア全体の経営上の危機を前に、取材・報道自体も大きく揺れている。

もちろん、というのはあまりに残念であるが、ポスト安倍ののち政権が変わっても、表現の自由に制約的な立法や行政運用の流れは続いている。むしろ、メディアに強制捜査が入ったり、取材中の記者が現行犯逮捕されるなどの「新しい」事態も発生し、それらは本書のなかでも繰り返し個別具体的に扱っているところである。

実際、国際的な比較指数である「報道の自由度ランキング」でも低位が定番になってしまった。この順位の妥当性にはさまざまな意見があるところだが、少なくともこの十年で急落しているという事実を受け止め、海外から問題ありと評価されているという謙虚な反省は必要だろう。

沖縄では二四年大晦日に、代執行一年の「記念日」的に辺野古新基地建設のための軟弱地盤海域への土砂投入が行われた。その前には、米兵による性犯罪が政府によって隠蔽されていた事実も明らかになった。アジア・太平洋戦争敗戦後、沖縄は米軍による統治が四半世紀にわたり続き、その間は「無憲法」の時代であった。七二年の復帰によってようやく主権が回復したものの、その後も「憲法番外地」の時代が続いている。

しかも南西シフトという都合のよい言葉によって「ヒト・モノ・カネ」が集中的に投下され、ただでさえ米軍専用基地が集中してきた沖縄の、いっそうの「基地の島」化が進んでいる。しかもそれは、これまで繰り返されてきた「捨て石」の歴史と二重写しになるものだ。しかし残念ながら、台湾有事や北朝鮮核武装といった情報の中で、日本とりわけ沖縄の軍事化が当然視される風潮にある。

もちろん異を唱え、危険性や疑問を的確に指摘するジャーナリズムは存在する。その筆頭が沖縄県下の新聞や放送局であることは間違いなかろう。そして当たり前であるが、戦争ができる国化する日本の状況に抗う多くの県民がいる。県民集会に集い、基地建設に反対し、自衛隊基地の強化に抗議する住民はその一部である。

しかしこうした抗う沖縄ジャーナリズムを嗤う本土メディア、抗う市民を嗤う有名人という構図があるのが事実だ。抗うこと、抗議することを、茶化し卑下することで、全否定するという姿勢だ。いや、否定というよりさらに強力な無効化する態度といった方が適切かもしれない。とりわけネット上のこうした〈嗤いの言説〉が大きな塊となって社会の空気を作っていくさまは、ヘイトスピーチの現場でも、昨今の選挙においても見られる、いまの日本の悲しい「ブーム」とすらなっている。

こうした弱者切り捨て、異を唱えるものを無視する動きは、ここ沖縄だけの問題ではない。二四年正月と同年秋に能登を襲った地震・災害は、とりわけ奥能登の生活基盤を大きく奪うものだ。しかしいま、コンパクトシティといった聞こえの良い言葉によって、水道も電気も復旧させることはコストにあわないとして切り捨てられようとしている。二一年三月の震災から十四年が経つ福島では中間貯蔵という名で汚染土が集積され、むしろ帰郷の可能性は減じているようにしか見えない。

廃炉に向けた工程表は、沖縄・辺野古の完成の見込みがないまま工事を進める基地建設と同じだ。作業をする当事者が一番よくわかっているはずなのに、ゴールを目指し続ける。もちろん、何らかの手当てをしなくてはいけない炉心溶解が続く原子炉と、そもそもする必要がない基地建設では、設定するゴールは全く逆ベクトルではあろう。

いま私たちの社会は、いかに本当のジャーナリズムを再構築し、それを社会に定着させるかが問われる。そうしたなかで、専修大学では二五年四月に大学院「ジャーナリズム学専攻」が開設され、これまでのジャーナリズム教育をより深化させ、教育の拠点とともに研究の拠点としての機能をバージョンアップさせることになる。このジャーナリズム教育の内実を解説するのが、最後につけた二つの論稿である。あわせてお読みいただければ幸いである。

前二著に続き、本書も琉球新報への月一回の連載五十三本を発表順に並べている。時制をはっきりさせるために、一部の記述を具体的な年号表記に置き換えるなどするほかは、一切、手を加えず当時の記述のままとしている。さらに前著に続き今回も、同時に連載を続けている東京新聞の四十本（「見張り塔から」と「時代を読む」）もあわせて転載している。一部、内容の重複があるが、それは問題の重要性ゆえであるとご理解いただきたい。

二〇二五年三月十一日　原発事故から十四年を迎える福島・大熊町にて

山田健太

2020

日本学術会議の任命拒否　*10.10/20*

まさに、土足で奥座敷までズケズケと入り込んできた、といえるのが日本学術会議の新会員任命拒否だ。九月十四日の新政権後の十月一日人事で、さっそく大きな波紋を呼ぶことになった。

【小中高校の不自由】

裁量的任命拒否は、学問の自由への侵害であるとか、それとの関係で違憲であるという言い方もされているが、ここではさらに長期スパンで伏在する問題を考えてみたい。それは、教育・研究現場からの思想良心の自由、表現の自由の剝奪《はくだつ》状況が、徹底したかたちで完成形を迎えつつあるということだ。今回の任命拒否は「突然」起きたことではなく、時間をかけて進めてきた現場統制の過程にあるもの、ということに大きなポイントがある。

すでに、小中高校の教育分野において、一九九〇年代以降、周到な準備と実行をもって、個々の教師の自由を奪い、政府主導の教育内容の徹底が実現している。一つは教科書の政府方針への統一である。そもそも制度上、日本の場合は教師が自分の教室で好きな教科書を使用できない仕組みとなっている。

それが、さらにこの間の採択の広域化と決定権限を持つ教育委員会メンバーの入れ替えによって、政府方針に近いとされる教科書の使用が大幅に進んだ（各学校がどの教科書を使うかは、地区ごとの教育委員会が決定する仕組みが採択制度だ）。

しかも、教科書内容は文科省の意向に従うことが義務付けられており（教科書検定制度）、政府見解を扱うことがルール化される結果、慰安婦や南京虐殺、沖縄戦「集団自決」（強制集団死）の記述が大幅に変わってしまったことは記憶に新しいところだ。

そしてもし、指導要領と異なる授業や教科書記述にない話をすると、すぐに話が伝わり、保守系議員が議会で問題化し、それを受けて中央政府が動くという構図が定着している。教師は、間接的に国家に監視されているのである。

そのうえにもう一つ、道徳の教科化による愛国心教育と、国家観の統一がある。君が代・日の丸を巡る良心の自由の否定も同じ文脈だ。国会では繰り返し強制性を否定してきたものの、自治体レベルでの指示に従わない者への処分が一般化している。一部では裁判で行き過ぎが認められたものの、大筋において教育の場の公式行事において、国旗を掲揚し国歌は起立して斉唱する以外の選択肢はなくなった。いまや社会全体にその空気は広がり、たとえばプロ野球で試合前に国歌斉唱を行うことが儀礼化しているが、その際に立たないことは勇気がいる事態を生んでいる。

【大学の自治への侵食】

これに比べれば大学はましではあろう。個々の教員の研究の自由も教授の自由（授業で何をどのように教えるかの自由）も、まだ見た目として確保されているからだ。しかしその自由も実はここ数年で大きく侵食されている。それが実利優先の教育志向であり、大学補助金政策である。いわば、国家政策に沿った学生を作ることを求めることで、大学教育を縛ってきたからだ。

善し悪しは別として、今般の大学経営は政府補助金なしでは成り立たない状況にある。そこに競争原理を導入し、政府の方針に合った教育内容の大学に傾斜配分されることになった。まさに財源を通しての政府の大学支配が進む形になっているということだ。

あるいは、学内の規律重視は、集会の自由も格段に奪っている。今回の任命拒否に異を唱える教員や大学においてすら、その学内において政治的主張をもった集会を開くことは困難だ。大学自体が、学内の平穏を維持するという理屈で、自由な言論表現活動の芽を厳しく摘《つ》んできた結果でもある。

各自治体で進行している政治的中立を絶対視したのと同じ理屈で、「静かな大学」が実現していることになる。大学もすでに、さまざまな搦《から》め手で、多くの自由を手放してきた状況があり、それは前述の小中高校の教育現場の自由の縮減と軌を一にしているということだ。

思い返せば二〇一九年は、文化・芸術分野に対する政府の直接介入が大きな問題として浮上した。文化庁補助金カットの問題はその後、コロナ禍での芸術活動全体の危機的な状況を迎え雲散霧消してしまった感があるが、その方針は結局変わることなく、定着の道を歩んでいる。そして、博物館・美術館での忖度《そんたく》状況や、各自治体の公民館他各種施設等の貸し出しも、相変わらず政治的中立性が求められている。結果的に、恣意的《しいてき》な権限行使で作品の展示、デモや集会等の市民の表現活動の制限や、後援取り下げが続いているということになる。

【成功体験に裏打ち】

さらにいえば、こうした教育現場における「改革の成功」のほかにも、解釈変更は怖くない、という経験も積んでいる。近いところで、集団的自衛権もそうだし、検察庁法・国家公務員法も当てはまる。表現分野で言えば、放送法の解釈変更もいとも簡単に成し遂げた。いまだに当該研究分野の研究者の大多数は政府解釈は間違いといっているが、政府は全く意に介さないどころか、「新」解釈に基づく政治家の振る舞いを、放送現場は抵抗なく受け入れる事態が定着してしまっている。

内閣人事局による官僚統制が成功したことは言うまでもない。これが前政権以来の力の源泉として機能しているし、むしろ今後、その完成度は高まっていくことになろう。そしてこうした変化は、強いリーダーシップとして世間の高い支持を受けている。まさに過去の解釈や前例を踏襲する守旧派に向かって闘う「改革派」だからだ。

これに力を貸しているのが、世論の対立状況だろう。いわば国論を二分するような課題については、政権は親政権のメディアを最大限活用し、強行突破を繰り返してきているからだ。その結果、内閣支持率にも大きな影響を与えることなく、課題を乗り切っている。秘密保護法も国家安全保障法も、共謀罪も、みな同じ構図である。いわば、国論（世論）が割れた瞬間、政権は「勝った」という状況がある。

こっそり勝手に変更という悪習は、きちんと絶たせる必要はある。このような首相による恣意的な人事が当たり前に行われれば、いともたやすく憲法で保障されている、学問の自由や言論表現の自由が空洞化することは間違いない。社会全体をみるほどに、事態はより深刻化していることがわかるといった厳しい状況のなかで、十年先を見通して筋を通した議論を社会の中で構築していくのが、まさに研究者の役割であり、そのサポートをジャーナリズムにも期待したい。

進む国家管理　菅内閣のデジタル推進　*11.14/20*

菅義偉新内閣の目玉の一つが、省庁間横串のデジタル推進と行政改革、そのための大臣配置になろう。

【省庁横ぐし改革】

その二つを担うのが、平井卓也「デジタル改革担当・情報通信技術（ＩＴ）制作担当、内閣府特命担当」と、河野太郎「行政改革担当、国家公務員制度担当、内閣府特命担当（沖縄及び北方対策、規制改革）」だ。政権発足後間もなくの九月二十三日に開催した「デジタル改革関係閣僚会議」初会合で首相は、省庁間の縦割りを排除した協力体制を構築し「スガノミクス」を本格的に始動させることにしたと報じられている。琉球新報も含め、軽々に聞こえがいいキャッチフレーズを紙面で使用すること自体、いかがなものかと思うが、そのことはさておき、今後、IT基本法の抜本改正、デジタル庁の創設と、急ピッチで作業が進むことは間違いない。

実際、無駄を省くという名目で、地方自治体の個人情報保護体制を骨抜きにする制度改正は前政権時代からの継続案件だ。内閣官房の下での「個人情報保護制度の見直しに関するタスクフォース」とその下での検討会は、すでに二〇二〇年八月に中間整理を行い、この十月には制度改定を提案している。そこでは例えば、自治体が有する住民の個人情報をオンライン結合する際に、国の要件以上の条件を定めることや審議会等の事前承認を得ることを事実上禁止し、より自由にデータ利活用ができることが予定されている。

そしてこうしたデータ活用・行政デジタル化の推進力として利用されることになりそうなのが、「マイナンバーカード」である。わざわざワーキンググループ会合に出席した首相は、「自治体の業務システムの統一・標準化については年限を区切って五年まで」とし、「デジタル社会に不可欠なマイナンバーカードについては、二年半後には全国民に行き渡ることを目指す」と改めてハッパをかけた。

【究極の個人情報収集】

QRコード付きの申請書を未取得者に送る作業が始まるし、マイナポイントについても切れ目なくテレビＣＭが流れている。普及の切り札として、すでに準備が進む健康保険証のほか、自動車免許証としての活用や、新たにカード機能のスマホへの搭載までも、早々に年度を区切って実現する構えだ。銀行口座とのひもづけも含め、便利を旗印にすべての個人情報を「これ一枚」に集約する勢いだ。

その際、セキュリティーを向上させるためとして、本人確認のための「多要素認証」を導入する方針も、すんなりと既成事実化している。これは、スマホという「所有」、本人のみが知りうる暗証番号といった「知識」、指紋などの「生体」の、三つの異なる要素を組み合わせて本人確認を行う方法をさす。巷間《こうかん》よく使われている二段階認証よりも厳格な手法である。しかしそれは、政府が全国民の指紋・顔・虹彩などの生体データを収集・保有するということだ。しかも、後述する通り、健康保険証でも顔認証を本人確認に使用することがすでに決まっているように、究極の個人情報の国家管理が際限なく進むことになる。

そもそも、健康保険証との共用については、要配慮で機微情報である医療・健康情報を、政府が集中管理することでよいのかといった基本的な疑問が残ったままだ。背景には、医療ビッグデータによるＡＩ医療を期待する産業界や医療界の意向が色濃く反映しているとされる。さらには、病院窓口におかれる顔認証付きカードリーダー設置にも不安の声が絶えない状況だ。まさに、利便性の陰で、最低限の個人情報の保護がないがしろになる事態が進んでいるといえるだろう。

【不信の払拭が先決】

だからこそ重要なのは、透明性の確保と権利の拡充だ。給付金支給が遅れたのはデジタル化の遅れのせいと一般にいわれているが、その検証はされないままのイメージ論が先行している。むしろ、マイナンバー制度は現場の自治体へのしわ寄せが強まるばかりだ。情報漏洩の危険性も国の事務作業が五次下請けにまでになっている状況で、昨今の電子決済問題以上の事故がいつ起こっても不思議ではないとされる。

一方で、適切で具体的な説明で透明性を確保して信頼を得ること、利活用の際には自己情報コントロール権をきちんと担保すること、こうした諸外国で当たり前のことが何も実現していない。こんな状況の国で、利便性ばかりを高めても、それは情報を収集・利用する側の企業と、政府・政治家の一部が利するだけで、国民のプラスにならない。それどころが、大きなマイナスをもたらすことになるだろう。

さらには、マイナポータルによって自己情報の見える化が実現するという話も、いまや絵空事だ。自分の情報がどのように使われているかは、匿名情報に加工された段階で説明義務がないことにされてしまったからだ。ただでさえ前のめりのマイナンバー利用が、情報主体であるはずの私たちの意思とは無関係に、利活用される対象が無限定に拡大してゆくことは、あまりに危険だ。

そうしたなかでせめてものできることの一つは、きちんとしたチェック態勢を国の組織体制の中で構築することだ。コロナ関連政策決定でも、経済面でのアクセル役の経産省が、感染防止対応としてのブレーキ役を兼ねるはずだった厚労省までを包括する形で、取りまとめ役になったことで、政策の矛盾を生んできたのではないか。さらに遡れば、原子力行政でも監視組織であるべ

2020

き原子力安全・保安院が、推進役の経産省の下部組織であることによって、その機能が果たされなかった。にもかかわらず現実に進んでいるのは逆のことだ。福島県双葉町に開館した県立の東日本大震災・原子力災害伝承館で、語り部に国や東京電力を含む「特定の団体」の批判はしないよう求めていることも明らかになっている。

今回、推進役のデジタル庁は、横串・一本化によって政策実行スピードは上がることは間違いない。しかし、抑制・監視のブレーキ役をも兼ねることは必ず大きなしっぺ返しを食うことになるだろう。消費者庁等がそうした役割を本来であれば担うべきなのであろうが、そういう姿は想像しがたい。報道機関も、日本はデジタル化後進国だという政府説明をうのみにするのではなく、負の側面をきちんと検証していく必要がある。

値下げとか利便性という見た目だけで、国に全ての個人情報を委ねることには最大限の注意が必要だ。

日本学術会議問題* *11.18/20*

【ひも付きの「学問の自由」はあり得ない】

学問の自由は、これを保障する――。この極めてシンプルな憲法二十三条は、学問研究、研究発表、教授といった、自由な研究内容や成果の発表、そしてとりわけ大学における教師が教える自由を保障するものと解されている。この規定は、戦前の大日本帝国憲法にはなかったし、諸外国の憲法の中でも一般的なものではない。ではなぜ「わざわざ」憲法条文に規定して保障することにしたのか。

理由はもっぱら戦争の災禍を受けての反省からで、戦前・戦中の澤柳、滝川等の事件を通じ、研究・教育の場から自由が消え去ってしまったことを鑑みてのことである。そしてこれらの経験が示すのは、単に個々の研究者の自由があるだけでは、学問の自由は簡単に奪われてしまう歴史だ。だからこそ、学問共同体（アカデミア）としての大学、学会等の活動を、きちんと保障する必要性がある。日本学術会議はまさに学者、学会を取りまとめた組織であって、この対象そのものだ。

このような自由を守る防波堤として重要なのが「大学の自治」である。個別に言えば、人事、施設や学生管理、研究教育の内容や方法、そして財政のそれぞれにおいて、大学の自主自律の決定に委ね、国をはじめとする公権力の干渉は許さないということだ。なかでも人事は重要なポイントで、対外的に大学の人事が独立していることと、学内において学長に対し教授会の人事権が守られていることと解釈されてきた。

しかし実際には、国立大学の学長選出方法や学内の任用手続きについては法改正によって、従前の解釈は風前の灯《ともしび》でかろうじて実態として守られているという状況だ。だからこそ、今回の日本学術会議の任命問題は、こうした「最後の一線」を突破して、直接的な人事権を行使してきたものとして大学関係者の総反発を受けているということになる。

さらに言えば、研究活動や大学運営において公的な支援が不可欠で、それによって十全な学問の自由が発揮できる環境が整うことになる。その意味で、各種助成制度は自由を実効あらしめるための国家の義務であるが、前提はあくまでも「国家からの自由」であって内容等への公権力の介入は一切許されない。学問研究・文化芸術分野において、ひも付きの自由はあり得ないことを、政府はじめ社会全体で再確認しておきたい。

●学問の自由を巡る動き●

1913　京都帝国大学総長の澤柳政太郎が、教授会の自治要求を振り切り教授七人を辞職させる

33　京都帝国大学教授・滝川幸辰の講演内容が自由主義的であると問題視され、著書が発禁処分、本人も休職処分に

35　美濃部達吉の憲法学説が国体に関する異説であると攻撃され貴族院を辞職、著書は発禁処分に（その後、矢内原事件、河合事件が続く）

36　国体護持を目的とする日本諸学振興委員会設立

49　日本学術会議が過去の反省と平和的復興への貢献の決意表明のもと発足（八三年に学会推薦・首相任命制に変更）

2003　国立大学法人法で、学長任命権は文科大臣に

14　学校教育法改正で、教授会は学長の諮問機関に

少年法改正でどうなる匿名範囲　*12.12/20*

少年法六十一条はこう規定する。「家庭裁判所の審判に付された少年又は少年のとき犯した罪により公訴を提起された者については、氏名、年齢、職業、住居、容ぼう等によりその者が該当事件の本人であることを推知することができるような記事又は写真を新聞紙その他の出版物に掲載してはならない」。いわゆる少年事件の推知（実名）報道禁止と呼ばれている条項だが、いま、この法運用が大きく変わろうとしている。

新聞やテレビにおける、事件報道の際の氏名や顔写真の扱いが、最近はよく議論になる。とりわけ犯罪被害者については、メディアの実名報道原則が俎上にあがって、匿名でよいのではないかという意見がよく聞かれる。これに対し少年については、現在は法によって匿名を義務付けているものを、年長少年（十八、十九歳）限定ではあるものの、実名化しようという逆のベクトルの話だ。

【少年法改正の動き】

もともとは二二年四月から、民法上の成人年齢が二十歳から十八歳に引き下げられるのが発端だ（一八年改正）。さらにさかのぼれば、憲法改正国民投票法で、投票年齢の引き下げが議論され、関連して一五年の公職選挙法改正によって、選挙権が十八歳に引き下げられたことが引き金になっている。そこで少年法についても、「少年」の定義を変更し十八歳未満にしてはどうかという話になったわけだ。

ただし一方で、酒やたばこについては引き続き二十歳まで禁止されるなど、約二十の法律で二十歳が維持される見込みだ。国内法制において「成人」年齢を一律に引き下げ十八歳にするのではなく、現時点の「まだら模様」の分かりにくさは残ったままである。

重要な法制度についての審議機関である、法務大臣のもとでの法制審議会では二〇年十月、冒頭に挙げた本人特定情報の禁止について、「家庭裁判所から逆送（検察官送致）された十八、十九歳の加害少年については、公判請求された段階で実名報道を解禁すること」を決めた。事実上、少年保護・更生の対象外としたわけだ。さらに逆送の対象についても、「短期一年以上の罪（法定刑の下限が一年以上）」と大幅に拡大されている。

今回の少年法改正は、二〇〇〇年以降の少年犯罪厳罰化の流れに沿うものとされる。一方で、すでに多くの指摘がある通り、少年犯罪自体の件数も、重大刑事事件の件数も、いずれもデータ上では減少している。議論の末、結果的に少年の年齢定義を変更しなかったのも、たとえ年長少年であっても、原則は更生目的での運用をすべきとの意思の現れであって、一方で実名を容認することは、目的に離反するとの指摘は否定できない。

【戦後「精神規定」に】

この報道禁止は戦前の少年法から引き継いだもので、かつては罰則付きの禁止条項だった。それが戦後、憲法の表現の自由保障と抵触することから、罰則のない「精神規定」に変わった経緯がある。それでも、規制条文であることにはかわりなく、報道の自由の原則論からすれば法規制はないに越したことはなく、あくまでも報道機関の自主的な判断に委ねるべきともいえる。

そうした中で実際には、報道界は法務省などとの話し合いの中で、逃走中など「少年保護よりも社会的利益の擁護が強く優先する特殊な場合」は、あえて法を破ることを文書化してきてもいる（「新聞協会の少年法第61条の扱い方針」一九五八年十二月十六日）。どの程度厳密に守るかも時代によって差があったが、大きな流れとしては匿名化が定着してきているといえるだろう。

また、メディアの変容に伴い対象として放送媒体を含むこととし、さらにインターネット上の情報にまで「拡大解釈」を認めてきた。実質的には報道制限ではなく「公表禁止規定」としての意味を持ち、社会全体で自由の制約を是認してきたわけだ。

別の側面では、重大刑事事件については、これまでも一般の刑事法廷で審理がなされ、必ずしも匿名性が厳格に守られているわけではないこともあって、なぜ報道段階のみ少年法の精神に立ち返る必要があるのかについて、議論があったことは確かだ。また、光市母子殺害事件の死刑判決を受け、多くの報道機関が、判決（あるいは確定）段階で実名報道に切り替えるなど、「例外」ルール化の動きも続いていた。

【実名の必然性】

これまでであれば少年事件として審判に付され、少年院や少年鑑別所に送られ、匿名で報じられていた事件が法改正でどう変わるか想定してみる。一般刑事事件として裁判にかけられ、執行猶予付きですぐに社会に出てくる中で、実名が報じられるということも起こり得よう。当該少年や広く社会にとってどちらが好ましいだろうか。

扱いとして一番簡単なのは、一般成人と同じ扱いをすることだ。匿名扱いは偽善的態度だといった社会的批判も起きないだろうし、おそらくネット上では実名が流れるだろう。あるいはその逆に、従来通りの匿名を形式的に続けるというのも取りやすい選択肢に違いない。なぜなら、一般的な事件報道の初報である逮捕時においては、法の規定上匿名にすることが求められており、逆送され裁判になった段階で実名に切り替え、さらに判決次第ではまた匿名化するというのは、現場の実務としては煩雑だからだ。

そうした中で、年長少年といえども少年のカテゴリーにおき、未熟な存在であるとしている法構造を妥当と判断する以上、ジャーナリズム倫理上の人権配慮や人道主義からすると、せめて「匿名化」によってぎりぎりの一線を守るという判断はあり得るのではないか。ただし当然、こうした議論は、被害者実名の問題に波及する。さらには一般の犯罪事件加害者（被疑者）の氏名扱いにも影響を与えるだろう。

社会全体の言論公共空間の中で、範を示すという役割がジャーナリズムには必要だ。その意味では、消極的選択ではなく、積極的な位置づけを報道界全体で議論をし、個々の社において方針を定め公開することを強く期待したい。

2021

菅政権のメディア戦略　*01.09/21*

二〇二一年一月七日、首都圏では新型コロナウイルス感染症に係る二度目の緊急事態宣言が発令された。解除されて以来わずか半年余だが、その時との違いは、発令主体である政権が代わっていることだ。

【安倍政権との違い】

安倍政権のメディア戦略の特徴は、「隠す・誤魔化《ごまか》す」ことによって対話を成立させず、結果として「異論を排す」ことにあった。それに対し現政権の特徴は、目指す結果は同じであるものの、より強硬的に「抑え込む」傾向が強い。それは、ポピュリズムといってもよかろう、万人受けする政策（携帯電話料金値下げなど）による印象操作とセットであることで、強面《こわもて》が隠されることによって成立していよう。

日本学術会議も年を越えてすっかり社会の話題から消えてしまった感があるが、ここでも官邸主導の議題設定が功を奏している。本来の「学問の自由」からの、巧妙に土俵を変更することに成功したからだ。「学術会議自体が怪しい団体」「国民に選ばれた首相の任命を否定する学者は特権階級」といった、一般市民が受け入れやすい既得権益批判という、具体的なマイナスイメージが、あっという間に浸透した。

しかもそうした言説はネットを通じて広がってはいるが、強く後押ししているのは紛れもなく新聞やテレビの報道でもある。こうしたマスメディアに対しても、政権の肝である「人による支配」の徹底が見て取れる。前政権は意図的に、「親と反」のメディアに二分し、社会の分断化によって政権の安定を図った。これに対し現政権は、表面上はそうした峻別《しゅんべつ》を行わず、広くメディア全体に網をかける戦略だ。身近な担当記者を中心に支配関係を作ることで、全体を「スガノメディア」化するということでもある。

そうした「取り込み」は就任直後の人事から現れていた。十月人事で、首相補佐官に現職記者を当てたことだ。同郷の柿崎明二・共同通信論説副委員長を任命したが、国会議員を経ず報道機関出身者が首相補佐官に就任したのは初で、社退職は前日付という慌ただしさだった。しかも、一般的評判としては政権に厳しいとされた人物を身内に取り込んだことになる。

【官邸の「成功体験」】

そして政権始動間もない十月三日、学術会議問題が炎上している最中に、番記者と呼ばれる首相担当記者が、原宿で首相を囲んでのパンケーキ茶話会を行った（朝日、東京、京都の各新聞は欠席したと伝えられている）。その直後に実施されたのが、談合の結果としか見えないような「インタビュー」だ。特定記者との質疑応答に、他の内閣記者会常駐十九社が「同席」を許された奇妙な形態である。同席社は質問は許されていないにもかかわらず、インタビュー記事として紙面化したり、テレビ放送したりしている（TBSが全映像を公開）。

このグループインタビュー形式は、過去にもとられていたものではある。希望社が複数あった場合、まとめて実施するということで、今回も十月五日（読売、北海道、日経）と九日（朝日、毎日、時事）に約三十分ずつ行われた。確かに、通常の会見は一社一回一問という厳しい制約がある中、この方式だと繰り返し質問ができるメリットもあるし、うまく活用すれば追及も可能だ。実際、努力の跡が多少は伝わった面もある。

しかし全体としては、首相の発言や回答の齟齬《そご》を突いたりするものではなかった。記者会見を開いていないという批判に応えるため、官邸側と折り合いをつけた結果であろうが、こうした機会を逆利用できず、説明の場に終わらせてしまった感は拭えない。今回は公開されたものの、通常は非公開でこっそり行う懇談が、「正式な記録も残らず癒着の温床」という批判を超えることは生易しいものではない。

そしてこの官邸にとっての「成功体験」が、十月十三日の内閣記者会（各社キャップは出席、数社が欠席）との懇談を実現させたともいえる。いわば、オープンな場ではなく「身内」のみの意見交換会というわけだ。これは先のパンケーキ懇談や、昨今、批判の対象となっている「有名人」との連夜の会食と変わらないということになる。

確かにこういった場を通じての「信頼関係」の構築によって、他社よりわずかに早い時間差報道が生まれることもあろう。例えば今回の緊急事態宣言においても、「発出を検討」「週内にも」「土曜午前○時から」と、立て続けに速報が流れた。しかし結果としてその直後の四日首相会見では、「検討します」の回答しか得られていない。これでは結果として、情報を小出しにしての観測気球的なリークに乗っかった報道だったということにならないか。

【宣言下の取材・報道】

この種の報道が、とりわけいま危惧《きぐ》されるのは、まさに緊急事態宣言中だからだ。緊急事態下では、移動・集会の自由が制限され、市民生活に大きな影響が出るほか、取材や報道も大きな制約を受けることになる。正しい必要な情報が迅速に読者・市民に届きづらくなり、知る権利が大きな制約を受けることになるわけだ。

さらにコロナ特措法の定めに従って、首相や知事からの「指示」によって、テレビ・ラジオは具体的な報道内容についても、政府の意向を反映させる必要が出てくる（現時点ではNHKのみが対象だが、民放や新聞も政令ですぐ指定公共機関になりうる）。

通常から実施していることではあるが、政府や自民党はテレビの報道内容を詳細にモニタリングしている。そして二〇二〇年春には、テレビ朝日やTBSの個別番組内のコメント内容に対し、政府の公式Twitterアカウントで批判したり抗議したりするという事態があった。これが、抗議ではなく指示になることの意味は大きい。

2021

影響は、残念ながら受け入れる素地ができあがっているNHKから現れると思われるが、当然、全国ネットワークを組んでいる沖縄の民放局も、東京発の情報の蛇口が閉まるわけで、情報のコントロールが進む可能性は否定できない。さらに沖縄県内に宣言が出されれば、「総合調整」という名での様々な要請や、物資・人材の「応援」も求められることになる。例えば、知事室から地元局の技術スタッフが知事メッセージを伝えることや、いつも画面で見ているアナウンサーが、県の広報を読み上げることも現実としてありうるということだ。

さらにこうした義務的ではあるが強制力を有しない要請が、もし取り込まれた報道機関になされたならば、それは法的強制以上の強力な忖度によって、官製報道が蔓延することにならないかと強く危惧する。

SNS各社のアカウント停止* *01.11/21*

【はね返る「トランプだから」】

SNS各社によるトランプ大統領のアカウント停止措置が、メルケル独首相らの懸念表明もあって話題になった。一部は大統領就任式が無事終了すれば復活されるとの見通しもあるが、投げかけた課題は大きい。大きな流れとしては、SNSは自社サービス上で流通するコンテンツの中身について、一定の責任を負うべきだという意見が強くなってきている。

これまでも米系企業の場合、その閉鎖や削除の決定がブラックボックスで、透明性・客観性を欠いている、説明責任が果たされていないとの指摘が多くあった。しかも市場支配が進んでいるだけに、そのプラットフォームから排除されることは、事実上の表現の場を失うことに直結し、救済措置も十分用意されていない。影響力が大きいだけに、書き込まれた側の被害も大きいが、一方で表現を止められた側の損失も大きいということになる。

それゆえに、大統領の発言さえも簡単に止めてしまえるという絶対的な「力」に対し、本屋や印刷会社、あるいは図書館同様、情報流通の担い手として内容チェックはしない、さらに通信事業者として通信の秘密は守るという大原則が揺らぎかねない危惧を感じさせるわけだ。自由を標榜し、その最大化された場として発達してきたSNSが、自分の首を絞める方法で事態を収拾せざるを得なかったこと自体に、インターネット・コミュニケーションの矛盾が見えることにもなる。

日本でもこれまで、Google検索の結果表示に対して、忘れられる権利が主張され、検索結果の上位に出ないような措置が部分的に認められた。Twitter上のヘイトスピーチに、より積極的な削除措置を求める声が強く寄せられてもいる。昨二〇年には誹謗中傷投稿が理由とみられる自殺を契機に、急ピッチで法改正作業が進められており、発信者情報を得やすくする運用が始まるなど、プロバイダーの責任範囲が部分的に広がったわけだ。

しかし、投稿を削除したりアカウントを停止したりする場合、とりわけ名誉、差別、暴力に関わる表現は、判断が主観を帯びやすいし、党派や宗教が加わるとさらに判断は混迷しやすい。迅速性や即効性を求めるあまり、この種の判断を行政に委ねたり、時に政府以上の情報コントロー

2021

ル権限を有する一企業の内部判断に任せたりすることには、常に危険が伴うことになる。「トランプだから」を許すことが、次は自分たちに返ってくる。

21・1・6　米国最大のオンライン掲示板 Reddit はトランプ支持者のフォーラム閉鎖

1・7　Facebook はトランプや選対アカウントを無期限凍結

ゲームプラットフォーム Twich がトランプチャンネルの使用を無期限停止、写真共有アプリ Snapchat も無期限停止、オンラインショップ Shopify はトランプ関連商品を扱う店を閉鎖

1・8　Twitter がトランプの個人アカウントや側近のものを永久凍結　Google が Google play ストアでの Parlar アプリの登録を停止すると発表

1・9　Apple が App Store から Parler アプリを削除

1・10　Amazon が Parler に対するホスティングサービスAWS（アマゾン・ウェブ・サービス）を停止

1・11　Parler が Amazon を独占禁止法違反で提訴

1・12　YouTube がトランプの公式チャンネルを一時停止

あれから十日。会長辞任で山は少し動いたものの、「モリなるもの」を変えることができるかどうかはこれからだ。だからこそ、記録に残す意味でも、継続した報道のためにも、あえて取り上げておきたい。（森喜朗・東京オリンピック・パラリンピック組織委員会会長が二月三日のＪＯＣ評議会で女性差別発言を行ったとして問題化し、十二日に辞意を表明、十八日に橋本聖子五輪相に交代した＝追記）

拙速な新型コロナ特措法の改正議論　02.13/21

【恣意的な処分可能】

新型コロナ特措法の議論はいつも拙速だ。おおもとのインフル特措法の時は当時の野党・自民党が審議拒否したし、昨二〇年のコロナウイルスを法対象に加えた改正は、議論もなくなぜ必要だったか分からないまま決まった。そして今回もまた、国会での実質審議はほとんどなく、法案の「修正」は審議開始前の水面下調整で終わってしまった。

しかもいつもながらではあるが、立法事実である罰則が必要な具体的な事例は最後まで不明であった。運用の場合の適用基準も国会では明らかにされず、今後政令に委ねるということで、与野党が納得するという気持ち悪さである。さらに、緊急事態宣言前の自粛要請といった私権制限の適用解釈が、そもそも間違っているという指摘を無視したままだ。

にもかかわらず、「まん延防止等重点措置」を積み重ねたために、さらに曖昧な形で恣意的な行政処分が可能になってしまった。言葉が要請から「命令」にかわり、日常の生活や行動が一方的に制約され、違反すると罰金が課されるのに対し、刑事罰でないからよい、という問題ではない。

感染症の罰則化も同様だ。専門家からは、従来罰則がなかった経緯、とりわけハンセン病患者の社会的隔離をした歴史的反省、実際に感染者を拘束し取り調べ起訴することができるのかという物理的な非合理性が数々指摘されたが、こちらも国会での議論はほぼゼロだった。そして、「落としどころ」として、こちらも刑事罰を回避して行政罰とすることになったが、疑問点が解消したわけではない。

こうした、裏の根回しで事を決め、表の会議は通過儀礼という、日本の政治体質が、時を同じくして別の場面でも問題になっている。森喜朗・東京オリパラ組織委員会会長（当時）の時代錯誤だ。女性蔑視発言もそうだし、そもそも「対話」を拒否する姿勢や、上意下達の場で意見して恥をかかせないわきまえを押し付けるさまは、その後の釈明会見でも一貫していた。

仮に、すごい実績がある選手で、その試合でも良いプレーをしていても、悪質な反則をすれば一発退場だ。レッドカードを示されても居直っていたものの、ビデオ判定で渋々グラウンドを去ったということになるのだろう。この間、反則を黙認し再発防止策を取る気が見られなかった、スポーツ界の闇は深そうだし、意思を示さなければいけないのは、オフィシャルスポンサーとして大会を支える多くの新聞社も同じだ。

【取材に深刻な影響】

ここでは、こうした議論なき法改正によって、さまざまな歪《ひず》みが現れる一例として、取材の自由への影響を指摘しておきたい。

感染症法の改定に関して言えば、保健所等が行う行動履歴調査（積極的疫学調査）に協力しない場合に命令を発し、従わないときは行政罰として過料が科されることになった。この意味するところは、記者が感染した場合、誰に会ったかをすべて行政機関に開示することが強制されるということだ。

これは、取材源をすべて明かすことが義務化され、違反すると罰せられるということで、報道機関の対応が問われることになる。従来、誰に会ったか、どんな情報を入手したかは、高位の報道倫理として会社の上司にすら言わないこととされてきた。また裁判所も、法廷における証言拒否権として職務上の秘密の保護を認めてきた経緯がある。

法律でも個人情報保護法では適用除外として、報道目的で秘密裏に個人情報を収集することを特例的に認めている。こうした特例を、今回は認めないと読めるわけで、万が一、調査にうそをついて会った人を隠していて、のちに濃厚接触者として発覚したならば、大きな批判の先が報道機関に向かうことになるだろう。

以前の立法では、探偵業法や、不十分ながらマイナンバー法などで、前述の保護法のような例外規定を設けていたが、近年の法律では、おそらく意図的にこうした特例条項を設定しない傾向がある。たとえば盗聴法の改正でも、記者の通話を除外する声は聞き入れられなかった。ドローン規制法でも報道機関の要望は聞き置くかたちになったままだ。いわば、裁量権は公権力側が保持したままで、報道機関が「おこぼれ」として特別扱いを受ける可能性が残されているに過ぎない。こうしたところから、政治とメディアの力関係は決まってくる。

【命令対象にメディア】

同様の問題は、特措法改正の命令・罰則も同じだ。従来の法枠組みで、ＮＨＫは指定公共機関として首相や知事の命令に従う努力義務があった。蔓延防止段階ですら命令違反が罰則化されたなかで、宣言下における命令に反して報道の自由を守ることは、より困難になったと考えるのが普通だ。実際、そうした場面になったら、罰則をちらつかせることになるに違いない。

念のために付言すれば、この対象はすぐにでも民放や新聞、ネットメディアにも拡大可能だ。これはそもそもの法構造として、命令の対象にメディアを入れていること自体に問題があるわけで、平時においてこうしたことを議論するべきものだろう。

実際、報道規制の枠組みは、もうすぐ始まるワクチン情報に使われそうな雰囲気だ。政府は、担当大臣や官房長官が記者会見で公式に、報道自粛を要請した。輸送の日時・場所を非公開とし、その情報を入手しても報道してほしくないということだ。ただでさえ情報の開示に後ろ向きな現政権が、あえて隠しますと宣言した場合、都合の悪いことが隠蔽《いんぺい》されると考えるのが常識的な判断だろう。

私たちの知る権利が、じわじわと狭まっている今、それを跳ね返す役割と社会的責任が、新聞をはじめ報道機関にはある。

国旗損壊罪の新設　*03.13/21*

凝りもせず、の一言では終わらない「危うさ」を感じる法案である。自民党有志（高市早苗ら「保守団結の会」所属議員ほか）は今国会に、国旗損壊罪の新設を含む刑法改正案を提案する動きを見せている。刑法改正については、強制性交等罪の成立要件緩和に関心が向いているが、二〇一二年に廃案になった法案を、再度いま提出する意味を確認しておきたい。

【沖縄と日の丸】

沖縄と日の丸の関係性は複雑だ。復興五輪と位置付けられている今回の東京五輪の聖火リレーの出発点は福島だが、前回は返還前の沖縄だった。まさに国策としてのオリンピックを表すもので、「復帰の象徴」として沿道には日の丸の小旗を振る市民が、当時の新聞の1面を飾った。復帰運動でも、日の丸は必須のアイテムであり、沖縄教職員会（後の沖教組）も、学校での日の丸掲揚実現のための運動を繰り広げていた。

しかし一転、復帰後においては肯定的に受け入れられていたとは言えない。例えば、長くNHKは一日の放送終了時の画面を日の丸にしていたが、沖縄においては風にたなびくその画面が使用されることはなかった。沖縄国民体育大会の会場に掲揚された日の丸を焼き捨てる事件も発生した。さらに今日でも、国や一部の自治体の記者会見場には、国旗としての日の丸を掲揚しているが、沖縄県知事会見では存在しない。

ここで少しだけ日の丸焼却事件を振り返ると、一九八七年四月、読谷村のソフトボール会場で、掲揚台の日の丸が引きずり降ろされて燃やされた。当時の読谷では、行政も議会も掲揚や強制に反対しており、掲揚方法も事前の協議で折衷案になっていたものの、当日、ソフトボール協会長が独断で掲揚を強行し事件が発生したとされている。

ちなみに九三年の那覇地裁判決は、威力業務妨害罪を認め「起訴状記載の『国旗』は、日の丸をさすと理解できる」と言及した（九五年控訴棄却、確定）。琉球新報も含め多くの新聞は「日の丸は国旗と認定」と報じたが、のちに裁判官は否定している（実行者の知花昌一はこの行為で、第一回多田謡子反権力人権賞を受賞した）。

【尊重義務と侮辱罪】

この間、九九年の国旗国歌法の制定を挟み、教育現場を中核とする、国旗である日章旗と国歌である君が代の「強制」は、強まることこそあれ弱まることなく続いてきている。制定に際する首相談話でも「新たに義務を課すものではありません」と明確に述べているものの、日の丸掲揚・君が代斉唱ともに0%だった沖縄県内の公立高校においても、その実施率は本土並みとなってきた。

こうした教育現場における、君が代・日の丸の強制と教師の良心の自由をめぐる、憲法上の争いについて言及する紙幅はないが、いまだに多くの訴訟が継続されている。司法の場では、裁量権の逸脱・濫用が認定される事例も続いているが、教育委員会が、当初の処分取り消しが裁判で確定した後に、新たに戒告処分を出し直す事例(再処分)が続くなど、むしろ状況は混迷しているともいえる。

そうした中での法案提出であるわけだ。ただし、この問題は立法当初からくすぶり続けている課題でもある。実際、法制定時に国旗・国歌尊重義務規定を設ける考えが示されていたにもかかわらず(たとえば、九九年三月十二日の野中官房長官記者会見)、結局条文化は見送られた。

さらに国会審議において小渕首相(当時)は、「法制化に伴い、国旗に対する尊重規定や侮辱罪を創設することは考えておりません」(九九年六月二十九日)と明言はしたものの、それは「現内閣において」設けないという含意と解釈されてきた(八月二日参議院国旗及び国歌に関する特別委員会会議録、野中官房長官の答弁から)。

【思想表現の自由】

今法案の提案理由としては、外国の国旗については損壊罪が明記されているのに、自国の国旗に条文がないことは問題だというものだが、その本意は、尊重義務違反・侮辱罪の焼き直しであ

2021

るといえよう。現在の刑法にある外国国章旗損壊罪の保護法益が、外国を侮辱することが両国間の紛争の火種となって安全や国際関係的地位を損なうものと明確であるのに対し、日の丸には当てはまらない。

しかもこの問題が、ズバリ表現の自由の問題であることへの思慮が、まったくないように見える点が心配だ。たとえば、政府に抗議する表現方法として国旗を用いる行為がなぜ許されないのか。芸術作品の中での日の丸の描き方次第で、罰の対象なることをどう考えるか。極論すると、スポーツ観戦で小旗を振っていて、敗戦の腹いせに投げ捨てる行為まで、なぜ刑法で取り締まる必要があるのか。

この問題を語る際には、米国の例が出されることが多い。連邦議会が制定した国旗保護法の適用に対し最高裁は九〇年、「国旗冒涜を罰することは、この象徴的存在をかくも崇敬され、また尊敬に値するものとせしめている自由を弱体化させる」（日本弁護士連合会・訳）として、違憲判決を出した。その前年には、抗議目的で国旗を焼却した人を処罰したテキサス州法に対しても連邦最高裁は、「政府は表現が不快だとかそれを支持できないからといって、当該行為を禁止することはできない」と表現の自由に照らし違憲としている。

前述の例にもあるように、日本でも公共施設の国旗を燃やせば器物損壊罪等が適用されよう。しかし、自分の所有物を、やむにやまれぬ気持ちで、抗議の意を込めて壊すといった表現手段は、表現の自由の範囲として許容しておくことが必要だろう。それはまさに、日の丸に対する様々な感情の持ちようを認め合うことと同じである。いままさに、そうした余白を一切認めようとしない政府もしくは為政者の狭隘《きょうあい》さが問われている。

この問題は、なんとなく反対しづらい話であるとともに、野党も学校現場における強制を追認してきた歴史がある。それだけに、いったん提出されると、国会審議が形骸化している今日においては簡単に成立する可能性があるだけに、社会全体のチェックがきちんと働くかどうかが重要だ。

続く文春砲* 03.16/21

【潜入取材はどこまで許されるのか】

文春砲が続く。芸能ネタだけではなく、政治家も官僚もターゲットだ。特徴は潜伏取材による決定的瞬間を写真や録音で〝証拠〟として押さえることで、ほとんどは盗聴・盗撮によるものでもある。もちろん、雑誌の専売特許ではなく、テレビも容疑者の容姿を隠し撮りし、逮捕段階で報じることがあるし、毎日新聞は自宅庭の田中角栄元首相を空撮し、一九八六年度の新聞協会賞を受賞している。

一方で、法廷の被告や電車や書店内で撮影した有名人に訴えられ、出版社は高額の損害賠償を払わされてもいる。談合事件の渦中に関係者の会議に録音機を仕掛けた新聞記者は、退職するに至った。その境界線は何なのか。さらにさかのぼれば、その前提の潜入（覆面）取材はどこまで許されるのか。

2021

こうした取材行為は倫理上の問題に加え、訴訟に発展することもあり、特定秘密保護法では不当な行為で罰せられることにもなった。かつては「取材方法に制約なし」とされていたが、メディアを見る目の厳しさや、一般的な人権意識の高まりの中で、許されない範囲が拡大している。

そうしたなかで、昨今の一連の週刊誌報道をテレビや新聞も後追いし、国会でも記事内容をもとに質疑が行われるなど、一気に「正当」の範囲が拡張したともいえる状況だ。報道目的であることを明かさない取材や、身分を偽るなどして相手方をだまして取材する行為、あるいはうその約束をすることなどは、報道倫理上好ましくないし、原則許されないと考えられている。しかし、他にとり得る手段がない、組織としての了解がある、取材目的が明確である場合など、許されるケースを社会全体で共有することが考えられてよかろう。

知りえた事実は報道目的でのみ使用され、対象は公人性や公益性が明白で、極めて高い事象に限定される。こうした条件がそろったら、果敢に不正義に立ち向かう勇気と覚悟を報道機関には期待したいし、私たちがそれを後押しする必要が、いまの時代には特に求められている。

●正当な取材行為をめぐる事案●

1978・5　沖縄返還密約をめぐる外務省秘密漏洩事件で、最高裁は「取材対象者の人格を著しく蹂躙した取材行為は、正当な取材活動の範囲を逸脱するものである」と判示

86・1　脳梗塞で倒れ容体が不明だった田中角栄元首相の車椅子姿を、毎日新聞が上空から撮影

2007・2

フジテレビが新潟県長岡市の田中直紀選挙事務所を民家から盗撮したことに対し、新潟地裁長岡支部は「目的自体は不当ではないが、正当な取材範囲を超えている」と判示

13・12

特定秘密保護法二十二条二項「出版又は報道の業務に従事する者の取材行為については、専ら公益を図る目的を有し、かつ、法令違反又は著しく不当な方法によるものと認められない限りは、これを正当な業務による行為とするものとする」

デジタル化法案の罠　*04.10/21*

開会中の国会でデジタル関連法案の審議が続く。一つの法案の中にいくつも法律の改正案をまとめるという方式のため、提出された五つの法案のなかに、全部で六十三本の法改正を束ねる一括審議だ。担当する衆議院内閣委員会では三十時間弱で採決に至ったので、単純計算では一つの法改正あたり三十分にも満たない、超スピード審議であることが分かる。にもかかわらず、その内容は多岐にわたり、現行制度の抜本的な変更になるものもある。

【法案の中身】

提出された法案の名称としては、デジタル社会形成基本法案、デジタル庁設置法案、デジタル

社会の形成を図るための関係法律の整備に関する法律案、公的給付の支給等の迅速かつ確実な実施のための預貯金口座の登録等に関する法律案、貯金者の意思に基づく個人番号の利用による預貯金口座の管理等に関する法律案で、これに総務委員会での審議が予定されている地方公共団体情報システムの標準化に関する法律案をあわせた六つが今回のデジタル化の中核だ。

しかし実際の中身は、⑴ＩＴ国家基本戦略の見直し、⑵行政を横串して権限を集中させるデジタル庁の設置、⑶個人情報保護法制の全面改訂と一本化、⑷国と地方の個人情報保護制度の標準化、⑸マイナンバー制度の整備強化――であることが分かる。これまでは「デジタル強靭化」を、二〇〇〇年にできた高度情報通信ネットワーク社会形成基本法（通称ＩＴ基本法）に基づき実施してきたが、首相の肝いりであるとともに、コロナ禍の中での政府対応の悪さをデジタル化の遅れのせいとして、一気に衣替えを狙ったものだ。

具体的には、スマート自治体への転換の遅れが給付金等の支給遅延を招いたとして、行政手続きのオンライン化を進めるとともに、マイナンバーカードを義務的に国民全員が保有することを目指す。あわせて、自治体ごとに保護制度が異なることで、政府の統制が効きにくいとして、標準化の名のもとに権限の政府集中を図る（教育委員会制度の廃止と似ている）。そうした中で、個人情報の政府集中管理を進めるとともに、利活用をより円滑に行えるようにし、経済成長の柱にしようというわけだ。

その推進役としてデジタル庁を設置し、権限をここに集中することにした。首相が長を務める異例の行政機関で、首相と内閣情報調査室に全国民の個人情報を集約することができる仕組みとなる。同庁は、負の側面にも配慮した監視役も兼ねることになるという。

一方で、監視役を期待される個人情報保護委員会は、名前からはもっぱら保護のための組織に見えるが、利活用推進の役割も担う。こうして、いずれもの組織がアクセルとブレーキの両方を兼ねる方式は、チェック機能を弱体化させることになろう。コロナ感染症の抑制・防止対策を、経済振興担当の経産省が担うのと、発想は同じであるが、為政者の「真の目的」のために不都合な機能を弱める制度にするといった、ある意味で日本の行政組織の特徴ともいえる。


【利活用拡大の歴史】


個人情報保護法の一本化も専ら、民間や政府が収集した個人情報の、ビッグデータをはじめとする利活用のためとされている。これまでは民間を主たる対象とした個人情報保護法（個情法）と、政府・自治体を対象とした行政機関個人情報保護法（行個法）、そして独立行政法人等を対象とした三つが存在した。これを一つにまとめるというのは確かに形式的には美しい。

しかしその結果、間違いなく行政機関は「目的外利用」がしやすくなる。というより、そのための法改正である訳だ。今まででも法の定めがあれば本人の許諾なく利用できたが、これからは「相当な理由」があれば、政府が自由に利用することを可能とする。

さらに、民間同様の基準で匿名化した情報をビッグデータ利用できることにもなる。これまでも、民間収集の情報を提供させ（例えば、コロナ禍における人流データ）、一方で政府収集の情報も民間提供してきているが、これらは原則「匿名化」し個人が特定できなくなることで、個人

2021

情報ではなくなるという理屈だ。それをさらに拡大しようということになる。

もともと日本の個人情報の守り方は、情報を収集・保有・利用する側を縛るものだ。一方で、情報の主体である本人は蚊帳の外で、当事者にもかかわらず守る術《すべ》（権利）を有していない。にもかかわらず、情報を有する側の縛りを一貫して緩めてきたのが日本の法制度であって、一方で自己情報コントロール権も含め、個人の権利化は進捗がない。その結果、両者のバランスはますます崩れる一方ということになる。

第一世代の旧・行個法（一九八八年）から始まって、現行の個情法と行個法のオリジナル（二〇〇三年）である第二世代、そしてビッグデータ活用法と呼ぶべき第三世代の改正・個情法（二〇一五年）と並べてみても、そこでの法目的は常に「利活用」であり、改正はその拡大のためだった。今回の法改正はその完成版であって、フルスペックの包括的個人情報利活用法であるといえるだろう。決して第四世代が「進化」したわけではないことを確認しておく必要がある。

【監視社会の危険性】

と同時に、政府が個人情報を思うがままに収集・保有・活用できるということは、個人情報の国家集中管理の強化そのものであり、監視社会化に繋がるのではないかとの疑念を呼んでいる。とりわけ捜査情報は個人情報保護委員会の監視の対象から外されているほか、特定秘密保護法に基づき秘密指定されると、本人であっても政府がどんな情報を有しているかは闇の中だ。しかも、これまでは分散管理されていた機微に触れる情報（指紋等の生体情報も）含め、一枚のカードに集約・搭載し、全国民に所持を義務化する勢いだ。
経済振興ばかりに目を向け、個人情報を大切に扱う姿勢が見られない政府に、より大きな利活用の自由を与えることはあまりに危険だ。さらにこうした情報の収集・管理の前提は、完全な行政手続きの透明性の確保である。情報公開に無頓着であるばかりか、むしろ後退・空洞化しているのが、残念ながら今の日本社会だ。スマホを念頭に、掌の上ですべての行政手続き六十秒で済ませられる社会をめざすというが、それは自身の情報があっという間に勝手に使われ、止める手段もない社会でもあることを、肝に銘じる必要がある。

進む法改正と新法　無限定な私権制限　*05.08/21*

この一カ月、日本国内では、国民の命か五輪開催かといった自明の問いが政党間で真面目に議論されている。あるいは、マスク会食の実施確認に覆面調査員を各店舗に派遣するとか、午後八時以降のネオン消灯を要請といった、戦時中を思い起こすような非科学的対応策を自治体間で競い合う状況に陥ってもいる。一方でドイツの連邦憲法裁判所は、温室効果ガスの政府方針に対して施策が不十分であるとして違憲判決を下した。そのキーワードは「未来の世代の基本権」――二〇五〇年を見据えて国家の方向性を語る国との差は、こうしてどんどん大きくなっていく。

2021

【都合のよい運用】

デジタル関連法案によって全部改正されてできあがる新・個人情報保護法は、全部で百八十五条だ。審議している国会議員は、本当に通して読み、理解できたのだろうか。きちんと吟味をする時間もなかったのか、しかも無理やり複数の法律を一緒にしたため、やたらと複雑な構造で、解読に注意が必要な代物になってしまっている。

その結果、解釈はもっぱら行政機関に委ねられることになりがちで、ますます政府の都合のよい運用、すなわち保護よりも利活用を優先した情報管理がまかり通ることになるだろう。あるいはその分かりづらさ以上に問題なのは、住民一人一人の大事な個人情報を、きちんと守ろうという基本的な「思想」が見えないことだ。そこにあるのは、行政機関や企業が個人データを、いかにストレスなく自由に使えるようにするかという思惑だけだ。

にもかかわらず、与野党とも本格議論には及び腰で、早期成立に向けて粛々議事を進めている。議員の仕事は、その法案が持つメリットだけではなくデメリットについてもきちんと検証し、次の世代が思わぬ落とし穴にはまらないようにすることのはずだが、その前段の正しい理解さえも阻むのが今回の束ね法案だ。

【報じられない情報】

そうした議論なき国会審議に一役買っているのがメディアであることを否定しえない。今回の法案が個人情報保護法の抜本改正であるという報道は、テレビではほとんど聞かないし、新聞でも極めて限定的だ。むしろ、コロナ禍における給付金の支給遅れをデジタル化されていないためだと言い繕い、マイナンバーカードの利便性を喧伝《けんでん》し、その普及のための大量の広告を流し続けている。

マイナンバーカードについて言えば、すでに公務員とその家族に義務化し、健康保険証との一体化も進めている（これまたシステムの不備で実施が先延ばしになってはいるが）。今後は自動車免許や国家資格情報の搭載、さらにはスマートフォンへの実装も正式に予定化された。生体情報（指紋、顔認証等）を搭載することも決まっている。並行して今回の法改正で、銀行等の口座の登録も事実上義務付けられることになったが、「これ一枚」で済ませることができる社会は、それだけ情報漏洩《ろうえい》や悪用の危険性も高まるということだ。

そもそも、マイナンバー制度開始時の重要な約束事は、自己情報コントロール権の実効化として、マイナポータルで本人情報の開示が受けられることであった。しかし実際は、匿名化によって形骸化している以上に、そもそも、「誰がどのような情報を保持しているか」という基本的な事項でさえ、本人が知るのは困難な状況だ。いかに政府が、この点に無関心であるかの証左である。

【将来に禍根】

こうした消極的加担ということでいえば、無限定に進む私権制限も同じだ。街頭インタビューでも「感染を抑えるためにはやむを得ない」という声ばかりが流れる。

しかし、緊急事態やまん延防止等重点措置における酒類提供禁止は、新型インフルエンザ等対策特別措置法施行令五条の五第八号の規定を適用する場合として、厚生労働省告示一八二号(二〇二一年四月二十三日)の一条四号と二条四号で「入場をする者等に対する酒類の提供の停止」として規定されているにすぎない。一つ前の三号はカラオケの使用停止の条項で、この二つ(計四つ)が「新設」条項だ。この意味するところは、政府が政令や告示を自由に定めるだけで、勝手に私権制限を拡大できるということにほかならない。

しかもこのまん延防止等重点措置下での酒類提供禁止は、脱法行為と国会審議のなかでも指摘されている(そもそも緊急事態宣言でも、こうした要請が想定されていたかどうか不明確だ)。なぜなら、二月の国会で特措法担当の西村康稔経済再生相が、「重点措置では、営業時間の変更を超えた休業要請は含めない」と答弁しているからだ。

ということは、居酒屋などの飲食店では、酒が飲めないことは実質的な休業を意味することからすると、アルコールNGは国会での答弁に反することになる。これを「あくまで酒を提供しないでという要請に過ぎない」と強弁する政府は見苦しいだけではなく、すでに法治国家の体《てい》をなしていない。

今国会では、さらに土地利用規制法(重要施設周辺及び国境離島等における土地等の利用状況の調査及び利用の規制等に関する法律案)の審議が予定されている。年明け以降、一部の新聞で大きく必要性が報じられ続けている一方、琉球新報ではいち早く社説等でその問題指摘がなされている。

そこでは、米軍・自衛隊基地等周辺の土地所有者に対する「情報提供」を求める条項がある（七条）。これは自衛隊・警察等による住民の思想信条を含む情報収集を法的に可能にするもので、過去行ってきた住民監視活動を合法的に拡大させるものだ。原案は、主要政府施設のほか放送局など幅広く市街地を含むもので、ドローン規制法の例からすると、いったん成立すると、次々対象が拡大されることが容易に想定される。

こうした無限定な私権制限が、「国家安全保障」や「緊急事態」名目で進むことは、将来に大きな禍根を残す。

自由な言論活動の規制　*06.12/21*

六月四日、チョウ類研究者の視点を生かし米軍北部訓練場エリアを中心に自然保護を訴えてきた宮城秋乃さんが、威力業務妨害名目で自宅の家宅捜索を受け、パソコン等を押収されたという。くしくも国会では土地利用規制法の議論が進む。この二つの出来事も含め、二〇一〇年代以降の事例を並べると見えてくるものがある。

それは自由な言論活動を規制し、とりわけ国策に反する異論を排除しようとする動きだ。ここで改めて整理し直すことで、「いま」起きていることの意味がより明確になる。

【〈立法〉一つ目の線】

最初に結ぶ線は、取材の自由を制約する法律群である。あえて表現の自由を制約しないという留保条項を設けたり、国会答弁で厳格運用にわざわざ言及したりするということは、それだけ恣意的な適用危険性が大きいことの証左でもある。

▽不当な取材に刑事罰を科す特定秘密保護法（一三年十二月）
▽基地周辺の撮影を禁止したドローン規制法（一六年三月、一九年六月改正、二〇年九月再強化）
▽対象を大幅に拡大した改正盗聴法＝通信傍受法（一六年五月）
▽実行前の恐れをもって処罰を可能にした共謀罪法＝組織犯罪処罰法（一七年六月）
▽ビラまき等の制限を強化した東京都迷惑防止条例改正（一八年三月）
▽取材等の移動を制限した改正新型コロナ特措法（二〇年三月）
▽基地周辺の住民調査を可能にする土地利用規制法案（二一年五月）

実はこの前にも「予兆」はあって、以下の法律でも取材・報道の自由を直接縛る条文が新設されていた。

▽テレビの広告・報道を厳しく制限した憲法改正手続法＝国民投票法（〇七年五月）
▽裁判員への接触を禁止した裁判員裁判開始（〇九年五月）

これら法律群の厄介なところは、法律ができても何も変わっていないではないか、反対論は「ためにする議論」で、心配は杞憂《きゆう》にすぎないという反論があることだ。もちろん、目に見えた問題は「まだ」起きていないかもしれない。しかしそれは立法時における指摘が「歯止め」になっていて、慎重な運用が行われているということの裏返しでもある。
これら法制度の多くは「治安立法」であって、しかもその詳細運用は政令もしくは行政の通達（告示）でいかようにもなりうる。しかも、ルールが幾重にもかぶさっていくことで、想定していなかった「できないこと」が突如生まれる可能性も否定できず、取材・報道の自由の基盤が徐々に崩れつつあるという認識が重要だ。

【〈行政〉二つ目の線】

次の大きな流れは中央・地方を問わない行政の強圧的な姿勢であり、恣意的な解釈変更による行政執行（処分・措置）である。ここで取り上げるのは全体のごく一部ともいえ、特に美術館・博物館の展示制限や、各自治体における主催・後援・協力行事に対する直接間接の介入事例は枚挙にいとまがないといえる。

▽国立新美術館ほか各地で展示中止・差し替え相次ぐ（一四年〜）
▽自衛隊配備報道で防衛省が当該紙とともに新聞協会に抗議（一四年二月）
▽辺野古工事取材の妨害続く（一四年八月〜）
▽辺野古抗議活動で参加者を逮捕（一五年二月）
▽菅官房長官がＢＰＯの放送法解釈を誤解と発言（一五年十一月、政府統一見解発表一六年二月）
▽高江ヘリパッド工事取材で妨害相次ぐ（一六年七月〜）
▽経産省前の原発テント撤去（一六年八月）

▽高江ヘリパッド抗議活動で参加者を逮捕（一六年十月）
▽千葉市が朝鮮学園への補助金を交付取り消し（一七年四月）
▽沖縄防衛局が北部演習場内のオスプレイ写真に対し不法撮影として掲載誌に抗議（一七年七月）
▽戦争取材予定のジャーナリストの旅券を没収（一九年二月　一五年二月にも同様事例　その後も）
▽首相の街頭演説でのやじ者を排除（一九年七月）
▽首相会見の制限が問題化（二〇年二月　それ以前から官房長官会見でも）
▽あいトリの補助金を不交付（二〇年九月）
▽日本学術会議の任命拒否（二〇年十月）
この領域についても以下の「前史」がある。
▽放送局に対する総務相の行政指導が頻発（〇四～〇九年）
▽イラク復興支援特措法に合わせた従軍取材協定（〇七年五月）
▽警視庁のムスリム監視が発覚（一〇年十月）
あるいは直接的ではないにしろ、内閣人事局の設置による官僚人事の一元化（一四年五月）や、有事法体制の再整備に伴う私権制限の常設化（一五年九月）が、こうした強面行政の後ろ盾になっていることは想像に難くない。

【〈社会〉三つ目の線】

そして三つ目が社会全体に漂う規制に寛容な市民感情である。ある意味では、これが最も厄介なものでもある。なぜならそのうちのいくつかについては、自由の制約によって公共益が担保されるという側面があるからだ。

直近は、五輪のために一般生活が犠牲になることに対する倦厭《けんえん》感情が広がってはいるものの、安全・安心のためならやむを得ないという気持ちから、緊急事態宣言に対してもより強い私権制限を期待する声が強い。同様にヘイトスピーチに対しても、事前規制を含む表現禁止措置を求める声が少なくない。

こうした流れは前述の立法や行政の動きと重なり合って、社会全体の空気感を作ってはいないか。あるいは政権党がより強力に、こうした世論を後押ししている面もある。しかもそれをさらに元気づかせる報道姿勢や情報流通環境も否定できない。

▽市民団体がＴＢＳ番組は偏向との全面意見広告を新聞掲載（一五年十一月）
▽自民党会議で沖縄の新聞つぶす発言（一五年六月）
▽自民党が教員の政治的中立性調査（一六年六月）
▽名護市安部のオスプレイ墜落で不時着との政府発表に報道も追随（一六年十二月）
▽地上波「ニュース女子」で沖縄ヘイト（一七年一月）
▽コンビニの成人誌扱い中止の流れ（一七年十一月）
▽イージスアショア問題に触れた卒業式謝辞を大学側が削除（一九年三月）
▽携帯各社が個人情報である人流分析データを政府に提供（二〇年四月）
▽街宣活動により神奈川県下で映画上映が中止、表現の不自由展が会場変更（二一年六月）

この三本の線が重なり、より大きな流れとなって「いま」を生んでいるわけだ。法や行政執行の本来の役割が、表現活動の封殺ではないと信じるならば、政府施策に異を唱えることを許さない現在の息苦しさや、その結果生まれる社会的分断を緩和することこそが、為政者のなすべきことのはずだ。いままさに起きていることは、その真逆ではなかろうか（年表は拙著『愚かな風』参照）。

取材の自由　*07.10/21*

北海道新聞（道新）記者が旭川医科大学で取材中に、大学職員によって取り押さえられ現行犯逮捕され、捜査が続いている。事前に報道機関に対し取材禁止を連絡した中、構内に入り、会議の様子を無断録音しており、その場で身分を明かさなかったからとされている。

しかし、社会における「正当な取材行為」をどのように設定するかは、取材・報道の自由ひいては市民の知る権利に直結し、単なる「建造物侵入事件」では終わらない重要な課題を問いかけている。

【公共性・公益性】

記者の取材は、社会の一般的な法令や慣習と時に異なることがある。それは、読者・視聴者に知らせるべきことを、事件・事故が起きている現場に直接行って、きちんと自分の目や耳で確認することで、責任を持って「いま起きていることを、いま伝える」ことができるからだ。その際、取材対象先に立ち入る行為の少なからずが、相手が嫌がるタイミングであったり、場所や内容であったりする。その結果、相手方に近づくこと自体を拒否されることも少なくない。

しかしそれに従ってばかりいては、当然「本当のこと」は分からずじまいだ。その場合、どこまで「勝手に」取材をすることが許されるかであるが、一般的には、対象相手や取材場所、報道予定の事象の公共性・公益性と比較して判断し、その理由を説明した結果、それらが社会的に了解されることが期待される。

危険地取材のように、国が紛争地への渡航禁止を勧告あるいは推奨する場合がある、原発事故に際しては今でも立入禁止区域が設定されている。こうしたルールは一定尊重する必要はあるにせよ、取材の必要性があると判断すれば、公共性・公益性に鑑みて取材をするのがジャーナリストの仕事だ。

沖縄では日常的に、米軍の事故があると通常の民間地であっても、一方的に規制線が張られ、取材はおろか日本の警察・行政関係者の立ち入りも制限・禁止されることが続いている。官公庁も、気に食わない報道があると一方的に「出入り禁止」措置をとることがあるが、それに粛々と従う記者はいないだろう。抜け道を探して果敢に取材を続けるのが一般的だ。

このように公的機関の取材制限は、それが法の根拠がある場合であっても、原則として無断立ち入りは倫理上問題とされないし、むしろ制限自体に対してきちんと抗議するなどの対応をしていくべきカテゴリーである。

【事実報道に不可欠】

次には、一般には立ち入りが認められている空間への無許可の取材のための侵入だ。例えば、公園、公共施設、商業施設、あるいは大学などが該当しよう。

こうした場所では通常、事前に許可を取って取材をすることになるが、緊急性を有する場合、立ち入り先がまさに取材対象で許可をしない（あるいは取材制限をかけている）場合は、公共性・公益性の観点から、無許諾の立ち入り取材が倫理上許される場合が少なくない。ただしその場合には、可能な限り組織的判断を行うなり、行った場合はその必要性を事後的に（通常は報道に際して）、きちんと読者・視聴者に対し説明することが求められる。

また備忘録のためにICレコーダー等でその場の会話等を録音することも、公的な会議や政治家の発言など、公共性・公益性に鑑み結果的に「無断」であっても取材倫理上は許される場合がありえよう。

さらにこれが、私的空間（病院や家の中などプライベートな閉じた場所）になると、盗撮・盗聴や潜入取材という領域であって、当然、そのハードルは高くなる。この場合であっても、高度な公共性・公益性があれば許される場合があり、例えばかつて、実力政治家の病状が明らかでなかったとき、自宅で療養中の姿を空撮した写真は、称賛こそあれ社会的非難はなかった。

いずれにせよ、取材先の都合で取材をするかしないかを決めるのではなく、現場で何が起きているかを確認することが、事実報道のためには欠くことができず、その判断基準は読者・視聴者に説得的な公共性・公益性があるかどうかだ。その判断の結果、知る権利の代行者として社会のルールを破ることがあったとしても、それは職業上の正当な行為であって、倫理上許容されるし、多くの場合、法的にも許されるべき範囲ということになる。

残念ながら、社会的な認知として、こうした「特別扱い」を許さない風潮があるし、逆に一部の記者の中には、自分たちが「特別である」といった特権意識から当然視する向きがあり、話がややこしくなっているきらいはある。しかし、こうした「正当」な取材行為に対しては社会的な合意をことあるごとにとっていくこと、また警察等の行政機関は表現の自由を尊重し、形式的な違法を理由とした記者の逮捕（身体拘束）を行わないという謙抑性が求められることになる。

【今後の重い課題】

北海道新聞社は事件の発生翌日の六月二十三日付朝刊で、逮捕された記者を実名で記事化（その後、オンライン上では削除）、七月七日の朝刊で社内調査報告を掲載し、記者教育が不十分であったと事実上謝罪した。取材規制を破って建物内に入ったこと、無断録音したことも適切ではなかったとしている。こうした対応が、今後の道新記者の取材活動のみならず、報道界全体に影響を与える可能性がある。

なぜなら、今回の一連の取材活動が「不当かつ違法」なものであったことを、社会全体に認めることになりかねないからだ。その結果、今後は取材されたくないものは「取材禁止」を申し渡

2021

し、政治家や官僚はつきまとい取材を違法だと訴えてくるだろう。

何よりも道新には、不幸にも災難にあった新人記者が「記者として問違ったことはしていない」ということを、明確に示してほしい。このままでは、読者に、取材とは何か、ジャーナリズムとはどういうものかを、説明する絶好の機会を逸してしまったのではないかと思わざるをえない。

五輪取材規制と民主主義* *07.11/21*

緊急事態宣言が出される中、さまざまなリスクを抱えたままの五輪開催が避けられない状況だ。最大のリスクが国民の命であることは言うまでもないが、ここにきて日本が世界から民主主義の後進国とみられる危険性も高まっている。国際NGOの自由度指数で近年下位に低迷し、国連の報告書でも憂慮された日本の報道の自由だが、五輪取材を巡り強い規制を課すことになったことから、海外メディアから不満が噴出し始めた。

そこでの問題は、政府が制限を当然視している節があることだ。この一年半、国内の報道機関は多くの制約の中で取材・報道を行っている。分かりやすいのは首相会見で、席の距離を確保する必要がある中、わざわざ狭い部屋で実施して参加記者数を絞り込み、毎回わずか三十人弱の出席で、質問は一社一人一回を厳格に守り、事前に質問内容を教えない社の記者を実質指名しないという運用だ。

最近では、大規模接種予約システムの不備を報道したとして防衛省が、パブリックビューイング（ＰＶ）中止を決定前に報じたとして東京都が、それぞれ新聞社などに抗議した。こうした神経質なまでのチェックは今に始まったことではない。秋田ではイージス・アショアの配備計画に疑問を呈した地元の新聞が会見から締め出されたし、自衛隊の先島配備を決定前に報じた時には、地元紙だけでなく主要報道機関が加盟する新聞協会にも抗議している。

こうした制約はメディアのみならず市民生活全体を覆うものだ。二〇年四月の緊急事態宣言に始まった広範な私権制限がいまなお続いているが、政府が「市民の大切な自由や権利を奪うことになって申し訳ない」という気持ちを持っているようには思えない。実際、コロナの収束を見通せないことへのおわびは口にしても、権利の剥奪についての言葉はない。

市民的自由の制約は、確実かつ着実にこの二十年間進んだ。思想・表現の自由を直接縛る新規立法や改正が殊更に増えたからだ。一方的に法の解釈を変更し政府統一見解として固定化、それを社会に強要する状況も著しい。自由や権利の縮減をさほど気にしない市民社会も定着してきた。

表現の自由は空気のようなもので、災難が降りかからない限り、その重要性や必要性は気がつきにくい。企業や団体などに抗議や非難の電話をかける「電凸」や街宣など、気に食わない言動や思想を認めようとせず、力で封じ込めるような事態もよく起きる。自らの生活の平穏のため、政府により強い規制を求める声すらある。

こうして表現の自由の例外であるはずの「特別で一時的な制約」が一般化してしまった中、政府も市民社会も不自由に慣れてしまっているのではないか。しかもコロナ禍において、政府は科

2021

学的根拠を示すことなく、希望的臆測と精神論で押し通し、私たちも諦めの気持ちで受け入れてきた。しかし、同じような曖昧さで、世界中から来日するジャーナリストを説得することはできまい。

パンデミック下の五輪開催を受け入れた社会を取材したい、との意気込みを「安全・安心のため」だけで抑えるのは不可能だ。民主主義社会の維持装置である取材報道活動の制約が、どんな意味を持つかを理解しないまま、形式的ルールの押し付けで、しっぺ返しを受けるのは私たちの社会全体だ。

違い際立った緊急事態下の五輪報道　*08.14/21*

沖縄にとって「初めての日本の五輪」は、バッハＩＯＣ会長がいみじくも言った通り、「歴史的な大会」として記憶に残ることであろう。緊急事態措置下の大会をどう伝えるか、どのメディアも悩みどころであったとうかがえる。ここでは期間中の新聞報道をおさらいしておこう。沖縄地元二紙のほか、開催地から東京新聞と神奈川新聞、在京全国紙の読売、朝日、毎日、産経、日経の各紙を比較検証してみる。

その前に琉球新報一九六四年十月十日付夕刊を紹介する。復帰前の県内を回る聖火リレーの記事もそうだったが、開会式における選手団入場の「日の丸」を強調するかの写真が印象的だ。ただし、これは沖縄紙に限らず日本のほかの新聞もみな同じで、高度成長期に入ったニッポンを誇らしげに伝える記事が続き、トーンは「祝祭」で統一されている。そしてこの五輪報道の基調は、おおよそその後、変わることなく今日まで続いてきたと言ってよかろう。それが今回の五輪は、そもそも招致の段階から揺れていた。

時間をさかのぼること八年、二〇一三年九月のＩＯＣ総会における安倍首相の「アンダーコントロール」発言（状況は完全にコントロールされている、汚染水の影響は完全にブロックされている、被ばく量は国内どの地域でも基準の百分の一と説明）を伝える段階で、当時のメディアは迷い、そして割れていた。

例えば読売は、「汚染水、ダメージ与えぬ」「汚染水『確実に解決』」と連日、安全性を強調する見出しだ。これに対し東京は、「あきれた」「違和感」といった言葉を見出しにとり、翌日からは一面大型連載「原発収束　待ったなし」を始めている。

一方で朝日は、「汚染水不安　振り切る」と報じたものの、一週間後には「汚染水『制御』迷走　コントロール程遠く」とした。

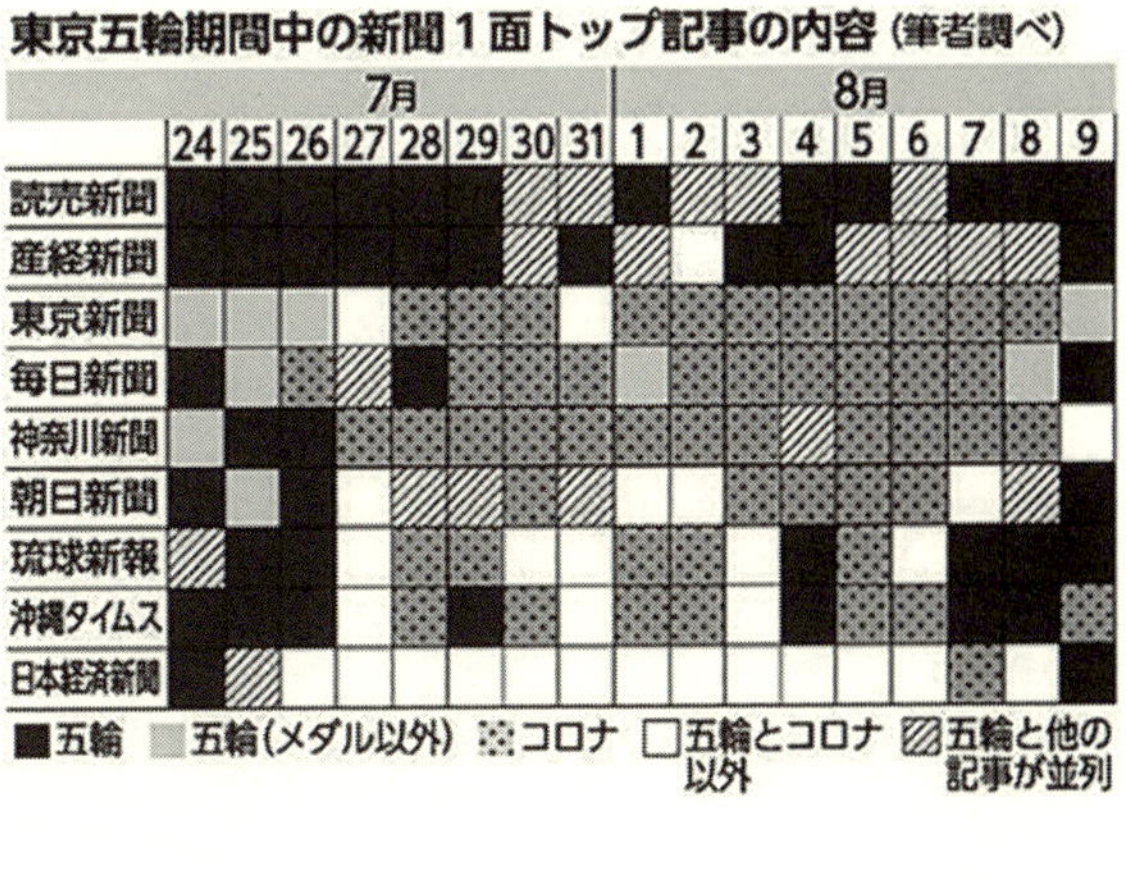

この構図は、実は今回もそっくりだ。

別表から明らかなように、一面トップ見出しは大きくは、(1)五輪「祝祭」報道、(2)コロナ禍中心報道、(3)両にらみ報道、に分かれる。

そして(1)に分類できるのが、産経と読売である。ほぼ例外なく1面は、金メダルほか五輪ニュース中心の紙面作りであった。ただし両紙ともに、感染者数の急激な伸びと緊急事態宣言拡大を受けて、1面を大きく二つに割り、五輪とコロナ禍等をほぼ同じスペースで報じるという方法を採用した。ただしいずれにせよ、先にあげた招致段階の五輪全面支持指向を、きちんと継承していると言える。
(2)の代表は東京だ。その姿勢は一貫していて、祝祭色はゼロと言ってよかろう。冒頭の三日はトップ記事に五輪関連を据えたものの、いずれも批判的な内容だった。その後はほぼコロナ関連で、日によっては1面に五輪関連記事が全くない日もあった。これまた、招致段階の姿勢を継承していると言ってよかろう。神奈川も地元の感染爆発を受け、コロナ中心の紙面展開だった。毎日の紙面作りもそれに近い。とりわけ、ワッペンと呼ばれるキャンペーン風の記事が多く、五輪を斜に構えていたのが特徴であった。
これらに対し、朝日は招致同様「悩み」が見られる紙面展開と言えないか。それはまた、特有のバランス感覚でもあろうし、世の中の空気の反映とも言えるのかもしれない。最初は祝祭紙面、次は読売同様の二分割（両にらみ）紙面、そして後半はコロナ紙面で、五輪・コロナ以外のニュースをトップ扱いした日が五回で、五輪・コロナ・その他がほぼ同数だ。ここでは、(3)として分類をしておくのがよかろう。

さて沖縄紙である。ちょうどこの時期、開幕時期は台風直撃、そして国内最悪の感染状況に見舞われ、「五輪どころではない」状況であったともいえる。さらには世界遺産登録とも重なった。琉球新報はそれをきれいに反映した紙面展開であった。また、辺野古新基地建設に絡むサンゴ移植記事を複数回トップに据え、五輪＝六・五回、その他＝五・五回、コロナ＝五回で、朝日同様にトップ見出しがきれいに分かれた格好だ。一方で、地元出身選手を大きく取り上げることは県紙の大きな役割でもあろう。そこで五輪祝祭報道の中身は基本、県内選手の活躍（メダル獲得）である。この点は、沖縄タイムスもほぼ同じであるが、より出身選出の扱いを優先したきらいがある。

今回の比較は単純な一面トップ見出しのみの比較だが、こうした傾向は扱う写真にも現れる。冒頭で紹介したように「日の丸」を大きく扱う社と、そうでない社（開閉幕式やメダル表彰式でも構図に入れない）、さらに国別のメダル獲得一覧表を掲載するかしないかなど、紙面展開には大きな違いが見られた。

単にコロナ禍だけの問題ではなく、ナショナリズムや、商業オリンピックが曲がり角にあることを明確に表し、意識せざるをえなかった二週間であったといえるだろう。

ぜひともパラリンピック後には、総合的な検証を各紙に期待したい。

リーダーとの付き合い方＊　*08.15/21*

　この一年半、新型コロナウイルス対策として国民にさまざまな犠牲を強いてきた政府は今なお、机上の数字合わせにきゅうきゅうとし、現実を直視しようとしない。そんな中、日本はロックダウンが法的に認められないので緩やかな要請しかできず、これ以上は打つ手がないとの言い訳が定着してしまった。だが、実際は「やってはいけないこと」だらけで、異常さがニューノーマルという言葉に覆い隠されてしまっている。

　しかも、その多くは「上からのお願い」である。きちんと国会や地方議会で議論し、法令として定めたことではないものがほとんどだ。とりわけ行政が姑息なのは、飲食店に対する酒類提供禁止措置のように、もともと有する行政権限を活用して、従わざるを得ない状況に追い込んでいることである。権限がない大臣が、あるかのごとく法を超えて制約を課しているとの疑義も残ったままだ。

　かつてコンビニに対し公共料金の振り込み業務を委託する際、「有害」図書を排除することを求めたことがあった。青少年のためなど誰もが反対しづらい理由付けで、市民の自由は簡単に失われていくものだ。同様にコロナ禍では、感染の抑制が錦の御旗に使われてきた。その結果、国が決めたことには有無を言わせず従わせる、という世の中になりつつある。

　少し前から、政府を批判する人を「偏向している」とレッテル貼りすることで、為政者にとって都合の悪い「異論」を、社会から締め出すことが始まっている。さらには、政治的であること自体が批判の対象にもなっている。これは自由な言論が認められない社会の一歩手前だ。

すでに多くの指摘があるように、こうした状況はかつての戦争に向かう時代と似ている。一方で決定的に違うのは、当時は「おかしい」と口に出す自由はなかったことだ。確かに大日本帝国憲法でも表現の自由は保障されていたものの、治安維持法などの戦時立法によってことごとく自由は骨抜きになった。政府はいつでも勝手に、自由を制約できたのだ。しかし、いまは違う。私たちは完全な言論の自由が保障されている。いつでも誰でもどこででも、NOと言えるのだ。

政府の無策を嘲り、路上飲みをするのも抗い方の一つではあるかもしれない。だが、これでは国の為政者は決してたじろがないし、さらに巧妙にやりたいことをしてくる。だからこそ、八月十五日のきょう、当時との違いに改めて思いをはせたい。市民一人ひとりが目の前の「おかしなこと」に異議申し立てをすることが大切だ。

同時にその日から四半世紀にわたって、本土から切り離され無憲法時代が続いた地があることを忘れてはなるまい。米軍施政下の沖縄を描いた「サンマデモクラシー」が全国上映中だが、魚屋のおばぁがサンマへの課税に対し、統治者アメリカに異議を申し立てたことが、復帰運動に繋がっていったさまが描かれている。

町内でも会社でも、国や自治体のリーダーに対しても、言われたことに粛々と従うだけが私たちの仕事ではない。自分を殺さず、しかしちょっとした勇気をもって、間違いをただすこともまた大切な役割だ。言わないことは消極的加担でしかない。行使をしないでいると、大切な言論の自由の使い方を忘れてしまいかねないからだ。

個人情報の保護　*09.11/21*

退陣表明後、多くのメディアや識者コメントでは、菅政権の「功績」として携帯電話値下げとともに、デジタル化の促進が挙げられている。その象徴が九月一日に発足したデジタル庁であり、それを含むデジタル関連法の成立ということになろう。実際は、野党を含む賛成多数による成立であるし、その柱であるマイナンバー制度は民主党政権の置き土産ではある。

【政権の功績】

政治家・菅義偉の一丁目一番地ともいえる「総務省案件」として、さらに首相就任以降は内閣官房で直轄し、民間を含めたビッグデータ活用推進を目指し、個人情報の保護より利活用を重視してきた。とりわけ行政機関の自由な情報利用の障壁を、徹底して排除する制度構築を目指したという点では、大きな法構造の転換となった節目の政権であったことは間違いない。

問題は、それが本当に功績と呼べるようなメリットがあるものなのかだ。全面改正された個人情報保護法が完全施行されるのは二年後と想定されているが、この夏以降、徐々に具体的な政府解釈が明らかになりつつある。自治体権限の解釈指針（「改正個人情報保護法の規律に関するQ

＆Ａ」）でも、条例運用の基本原則を変更せざるをえない状況が読み取れる。

それはいうまでもなく、私たちの日常生活にも影響を与えることを意味する。以下では、具体的に何が変わろうとしているのかを確認していく。

【法改正のポイント】

今回の法改正の大きなポイントは一元化と標準化だ。一言でいえば、前者は民間、公的機関（行政および独立行政法人）の個人情報保護法制を一本化することをさし、後者は国と地方自治体の制度統合化のことだ。ここでは、個人情報保護に関する法律や条例などが二千個近く存在し、そのことが国や自治体の情報共有に支障をもたらしているという、いわゆる二千個問題の解消のためと喧伝されてきた、地方自治体への影響に焦点を絞る。

国と自治体、自治体間で情報を扱う基準も仕組みがばらばらで、それが非効率を生み、また利活用を妨げてきたというのが国の言い分だ。そこで新しい個人情報保護法によって、地方自治体の独自規定は原則として認めず、国基準に統一することが求められている。さらには地方自治体で収集した住民情報を、国がすべて吸い上げて自由に利活用できるようにするため、自治体が住民の個人情報を保護するための利用制限の権限を原則として認めないことも決めた。

関連して、その制約となるような旧来の情報システムをバイパスして、国独自のシステムに乗り換えることを求めてもいる。直近のワクチン接種情報の管理システムはまさにその先取りで、国が新システムを設計、これに統合することを求めた。それがスピードアップに繋がっているのか、さらなる現場の混乱を呼んでいるのかをみるだけで、この国の音頭取りが意味あるものかどうかは見えてくる（それ以前に、コロナ禍においてこの間、国が設計してきたデジタルシステムでうまくいっているものを探す方が困難である）。

【個別条文の課題】

ここでは、四点にわたり項目ごとにみていくことにする。その第一は、要配慮個人情報の扱いだ。沖縄も含め多くの条例では、地方自治体が思想・信条を含むセンシティブ情報（要配慮情報）の収集を原則禁止している。しかし新法では、この種の情報の収集を制限する規定がなく、法で可能な収集情報を条例で禁止・制限することは認められないという解釈を政府は示している。

こうした「規制緩和」により、もっとも保護しなくてはならない機微情報の収集（当然にその利活用）を解禁することを、自治体が無条件にのんでよいのかが問われる。施行までに条文が是正されることを求めたいが、少なくともガイドラインで、合理的な理由がある場合などでの国レベルより厳しい「上乗せ規制」ができるようすべきだ。

第二はオンライン結合だ。これも、立法作成過程において総務省内で強く主張されていた改正点である。多くの自治体では現在、収集・保有する個人情報をデジタル化し、オンラインネットワークに載せる場合は、個別にその必要性を吟味し、自治体ごとに設置する審議会等に諮問し了承を取るなどの手続きを課している。

これを法では「不要」として、自治体が自由にデジタル・ネットワーク化（オンライン化）ができるようにする予定だ。これはまさに、国の自由な利活用の肝になる部分でもあり、せっかく自治体が収集した住民情報が、各自治体内にとどまることでビッグデータとしての利活用の障害になるとしてきた。

しかし、こうしたチェックをなくすことは、収集情報がスルーでオンライン化され、それがそのまま国に流れ、匿名加工化することで、自由に民間利用も可能になることを意味する。しかもこれらの過程で、本人の了解はほぼ一切不要になる。

【自治体の役割】

第三は、前述の二つに関わる話でもあるが、自治体が有する「審議会」の権能についてである。これについても新法は原則、国の個人情報保護委員会があるのだから事実上不要、という原則を示した。確かに、小さな自治体等で十分にチェック機能が果たされていない場合も少なくなかったとされ、そういう自治体にとっては国によってきちんと監視してもらえれば、保護レベルは上がるということになろう。

しかし実態として多くの自治体では、外部委員による厳格な合議体審査により、情報公開や個人情報保護を住民の視点で行ってきている。それを、一億二千万人分の個人情報を国で一括して面倒をみることになったので任せて大丈夫かと問われ、イエスという人は少ないのではないか。机上の空論とまではいわないまでも、実効的な保護システムの後退にほかなるまい。

ほかにも第四として、対象機関を国基準に合わせることになると、多くの自治体で議会が外れ

2021

ることになる。さらには、個人情報保護条例と情報公開条例をセットで運用している自治体が多いことを考えると、情報公開制度の対象からも地方議会が外れる可能性も否定できず、住民の権利利益の保護が減退することになる。

国は「自律的な対応」を求めており、別途、別の条例を制定する必要があるものの、現在の条例ができた時代とは背景が異なり、現在はバッククラッシュが起きているような状況の中、国会では存在しないのになぜ地方で作る必要があるのかといった議論が、議会からも地方行政（首長）からも出てくることが危惧される。

これらからわかるように、個人情報保護の軽視政策は、功績ではなく大きな汚点であることを、改めて確認しておきたい。

集会はだれのために＊ *09.19/21*

世の中ではさまざまな「集会」が催されている。趣味から学術的・専門的なものまでテーマはいろいろだ。もっぱら身内の集まりも、社会にアピールすることを目的とした運動色が強いものもある。憲法では、こうした集会を開くこと、参加することの自由を保障している。それは、社会にいま伝えたいという思いと、集いを通じて新しい知識情報に接し、自分を高めたいとの思いの交差する貴重な機会だからだ。コミュニティーでの合意形成に寄与することも期待されており、社会を維持発展させるための装置の一つでもある。

とりわけ、こうした集まりが公共性を帯びたとき、例えば一般公衆を対象に開かれたり、公共的施設を利用したりした場合などは、単に公権力が人の集まりを邪魔しないだけではなく、きちんと集会が行えるようサポートする役割を担う必要がある。国や自治体が運営する施設を、安い料金で借りられることもその一つだし、時には公的機関が財政的に支援したり、その集会を意図的に邪魔しようとする者から、警察などの適切な警備で守ったりすることもある。これも民主主義の維持経費だ。

昨今、特定の集会に反対する抗議活動が激化して、両者が衝突し現場が騒然としたり、追悼の場において静寂さが損なわれたりするとして問題となる事例が増えている。さらにはこうした混乱を理由として、おおもとの集会や催しが中止に追い込まれるなど、大きな影響が生まれている。八月六日の広島は、静かに平和を祈ることが暗黙の了解だったが、近年、拡声器などを使った街宣活動が活発化し、市は静穏維持を目的とした条例を制定するに至った。九月一日の関東大震災・朝鮮人虐殺の追悼式を巡っても物々しい警備が不可欠な状況が続いている。

「表現の不自由展」を巡る街宣行動や脅迫行為による中止も、根は同じだ。これらからわかるのは、自分の主張と異なる言動を「潰す」ために、実力行使を含む対抗的な言動がなされ、現場の混乱を収めるためには警察力が必要とされている実態だ。その「攻守」は、いわゆる保守・リベラルがテーマによって入れ替わる状況も見られる。

私たちが集会の自由を市民的自由の中核として大切にしてきたのは、そこが「伝え学ぶ場」たり得るからだ。互いに多様な価値観を知り、自分の主義主張と異なる意見に耳を傾け、考えることにこそ集う意味がある。集会を開く者も、それに反対する者も、そして何よりもそうした場を守っていく責務を負う国や自治体が、こうした集会の意義をきちんと理解することが、混乱解決の第一歩だ。

追悼の場で主賓が心のこもっていないメッセージを読んだり、慣行に逆らい追悼文の送付をやめたりすることが、こうした場の形成を壊すことを後押ししてはいないか。警備の責務を負う者が妨害行為を見て見ぬふりをすることで、誰かの学ぶ場を奪ってはいないか。しかも、こうした集会が面倒ごとを引き起こすとの空気が広がれば、民間の施設でも人が集うことがはばかられるようになる。

異質なものを忌み嫌い、集まることすら億劫になる社会は、扱いや判断が難しいものを切り捨てることに繋がっていく。それは周知ではなく放置そのもので、いまのコロナへの向き合い方にも重なっている。

国への異論認めず規制　*10.09/21*

第百代内閣総理大臣が決まった。傀儡《かいらい》とか後継といわれているが、その前提となるのは二〇一二年十二月から八年半にわたる「安倍・菅政権」の評価だ。第一次の〇六年九月から数えると丸十五年になるが、この間に表現の自由は大きく縮減し、ジャーナリズムは変節してしまった。それは紛れもなく民主主義の土台が揺らいだということだ。

【相次ぐ表現規制立法】

戦後の日本は、戦前戦中の深い反省のもと、世界に類を見ないほどに表現の自由に厚い憲法規定を有し、社会は曲がりなりにもその自由を大切に扱ってきた。しかし〇一年九月十一日以降の世界的潮流でもあるが、国益を優先し、国家安全保障は常に表現の自由より優先することを明言し、法制化してきたのがこの政権だった。武力攻撃事態対処法等を制定（〇三年）・強化（一五年）し、続いて秘密保護法（一三年）を新設することで、政府は自らが秘匿したいと思う情報は実質未来永劫、国民の目から覆い隠すことができるようになった。

〇一年に施行された情報公開制度は、その後一度たりとも実質改正されることなく放置され、世界水準からしても周回遅れなうえに、前述の法制は、その実質運用を骨抜きにするものでもあった。その後続くことになる自衛隊日誌、そしてモリ・カケ・サクラと称され森友・加計・桜を見る会の公文書の隠蔽《いんぺい》・改竄《かいざん》・廃棄は必然の結果であったともいえよう。

表現に対して制約的な立法傾向はほかにもある。この政権中に成立した法の特徴に、「配慮・留意」条項付きが多いということだ。安保法や秘密法以外にも、憲法改正手続法（〇七年）や共謀罪（組織的犯罪処罰）法（一七年）も、表現一般や報道活動に対し配慮する旨をうたう条文がある。憲法で例外なき保障をうたう表現の自由を、わざわざ特別法のなかで再確認する必要性は

2021

薄い。にもかかわらず入れざるを得ないほどに、他の条文が制約的であり危うい存在であることの証左であるということだ。

さらにはドローン規制法（一六年）も、小さく生んで大きく育てるの典型で、政令等でその対象地域があっという間に拡大し、取材の制約になってきている。土地利用規制法（二一年）で運用上の危惧が絶えないのも、こうした過去の例があるからに他ならない。さらにいえば、この間改正を重ねた個人情報保護法の大幅緩和（二一年には全面改正）によって、情報主体である市民の権利保障はないまま、個人情報を預かる立場の行政機関や企業の縛りだけが緩められる状況が続いている。新自由主義路線が市民の権利や自由を狭める危険性と背中あわせであることを示しているものだ。

【強まる行政規制圧力】

さらにこうした立法上の締め付けに平仄《ひょうそく》をあわせるように、行政もまた強い圧力をかけることで、言論表現活動はどんどんしぼんできた。その最たるものが放送分野で、行政指導に始まり、文書の発出などで政治的公平さを事あるごとに求めることで、番組中での政権批判は許されない空気を醸成することに成功した。一六年の総務大臣による放送法違反を理由とした電波停止命令への言及は、その象徴であった。

こうした風潮は地方行政にも広がり、中立性の欠如に始まり政治性を持つこと自体が忌避され、集会やデモ、自治体後援行事が次々に中止や見直し等の対応に迫られることになった。そして同じことは、より自由度が広かったはずの芸術分野にも及ぶことになる。

その象徴例が一九年のあいちトリエンナーレである。政府は中止に合わせるように補助金のカットというかたちで、展示内容に問題があるとの烙印《らくいん》を押し、まさに忖度の強制状況が生まれていった。こうした動きは、それ以前からじわじわ広がってきていたもので、いわば必然の結果ともいえるだろう。

さらに、首相の街頭演説に対するヤジを排除したり、沖縄の駐留米軍や新基地建設に対する抗議活動に、嫌がらせ的な取り締まりを重ねて行ったりと、表現の自由の中核である批判の自由の規制は、拡大の一途をたどっている。

この沖縄に対する「攻撃」は、政治家、著名人の発言に刺激され、閾値《いきち》が下がることで、ネットの世界でもリアル社会でもエスカレートしたのもこの時期に重なる。さらには差別言動を容認するかのような政治家発言が、結果的に反中嫌韓の空気を後押しし、精神的結界が崩壊する中で、ヘイトスピーチが市中にあふれるような状況を生んでいる。皮肉にもその結果、差別・憎悪表現を取り締まる必要性が生まれ、表現規制立法がなされることになった。

また、こうした風潮や行政の姿勢は、市民活動や芸術にとどまることなく学術分野にも及び、二〇年には日本学術会議の新会員を、理由を示さないまま官邸意向で認めないという前代未聞の措置を強行することになった。まさに、政府への異論は認めないという強い姿勢の表れである。

【ジャーナリズムの役割】

こうした状況に本来、最も厳しく対峙しなくていけないのがジャーナリズムである。言論報道活動は、表現の自由の具体的な実行者であるとともに守り手であることが求められているからだ。にもかかわらず、この間の取材・報道活動は後退に次ぐ後退を余儀なくされている。

その象徴例は首相・官房長官会見であろう。もともと記者会見は政府と報道陣の共催で実施されるものである。しかし、最近の首相会見の現実は、一方的に政府の広報官が仕切り、政府に覚えのよい社だけが指名され、当たり障りのない質問をし、首相は用意された紙を読み上げるという状況が続いている。

一部社がその開催形態の変更を求めたものの、報道界の中で多数意見になることなく、一社一人一問限定の未消化の会見が続いた。その結果、市民からの批判は政府に向かうのではなく、だらしないメディアに向かうことでますます信頼性を失うという悪循環に陥っている。

昨今の規制区域への取材のための立ち入りに対し、ネット上でもっぱら記者への批判がなされる状況はまさに今日的な市民とジャーナリズムの関係を示すものだ。言論報道機関が市民の支持や信頼を失いつつあることで、政府はより強力な圧力を取材や報道にかけ、真実は厚いベールの奥に包み込まれてしまっている。この最大の犠牲者は、まさに市民そのものだ。民主主義の危機を克服するためには、表現の自由の制度的保障と自由闊達なジャーナリズム活動が不可欠だ。政権交代は、そのための転換のまたとないチャンスでもある。

パンドラの箱を閉じる前に* *10.24/21*

二〇一九年一位、二〇年四位、そして二一年上半期は一位に返り咲き。雑誌専門図書館の大宅壮一文庫で作る、人物記事の索引採録の人名ランキングにおける「秋篠宮眞子」の順位だ。雑誌に登場した頻度を示すランキングで、記事を書いたり、週刊誌の企画を考えたりする人から見た市井の関心度合いを測るバロメーターといえる。過去を見ても皇族が記事化される数は芸能人やスポーツ選手をしのぎ、新聞・雑誌記事を収蔵する専修大の人物アーカイブズ（旧講談社人物データベース）でも、歴代皇后の名前が上位に並ぶ。今も昔も、皇室・皇族はメディアの格好の報道対象である。

これが当該者の人権を侵害する可能性や、それによる精神的ダメージは、日本に限らず他国の皇室においても議論されているところである。しかし今回、多少様相が異なるのは、二十六日の結婚会見を前にしても、報道を戒めるかのような宮内庁発表が続いていることだ。しかも、彼女の病名を心的外傷後ストレス障害（ＰＴＳＤ）と公表し、その理由は心無い報道にあるとした。この論でいえば、祝福は良いが批判や詮索は許されないことになる。

これまで行き過ぎた取材が繰り返されたことは事実である。市民とメディアの関係では、一九七〇年代に事件報道で被疑者の有罪視が問題になって以降、八〇年代の有名人などのスキャンダル報道の隆盛が、写真週刊誌やテレビのワイドショーをメディアの中心に押し上げる一方、

2021

その行儀の悪さが大きな社会問題になった。そうした中、被取材者のプライバシー侵害は議論されてきたが、それによる精神的ダメージには十分な検討がなされてこなかったのが現実だ。ようやく二〇〇〇年代に入り、犯罪被害者の心理的ストレスが認識され、取材の抑制策が制度上も実態上もとられてきた。

それでも取材者は、その人の内面にまで切り込むのが仕事の中核であるにもかかわらず、事実追及の訓練は受けても、相手方の精神的ケアの職業的訓練は不十分であった。その中で、大坂なおみ選手が心の病を理由として会見を拒否し、今回の病名公表による報道自粛要請がある。体調不良を理由に病院に雲隠れするのは政治家の常だが、これまでも記者の厳しい追及を受け、多かれ少なかれ本当にストレスを抱えた者もいたに違いあるまい。

近年、表現の自由が原則との考え方の見直しが強く主張されている。国家安全保障は常に表現の自由に優先する、プライバシー侵害は絶対許されない……。こうして気が付くと、原則と例外の逆転が起き、例外の一般化が進んでいる様相すらある。しかし、公務に関わる公人への言説に例外を幅広に認めることには慎重さが必要だ。宮内庁が有する皇室関連情報は「歴史的若《も》しくは文化的な資料」として、情報公開制度の対象外とする運用がなされているとされ、市民からみると厚いベールを剝ぐ方法はメディアに頼るしかない。一般市民と同じ保護ルールを当てはめるのであれば、より透明性を高める工夫が必要になろう。

パンドラの箱を開けてしまった以上後戻りはできない。その一番底に「希望」があるとするならば、誹謗中傷と一刀両断にするのではなく、それぞれが批判を受け止めていくことで、光が見えてくるのではなかろうか。

ネットの言論規制　*11.13/21*

眞子さん結婚報道がメディアをにぎわすなか、関連するいくつかの記事について、ヤフーニュースの読者コメント（いわゆる「ヤフコメ」）が「非表示」になった。そこでは、「違反コメント数などが基準を超えたため、コメント欄を非表示にしています」とのおことわりが書かれている。同様の措置は、韓国関連の記事でも確認されており、いわば〈炎上〉事例でのプラットフォーム事業者による「自主規制」が強化されたといってよかろう。

【AI判定で規制実施】

国内最大級のポータルサイト「ヤフージャパン」の発表によると、十月十九日以降、同社のニュース配信サイトである「ヤフーニュース」のコメント欄への書き込みについて、人工知能（AI）などを活用して人を傷つけるコメントを探し出し、投稿を繰り返すユーザー（利用者）に警告を発したり、削除してきたという。また、違反コメントが一定数に達すると、その記事のコメント欄全体を非表示にすることで、ヤフーニュースのコメント欄における誹謗中傷対策を強化、今後、有識者会議などを開催し運用の改善を図っていくようだ。

ヤフコメは、記事に関連して読者が自由に感想を書き込める（投稿できる）もので、もちろん全くコメントがつかないものもある一方で、千単位でのコメントは一般的で、万を超えることも珍しくない。また、一般ユーザー以外に、「コメンテーターコメント」と呼ばれる事前にヤフー側が指定した専門家によるコメントも存在する。これらのコメントを受け付けるかどうかも、ヤフー側の判断となっている。

これまでも、「問題」コメントの書き込みについては、独自の判断で警告等の措置をとってきたとされるが、今回の運用変更で「コメントの投稿ができなくなる可能性がある」との従来より強い警告を発するとともに、悪質な繰り返し行為については、投稿停止措置もとるとされる。また、前述の非表示にする場合は、ＡＩが判定した違反コメント数などの基準に従い自動的に実施すると報じられている。

なお、今回の運用開始のきっかけは同日に公示された衆議院選挙で、以前から問題視されていた選挙期間中のフェイクニュース対策でもあったようだ。政治ニュース関連コメント投稿時に、「候補者に関する虚偽の事実の投稿」「名誉毀損や侮辱などにあたる投稿」については、「刑事罰の対象になります」と警告を発するようにもしていた。

【指摘される課題】

ヤフコメをめぐっては、以前から差別やデモ、中傷の温床になっているとの指摘があり、ヤフー側も専門チームがＡＩを活用して「違反」と認めた投稿を削除したり、違反コメントを複数回投稿したりしたユーザーについては「投稿停止」などの対応をとってきた。しかしそれでは不十分との声に押され、全面「非表示」という新たな方法によって、誹謗中傷への抑止力を期待するものとなっている。

非表示にすれば、問題ある投稿が読まれたり、それ以上拡散したりするリスクはなくなるが、問題ない投稿も同時に読めなくなるという事態が発生することになる。いわば「臭いものに蓋《ふた》」方式による問題だ。また、ヤフーはコメントの削除や非表示の判断基準についての開示はなく、いわばブラックボックスでの一方的な措置が、投稿したユーザーの表現活動を過剰に制約する可能性を排除できないままだ。

【事業者の責任】

これまで、インターネット上の情報流通過程を担うプロバイダー（回線業者、接続業者、コンテンツサービス事業者、サイトの運営者・主宰者など）は、プロバイダ責任制限法によって一定の法的責任が負わされてきた。それは、明らかに違法なコンテンツであるとの指摘があった場合は放置しないことや、被害者からの情報発信者情報の開示が求められた場合の仲介義務などである。二一年春にはその責務がより強化もされた。

しかし原則は、表現の自由の担い手として通信の秘密を守ることや、仲介者が表現内容に介入することを忌避する考え方から、ネット上に流れる情報をせき止めることには消極的であった。それ自体、印刷所や書店が雑誌や書籍の内容に責任を負うことがないのと同様、表現の自由を確保するうえで、社会的制度としては堅持すべき大原則ではある。

一方で、よく例に出されるGAFA（Google、apple、facebook＝社名変更でメタバース、Amazon）や、日本でいえばヤフーや楽天などの巨大なプラットフォーマーは、インターネットという表現空間において、大きな社会的責任を負うことを免れない。むしろ、言論公共空間を担っているという自覚とともに、必要な自律的な取り組みをしなくてはいけないことは、どの社も自覚しているところであろう。

その一つが、いわば「自主規制」であって、それは法規制を回避して、ネット空間の自由な言論環境を守るうえでも必須であるともいえる。それからすると、今回のヤフーの措置も歓迎される一歩であるともいえようが、その条件としては、こうした表現活動の制限が過度な萎縮を招かないためにも、自主自律が守られていること、判断（表現規制）の正当性について透明性が担保されていることが大切だ。

さらにいえば、投稿等によって傷つけられた人に対する個別救済の制度を用意することや、一方で投稿を一方的に削除された発信者への説明責任や苦情対応の仕組みも求められよう。これらには当然コストがかかるが、それを負担することもまた、自由な言論公共空間を維持するために必要なものであるし、それを担う企業にとっての必要経費といえるだろう。この新しい試みが社会的に認知・了解されることで、法によらない自主自律の取り組みのモデルとして成長することを期待しつつ、最初の一方の踏み出し方を決して間違えないでほしい。

打たない自由と打てない理由* 11.28/21

日本は同調圧力がかかりやすい社会とされる。二年近いコロナ禍においても、政府方針に反しているという表向きの理由で、自粛警察や帰省狩りが生まれた背景には、コロナ感染拡大に対する危機感や恐怖心とともに、こうした社会的な土壌があったといえよう。さらには、医療従事者をはじめ、エッセンシャルワーカーやその家族に対する、いわゆるコロナ差別の風潮が生まれたことも、極端な同質性や潔癖性を指向する日本社会の反映であったと思われる。

本来なら感染者の医療的隔離を法律上厳格に実施する一方で、社会的隔離はその必要性を十分に検討し、最小限度で行われなくてはなるまい。しかし、この間、医療的隔離が自宅療養という名でルーズな一方で、それに反比例するように感染リスクが少しでも高い人を社会的に区別・排除する排他的状況が進んだ。しかも社会の空気は、よりその傾向を強く推し進める方向に働いており、とりわけ感染蔓延状況にある時に顕著だ。

ワクチン接種に関して日本は、予防接種を巡る過去の経緯から、強制ではなく「任意」であることが強くうたわれてきたし、政府の政策の基本方針でもある。にもかかわらず、実際には接種が事実上強要されるような事態が職域接種のなかで生まれたり、接種率が上がることでワクチン接種が日常の話題にあがることとなり、その中で「打たない自由」「打てない理由」を口に出すことがはばかられる状況が生まれたりしている。未接種はわがままではなく、私たちの誰もが有する自己決定権の行使の問題だ。

「接種をしないこと＝悪」といった印象や空気感が広がることで、打てない人に大きな精神的プレッシャーを与えるほか、打たない選択肢を奪うものとなっている。さらには、未接種者を危険人物や変わり者として社会的に白眼視することにも繋がる。

行政の役割は、接種の準備を整えるとともに、接種をしなくても原則、接種した人と同じ日常生活が過ごせる環境を用意することが大切だ。あるいは政府広告においても、接種検討を呼びかける場合には「ただし打たないという選択肢がある」ことをきちんと伝える努力をすべきだろう。同様に政府の基本的対処方針にも組み込まれた「ワクチン・検査パッケージ制度」においても、マイナンバーカード普及やスマホへの実装といったデジタル化政策に傾斜することなく、実際に未接種者のPCR検査が簡単に受けられる環境（いつでも・どこでも・だれでも・ただで）の整備が追い付かなければ、当該者に対する区別が「差別」になる可能性が高い。

そもそも、コロナ感染のリスクを抑えつつ日常生活を取り戻すことと、ワクチン接種率を無理にでも上げることはイコールではない。ましてや未接種者に必要以上の不便を強いたり、区別をすることで社会的隔離に繋がったりするのは許されない。パラリンピックの開閉会式で紹介された「WeThe15」は世界人口の一五％を占める障碍者を包摂した差別のない社会をめざす運動だが、日本で同じ比率に近づきつつある未接種者が、それを意識せずに普通に生活できるのが一番だ。こうした最低限の理解を、政府をはじめメディアも含めた社会全体で確認したうえで、私たち自身も少しの我慢を受け入れていきたい。

侮辱罪強化の危うさ　*12.11/21*

法務省に法制審議会という組織がある。戦後間もない一九四九年に法務府設置法に基づきできたもので、法務大臣の諮問に応じて刑事法・民事法はじめ法務に関する基本的な事項を調査審議するとされる（法務省組織令六十条一項一号）。いわば、国の基本法を実質的に決める重要な政府組織だ。この会の下にはアドホック（特定の目的のため）に法改正のための検討を行う部会が置かれ、法務省ウェブサイト上では現在、十一が存在する。

そのなかに、刑事法（侮辱罪の法定刑関係）部会や民事訴訟法（IT化関係）部会、刑事法（犯罪被害者氏名等の情報保護関係）部会があり、いまこれらの検討方針やそれに基づく法制審の答申が、表現の自由を大きく制約しかねない内容を含むものとなっている。しかしながら、議論は低調でこのまま立法化が進む様相を見せていることもあり、改めてここで課題を確認しておきたい。

【萎縮への懸念】

刑法改正による侮辱罪の厳罰化について、審議経過を追ってみる。九月二十二日の第一回部会に改正案が具体的に示されている。刑法二百三十一条（侮辱罪）を「法定刑を一年以下の懲役若しくは禁錮若しくは三十万円以下の罰金又は拘留若しくは科料とすること」と、禁錮・懲役・罰金を新設しようとするものだ。わずか二週間後の十月六日開催の第二回会議において、反対一賛成八で提案はそのまま最終決定され、十月二十一日開催の法制審総会でも原案通り採択、直ちに大臣に答申された。

トータルで実質二時間ほどの会議では、「インターネット上の誹謗中傷が特に社会問題化していることを契機に、誹謗中傷全般に対する非難が高まるとともに、こうした誹謗中傷を抑止すべきとの国民の意識も高まっていることに鑑みると、公然と人を侮辱する侮辱罪について、厳正に対処すべき犯罪であるという法的評価を示し、これを抑止することが必要である」という冒頭の諮問理由が、そのまま承認されたかたちだ。

この結果、現行の名誉毀損より少し軽いものが侮辱となり（懲役の長期が三年か一年か、罰金の多額が五十万円か三十万円かの違い）、その差は実質的にほとんどなくなったといってよい。そこでは、九月の総会で示された疑問や懸念が十分に払拭《ふっしょく》されたとは言えないのではなかろうか。具体的には、侮辱罪の判断基準の曖昧さと、免責要件がないなどによる表現の自由への萎縮効果への懸念、についてである。

議論では、たとえ侮辱的言論であっても公正論評であれば刑法三十五条の「正当な業務による行為」で違法性阻却を導けるので問題ないとする。しかしそれは、侮辱罪の免責の説明としてはあまりに牧歌的だし、実態にもあっていない。たとえば、取材目的の建造物侵入の行為についても、外形的な違法行為ということが強調され、逮捕・拘束され捜査が半年近くも続いているのが実情だ。まさにこれこそが報道機関への萎縮行為に他ならない。

【低位の言論】

部会委員からは「侮辱はそもそも価値のある言説ではないから、違法性阻却を考える必要がない」との理解が示され大勢を占めていた。それゆえに侮辱罪に名誉毀損同様の公共性がある場合の特例（刑法二百三十条の二の免責要件）を認めることは否定的で、一般市民の政治家への批判が、悪口では済まず「侮辱」と認定される余地があることを示している。こうした理解は、これまでの免責要件を新設し、判例でその解釈を拡大することで、批判の自由を拡大させてきた表現の自由の歴史に、真っ向から反することになる。

さらに会議ではもっぱら、抑制的な量刑の引き上げで萎縮効果は生まれないし、ネット上の表現行為にはより強い抑止効果が必要という意見ばかりが続くが、その前提には現実社会に萎縮は起きていないという認識があるようだ。しかし、近年続いている様々な集会や催し物における作品の撤去、デモや集会の中止といった、忖度による表現の自由の可動域の縮減は、萎縮そのものではないのだろうか。

そもそも名誉毀損等について国連は、締約国が非犯罪化を検討すべきで、刑法の適用は最も重大な事件のみに認められるべきであって、拘禁刑は適切ではないとしている（国連・自由権規約委員会二〇一一年採択「一般勧告三十四」四十七項）。日本でもこれまでは、表現行為を刑事事件としては裁かず、民事的救済（金銭的賠償）にとどめるという運用が大切にされてきたが、そうした公権力の謙抑性にも逆行するだろう。

日本では、政治家や大企業からの記者・報道機関に対する「威嚇」を目的とした訴訟提起も少なくない。いわば、政治家が目の前で土下座させることを求めるかのような恫喝訴訟が起きやすい体質がある国ということだ。そうしたところで、より刑事事件化しやすい、あるいは重罰化される状況が生まれれば、間違いなく訴訟ハードルを下げる効果を生むだろう。それは結果的に、大きな言論への脅威となる。

目の前のネット被害者を救うことは「正義」ではあるし、必要なことだ。しかし刑事罰は、最悪を考えて設計すべきだし、とりわけ表現活動に関してはいったん失った自由をとり戻すことは事実上不可能だ。にもかかわらず、審議会全体として認めているように、違法性阻却や責任阻却の考え方は不十分だけども、政治家に対する批判的言論ではなく個人に対するインターネット上の誹謗中傷が対象の法改正だから問題ない、という理屈だけが独り歩きしている。しかも、目の前で起きている「不自由さ」はどんどん進行していることにも、意図的に目を瞑《つむ》っている。

【森を見ること】

別の部会で審議された手続法の改正でも、よい面ばかりがアピールされ、それによって生じる事態への目配りは決定的に欠けている。訴訟手続きのＩＴ化や被害者保護のための例外的な匿名化は、確かに必要な面はある。しかしそのために、ただでさえ低い司法分野の情報公開度をさらに押し下げることには大きな問題がある。

今回の改正案では、犯罪被害者保護のために、逮捕状や起訴状はじめ判決書についても、被害者を特定できるような個人情報は目隠しにして、被告及び弁護士にも伏せるという方法をとることになる。その結果、報道機関は取材の糸口を捉えることができなくなるほか、市民社会として冤罪の可能性の検証可能性を閉じてしまうことになる。ここでも、被害者保護が優先される結果、表現の自由に対する配慮は見られない。

法制審は大所高所から日本の法体系を考える場であったにもかかわらず、枝葉の議論になることで、法体系全体が崩れることを強く危惧する。同時に、これらの法制審の答申を後押ししているのがマスメディアであるように思われる。実際に会議でも、国民の声があるという例示として、各種の紙面が紹介されている。被害者保護や誹謗中傷の抑止というキャンペーンはしやすいし読者の反対もないだろう。しかし同時に大きな役割は、負の側面をきちんと指摘することではないか。そうした機能が弱くなっているジャーナリズムにも強い危機感を覚える。

2022

取材報道ガイドライン　*01.08/22*

学生に「ニュースを知るメディアは何か」を尋ねると、インスタグラムやラインとの答えが返ってくる。確かに、はやりのファッションやおいしい店を知るには十分かもしれないし、友達との会話で知っておくべき有名人の動向や、世の中のうわさ話をいち早く知る手段としては適切かもしれない。一方でたまに触れるマスメディアの報道については、本人が嫌がっているのに無理やり押しかけて取材したり、名前を報じたりするのは傲慢だとの感想が示される。

さらにいえば、社会が忘れたがっていることをほじくり返して白日の下にさらすことにどんな意味があるのかなどと、調査報道やドキュメンタリーの類いに批判的だったりもする。これらは、学生に限らない一般的な風潮ともいえ、事実を報じるというジャーナリズム活動全体への否定的な空気が作られてきた。

そもそも、報じるべき事実とは何なのか、報道の前提となる市民からの信頼を得るための方策として何が求められているのだろうか。

【匿名発表・報道】

事件は大阪（梅田）駅からほど近い雑居ビルに入る心療内科クリニックで、二〇二一年十二月十七日午前に発生した。容疑者を含む二十五人が亡くなる惨事であった（他に重篤一人）。近年は、この種の犯罪性が疑われる事件のみならず、事故や自然災害の場合でも、犠牲者や被害者のプライバシーを考慮して取材を制限したり、報道で事実関係の一部を秘匿したりする傾向が強まっている。警察や消防等の公的機関においても、氏名等の発表を行わないケースが増えている。〇五年のJR西日本の福知山線事故では、一部犠牲者の氏名は未公表のままだ。一三年のアルジェリアでの人質事件でも政府・企業とも氏名発表を拒んだ。最近の事件では、一六年の相模原事件、一七年の座間事件では、事件特性を理由として警察は身元の発表をしていないし、報道でも原則匿名が続いている。一方で〇一年の新宿歌舞伎町の雑居ビル火災事件では、火元が風俗店であったことから、店名を匿名にして犠牲者名を報じる社、扱いを逆にする社、双方ともに実名で報じる社など、バラバラであった。

そうした中で、一九年の京都アニメーション事件では犠牲者について、実名での警察発表と、それに基づく報道がなされたものの、遺族からの「そっとしておいてほしい」との報道を望まない声があることを受け、新聞やテレビは市民からの厳しいバッシングにさらされた。事件発生から警察発表まで一カ月半を要したのも、こうした遺族からの要望があったためとされている。そうしたこともあって報道側も、取材方法を代表制にしたり、インターネット上での情報発信を、紙や番組とは変えたりするなどの「配慮」を行ってきた。

【警察発表への依拠】

これらの過去事例と比較すると、今回の大阪事件は少し様相が異なるものであったといえるかもしれない。警察は当初より、犠牲者の身元が判明次第実名を発表した。報道でも「事件・事故報道では、一人一人の方の命が奪われた事実の重さを伝えることが報道機関の責務と考え、原則、実名で報じています。取材にあたる際は節度を保ち、ご遺族や関係者の皆さんに配慮します」（朝日新聞十二月二十日付朝刊社会面）との一文を、氏名掲載後に付すなどして報道している。

加害者の報道についても、従来は責任能力がなく刑事責任が問われない可能性がある場合など、本人特定を行わないことが一般的で、その一例が精神耗弱であった。それからすると、今回は該当する可能性を否定できない中、警察が逮捕状請求前にあえて容疑者名を公表したことを受け、一部の報道機関は実名報道をした（捜査一課長が「被害者・ご遺族が被害者の早期特定を望んでいる。重大事案と鑑みて公表した」と説明したとされる）。

在京紙では、朝日、読売、日経が十九日朝刊段階で実名、毎日、産経、東京は翌二十日段階から顔写真・実名に切り替えた（琉球新報も二十日から実名）。もともと報道機関が実名報道するタイミングは、警察の逮捕という公権力行使を判断基準にしており、その意味で自律的な判断というよりは他力基準である。

そして今回も、警察が捜査上の都合等から発表をしたことに従い、実名報道をしたという意味では、典型的な「発表ジャーナリズム」といえよう。警察判断に依拠するのではなく、ジャーナリスト自身が自らの意思でどうあるべきかを考えることによってこそ、読者・視聴者の信頼をうることができようし、ネット上の情報とは違う、プロとしてのジャーナリズム活動の意味があるだろう。

【自律的な判断基準】

こうした自律的な判断を行うための手助けになるのが、当該分野の専門的知見を取り入れ、継続的な長年の取材報道経験を加味した判断基準を持っていることだ。ベースがあってこそ、ケース・バイ・ケースの的確な判断ができるのであって、その一つの工夫が、報道ガイドラインの策定と実践といえよう。

いま、もっとも日本国内で定着しつつあるガイドラインは、WHO作成の「自殺報道ガイドライン（自殺対策を推進するためにメディア関係者に知ってもらいたい基礎知識　二〇一七年版）」だろう。大阪事件と同時期に起きた神田沙也加さんの転落事故の際にも、厚労省がリリースし報道界内で共有がされた。そこでは具体的に「やるべきでないこと」「やるべきこと」が明記されており、「自殺が発生した現場や場所の詳細を伝えないこと」や、「支援策や相談先について、正しい情報を提供すること」などが報道で実践されている。

他には、アルコール等依存性薬物関連問題などに取り組むASQ（アスク）の「薬物報道ガイドライン」や、LGBT法連合会の「LGBT報道ガイドライン」が知られている。また危険地

2022

取材に関しては以前より国際的な記者組織であるＣＰＪ（ジャーナリスト保護委員会）策定の「危険地取材ガイドライン」が存在し、戦争取材等の実用的な手引きとして活用されてきた。同委員会は「新型コロナウイルス取材の手引き」も発表している。関連して、惨事ストレスと呼ばれる事件・事故に伴うストレスを取材・報道関係者が受けた場合の研究書も出されている（報道人ストレス研究会編『ジャーナリストの惨事ストレス』）。

今回の大阪事件に際しても、日本トラウマティック・ストレス学会と犯罪被害者支援委員会の連名で声明が発表されている。直接的には被害者はじめ現場に居合わせた者や救援者向けのものではあるが、同様に被害・被災現場を取材し報道するジャーナリストが、当事者・関係者のメンタルヘルスを十分に理解していなければならないことはいうまでもない。具体的な取材報道ガイドラインの策定に向け、できることからしていきたい。

表現の自由の原則と「劣後」* *01.09/22*

集会、結社及び言論、出版その他一切の表現の自由は、これを保障する――。日本国憲法二十一条の定めだ。旧憲法が「法律ノ範囲」を設けていたことで、戦時立法によって思想や言論が封殺された反省を受け、「例外を作らないことによる強靱な自由」を保障している。

もちろん、名誉やプライバシーなどの〈個人〉、青少年の健全育成や公序良俗を守る〈社会〉、さらには公正な選挙の実現、司法の権威の維持などの〈国家〉といった、対抗的利益との調整を図るため、事案ごとの比較衡量が行われ、表現の自由が制約を受ける場合も少なくない。

しかし、重要なのは、あくまでも自由が「原則」であって、こうした制約は「例外」的措置にとどまるということだ。しかし、近年、この原則と例外を逆転させ、例外を一般化する考え方が強くなってきている。これは日本だけでなく世界的潮流でもある。

その明確なターニングポイントは二〇〇一年の米国における同時多発テロだった。愛国者法ができるなどして、憲法上の自由の制約を幅広に認めることが一般化し、国家安全保障は常に表現の自由よりも優先するという考え方を社会が受け入れる余地が広がった。その流れは日本でもあり、〇三年に有事立法ができるなどして、緊急事態になれば表現の自由を含む人権が制約されて当たり前というルールが増えていった。

そして、一三年の特定秘密保護法の立法時において政府は、明確に表現の自由は国家安全保障（秘密保持）との関係において「劣後」にあるとして、優先されるのは国家の安全で、その範囲内において表現の自由が認められるという順番を示すに至った。これは、表現の自由の土俵から一定の表現行為を排除することを意味する。

この「初めから含まれない」という考え方は、その後、さまざまな場面で登場することになる。たとえば、平等な社会の実現は重要な社会的利益であって、差別的表現はそもそも表現の自由の枠外であるとされたり、犯罪被害者を保護する必要があるのは当然だから、人権が十全に守られる場合に限って取材報道が認められたりするといったものだ。

2022

差別言動が許されないことは当然だし、犯罪被害者に二次被害を与えるような取材や報道は絶対にあってはならない。ただし、対抗的利益を守るという結果が同じであっても、自由が原則なのか劣後なのかが入れ替わってしまうことは、そのほかの表現活動に大きな影響を与えかねない。社会全体が制約に不感症になることで、デモや集会あるいは芸術活動などの表現行為が、規制を受けたり妨害されたりすることに対し、一般の無関心が広がっている。

さらに、ここ二年で、音楽やイベントといった日常生活で当たり前の表現行為が、政府の号令でいとも簡単にできなくなってしまうことも学んだ。最短で二二年夏には、憲法改正の国民投票が実施される可能性があるという。そこでは、このコロナ禍でより強い国家権限の発動が期待された緊急事態条項の新設が、「お試し改憲」の有力な選択肢とされている。

同様に違和感なく受け入れられる変更点が、表現の自由に「ただし書き」をつけて公益的な理由による制限を憲法上明確にすることかもしれない。まさに私たち自身が試される年を迎えている。

復帰五十年の沖縄報道　*02.12/22*

沖縄復帰五十年の年を迎え、本土メディアも含め様々な特集が組まれている。そこで伝えられている沖縄を、一言でまとめれば「大きく変わったが実は変わっていない」となろうが、これは言論状況にも当てはまる。

直近の少年失明事件と沖縄署への投石等の抗議行為について、その事実関係はまだ明らかになっていないものの、ネット上では少年の証言は作り話であるとか、自業自得だといった心なき言説が飛び交う。在沖米軍由来のオミクロン株感染拡大に関する玉城デニー知事の「染みだし」発言に対しても、根拠なき米軍批判として非国民呼ばわりする書き込みが多数見られた。

あきれや怒りを通り越した絶望的な感情にさいなまれる、根強い沖縄差別感情がネット上では渦巻いているということだ。社会的「差別」は一般に、法社会制度上の差別に由来したり、社会慣習や空気の反映であることが多いが、先の名護市長選でみられた米軍再編交付金による一時的な経済振興策は、わかりやすい公的差別の一例でもある。

五月に向け、さらに「沖縄」への関心が高まることに比例して、沖縄ヘイトが増加するであろうことを想定し、あらかじめ問題指摘をしておきたい。

【四つの時代】

第二次世界大戦後の本土と沖縄の新聞紙面を検証すると、四つの時代に分けることができる（詳細は拙著『沖縄報道』ちくま新書参照）。それぞれ「無理解」（一九四五～五二年）、「軽視・黙殺」（五二～二〇〇五年）、「政治」（〇五～一五年）、「対立」（一五年～）である。いうまでもなく最初の区分は占領（施政）下であり、主権回復を祝う「日本」にとって、切り捨てた沖縄は意識の外にあったということになる。そして復帰の後も、東京から千五百キロ離れた沖縄の事件・事故は、本土にとっては関心の対象外の時代が続く。その象徴例は〇四年沖縄国際大学への

2022

ヘリ墜落時、東京でほとんどニュースにならなかったことからも明らかだ。

しかしその後、沖縄のニュースが全国化することになる。端的に言えばそれは政治問題化したからである。沖縄戦をめぐる教科書検定問題で、大規模な県民集会が開催されたことはまだ記憶に新しいが、本土においてはその県民の怒りがニュースではなく、沖縄でもめていて政府が困ったことになっているという政治課題として大きな報道がなされたということになる。

報道の絶対量が増えたことで、多くの人にとって沖縄が意識されることになったし、「沖縄で起きていること」への関心も高まったという点では大きなプラスであったと言えよう。一方で、批判や反発も高まる結果を生み、政府・政治家の沖縄攻撃が強まるとともに、それに呼応して沖縄ヘイトが生まれるという構図が生まれたとみられる。

【攻撃対象に】

しかも不幸なことに、二〇〇〇年前後からの歴史の見直しや日米同盟強化の動きと重なり、こうした政府方針にあらがう沖縄県（民）を日本社会にとって「異質なもの」として排除する対象とする風潮が生まれた。さらに二〇一〇年以降は、ヘイトスピーチが市民権を得た時期でもある。在特会を中心とする在日コリアンをターゲットした街宣行動やネットを利用した差別言動が瞬く間に広まった。

社会的マイノリティーや弱い立場に向けられた攻撃対象は、その時々によって変化しつつも、残念ながら沖縄県民や抗議活動は今日に至るまでその対象になり続けている。一三年オスプレイ強制配備反対の県内首長による建白書銀座デモに浴びせかけられた罵詈雑言は、その象徴例であった。

また社会全般に安定志向が浸透するなか、被差別当事者からの声を誇張された被害者意識であるとか、政府等への施策にギャーギャー反対しているだけで生産的でないとして否定する空気も強まっている。これが沖縄差別実態の根底に流れていることは否定できないだろう。

そうしたなかで、沖縄メディアは変わっている、あるいはより明確に偏向報道だという言説も広がった。これも他の県紙の紙面作りと比較して、根拠なき嘘であることは検証済みである。そうしたなか、「普天間には人が住んでいなかった」といったデマに基づく「神話」が力を持つようになった。これらを後押ししたのは、政治家であり有名人であり、そして米軍である。

【新聞論調の変化】

しかし前述したように、関心の増大は明らかに日本全体の空気を変えつつある。それを新聞論調から確認しておこう。たとえば辺野古新基地建設に絞ってみても、二十年前の全国五十弱の新聞の基調は、(1)国家安全保障上やむなし　(2)県民のわがまま・県の責任　(3)唯一の選択肢　(4)後戻りできず——で、沖縄メディアはほぼ孤立無援状態であった。

それが今日では、(1)はごく一部の新聞を除き「民意の尊重」をうたうまでになっているし、(2)についても多くの新聞は「国の責任」としている。(3)についても「他の現実的可能性」を指摘する論調が目立ち、さらに(4)では「即時中止」と明言する新聞が出てきている。まさに、沖縄の立場にぐっと近づいているということだ。沖縄「神話」の虚構が露呈しているのと同様、明らかに本土の空気にも変化がみられている。

ただし一方で、こうした変化や前述の四つの時代区分に重なるようにして明らかになりつつある状況が、〇七年以降の「主張」から一八年の県知事交代以降の「分断」への変化だ。実際の工事完成は政府の楽観的な見通しでさえ三十年後で、実質的には完成見込みはないにもかかわらず、止まらない基地建設への既視感は広がっている。また、日本経済の縮図ともいえる沖縄経済の停滞にコロナが追い打ちをかけている状況がある。

そうしたなかで、原発（エネルギー政策）や米軍基地（日米地位協定）といった国策に関し、かたくなに対話を拒否する政府の姿勢に押され、あるいは労働組合までをも巻き込んだ経済界の強いプレッシャーの中で、沖縄ヘイトのバックラッシュが起きやすい要因がそろってきているということになる。戦後日本の言論状況は、約二十年ごとに「構築期・躍動期・挟撃期（権力と市民の双方からメディアが攻撃されるという意味）・忖度期」というキーワードでまとめることが可能だ。

〇五年以降現在も続く「忖度」状況に対してぶれることなく、沖縄に軍事施設を押し付けられ続ける現実と、その構造的な不均衡の問題点を伝えていくことで、「分断」を乗り越えていきたいと思う。

不自由による安定の希求* 02.13/22

今年の大学入学共通テスト二日目は、大学周辺にパトカーが常駐する光景が見られた。前日の試験会場そばで起きた切りつけ騒ぎへの対応とされる。また、訪問医師殺傷事件への対応として警察官の同行を求める声も出ているという。車内トラブルや事件に対応するため、電車やバスなど公共交通機関ではカメラが整備され、車のドライブレコーダーは自身を守るためにも必須とされる時代だ。一部始終を写しているということは、個々人が他者から見られ記録されることでもある。

不自由さを甘受してでも社会全体の安心・安全を求める風潮はいまに始まったことではない。防犯カメラは公設に限らず街中に設置されており、実際には抑止効果とともに監視や捜査に利用されている。警察が道路に設置しているNシステムも、自動車ナンバーの自動読み取りによる特定車両の追跡に不可欠な制度となっているし、携帯電話の衛星利用測位システム（GPS）機能によって常時私たちは捕捉され続けている。これらは包括的な情報の吸い上げによる社会監視システムの一形態だ。その利用のかたちは、コロナ禍で日常的に活用されるようになった人流データに限らない。

このように、個人として、そして社会としても、あえて「不自由」を求める状況をどう考えればよいのだろうか。たとえば治安という言葉のイメージも、今と昔では大きく変わってきている。

かつて破壊活動防止法には、ほぼ一致した恣意的運用を危惧する声があり、結果として適用事例は極めて限定的だ。風俗営業取締法制定時には、「デートもできない風営法」というキャッチコピーが共感をもって受け止められたとされる。しかしいまや積極的に行政（とりわけ警察）の力を期待することが少なからずあり、むしろ自由の切り売りによって社会の秩序が形成されているといってよい。

不自由さになれることで自由の大切さやよさは忘れがちになる。さらに、こうした感覚が続くと、そもそも不自由であることすら意識しなくなるだろう。その結果、たまに不自由さを指摘するような声が上がると、「自由の履き違えだ」とか「状況をわきまえろ」といったバッシングの対象にすらなってきている。それは、さまざまな場面で顔を出す。たとえば、テレビ番組で五輪反対デモを揶揄する字幕が流されたことから考えても、広場や公道を使用するような抗議活動が社会にとって「害悪」であるとの思いが、ことのほか日本社会に浸透している可能性を否定できない。

冒頭の巻き込み型犯罪の背景や要因について軽々にいうべきではないが、すでに専門家からも孤独感や疎外感が背景にあるとの指摘がある。その結果として積極的に不自由を選択し、身勝手な承認欲求の充足や、拘置による社会との接点の獲得という、ゆがんだ循環が生まれているとの見方もある。

警備や監視の強化と刑罰としての自由の剝奪は全く異なる局面ではあるものの、不自由さによる安定の希求という点で、いまの社会が抱える矛盾を映し出していよう。しかも、将来を見通せず、不透明感が漂う不安定な社会状況の中で、不自由の連鎖は止まらず、ますます拡大する傾向にある。ただし、こうした一時的な安定は、不自由の道から抜け出せないばかりか、より大きな不幸に繋がることを歴史は示している。

転機迎えるＮＨＫと民放　*03.12/22*

日本の放送の大きな特徴は、ＮＨＫ・公共放送と民放・商業放送の二元並立体制だ。この内実は、受信料収入のみで賄われるＮＨＫと、番組広告収入を主たる収入源とする民放であることと、前者が全国放送であるのに対し、後者は県域（國域）放送であることだ。さらにテレビにせよラジオにせよ、放送には国の免許が必要で総務省にその権限がある。政府はその裁量権を最大限活用して、県内における民放の数を市場のマーケット力に合わせてきた。

近年、インターネットの隆盛の中で、相対的に放送自体の訴求力が弱まっているとか、とりわけ民放は広告収入が今後、減少傾向にあるのではないかといった不安要素を抱えており、政府はそれらを見越して放送の枠組みを変えることを検討してきている。ここでは、その中身から放送の未来を考えてみたい。

【独立性、多様性、地域性】

日本において放送の自由をはかるキーワードは「独立性・多様性（多元性）・地域性」だ。こ

2022

れを制度的に支えているのがマスコミ集中排除原則で、同一地域において新聞・テレビ・ラジオを同時に所有してはいけないなどの縛りがかかっていて、地域におけるメディアを特定者が独占することを防止している。あるいは、県をまたいで放送局を複数所有することを厳しく禁止していた時代もあった。

しかし当初から、新聞社が放送局を立ち上げた経緯などもあって、同一エリアで株式の持ち合いや役員の兼任が顕著であった。さらに近年では、グループ化や持ち株会社化を認める中で、複数局を所有することを容認したり、条件がそろえば隣接県の放送局を所有することも認められるようになっている。ラジオにおいては事実上、こうした県境規制はなくなってもいる。

周波数が限定されていて局数が政府判断で押さえられている放送メディアにおいては、特定者がその電波を独占することを禁止し、またローカリティーを発揮しやすいように、それぞれの県ごとに違った放送局が存在することが期待されている。さらにその県内においては、活字メディアにおいて県紙が寡占的なシェアを占めている日本的な事情を鑑み、地域内の情報の独占が起きないように新聞・放送の経営の分離をめざしてきたわけだ。

県内に複数の放送局があって切磋琢磨し、また活字と放送メディアがそれぞれに独立していて、さらに地域ごとに別の経営体であることで、独立性・多様性・地域性が担保されるということだ。しかし今日、インターネットが登場することによって、前提になる情報環境が変わることで、これら三要件を守るとしても、従来の規制が必要なのかが問われることになっている。これまでは、新聞・テレビ・ラジオ・出版（書籍雑誌）をマスコミ四媒体と呼び、社会への影響力が大きなメディアと考えてきたが、たとえば各メディアに出稿される広告費でみると、直近に発表された統計では二一年に初めて、この四媒体の合計よりもインターネット広告単体の方が多いという状況になっている。

【デジタル検討会】

実際、映像メディアという枠でも、放送同等あるいはそれ以上に動画配信サービスが多くのユーザーを獲得しつつある。既存放送メディアでも、ラジオであればインターネット配信の聴取者が格段に増加しているし、テレビの見逃し配信や同時再送信が一般化してきた。そうであれば、多様性を考える場合に活字と放送だけでなく、もっと幅広に土俵を考えようという選択肢も当然に生まれるだろう。

こうした時代状況の中で、総務省に「デジタル時代における放送制度の在り方に関する検討会」が二一年末に発足し、急ピッチでの議論を進め近日中に中間とりまとめが公表される見込みとなっている。同省ではこれまで、放送制度の基本枠組みについては「放送を巡る諸課題に関する検討会」が一五年から五年間にわたり二十八回の会合を重ね、様々な提言も行ってきた。分科会やワーキンググループも二十を数え、まさに将来を見据えた大掛かりな議論であった。

事実上、この後継としてメンバーを一新して組織されたのが前述「デジタル検」で、「デジタル化が社会全体で急速に進展する中、放送の将来像や放送制度の在り方について、『規制改革実施計画』や『情報通信行政に対する若手からの提言』（令和三年九月三日総務省情報通信行政若

2022

手改革提案チーム）も踏まえつつ、中長期的な視点から検討を行うことを目的」としたものだ。この三月までの四カ月で、すでに七回開催されているが、事業者団体からのヒアリング等も踏まえ示されたのが「放送の将来像と制度の在り方に関する論点整理の方向性」や「マスメディア集中排除原則と放送対象地域の見直しの方向性」である（二月十六日付）。

そこでは「経営の選択肢を増やす観点」という言い方で、経営・事業統合や番組の共有化を進めたり、放送ネットワークの一部をブロードバンドやケーブルテレビ網で代替する方向性を示すものになっている。

【情報の海の中で】

確かに今後、ネット上で映像コンテンツを見る流れは止まらないであろう。放送局からすると「ネットに乗り入れる」話だが、実態は「ネットにのみ込まれる」可能性が高いのではないかということだ。

仮にブロードバンド上で民放とNHKの共通プラットフォームが確立したとしても、その時に冒頭で述べた二元体制が維持できるかだ。広告の有無や受信料支払いのインセンティブが維持できるかも課題になろう。あるいは県ごとに違う番組が流れる現在の地上波テレビの在り方を、ネット上でも維持できるとは考えづらい。しかしより大切なのは、情報の海の中で、本当に民放が必要と思われるコンテンツたり得るかだろう。

多くの人が同時に視聴し、地域社会共通の話題や課題を共有することで、コミュニティーにおける対話のきっかけや政治選択可能性を持つことは、民主主義社会として維持しなくてはいけない必須事項だ。しかも地域性を有しつつ、域内での情報の多様性・多元性が維持される情報環境が維持されることは、その地域の市民にとって重要なことだ。それは視聴者の見る権利であり、放送の自由の内実でもある。

今回の「改革」もそのおおもとは規制緩和の流れの中にあって、新自由主義経済の中で放送局も荒波にもまれることが当然となりがちである。この本音を明らかにしたのが安倍晋三政権時代の一八年に策定された放送改革方針で、放送のみに適用される規律は撤廃、民放は不要という言葉が刺激が強すぎ、棚上げになった経緯がある。しかしその後も、菅義偉政権でテレビ放送機能をブロードバンドに代替させる基本方針が了承され、岸田文雄政権で今回の具体的方針が示されたわけであって、流れは一貫している。

放送法の目的にもある「民主主義の維持発展に資する放送」が必要だとすれば、どのような形がふさわしいかという原点を踏まえ、もう一度きちんと社会全体で議論しなくては、いったん壊した後では手遅れだ。

戦争をさせないこと* *03.20/22*

世の中には「良い戦争」と「悪い戦争」があるといわれる。米国のイラク侵攻は正義であり善

2022

で、ロシアのウクライナ侵攻は侵略であり悪とされ、前者には日本も自衛隊を派兵した。ただし、日本では悲惨な歴史体験をもとに「戦争は絶対悪」という共通の思いを、憲法の戦争放棄規定とともに維持してきてもいる。

このベースになっている「体験」は、さまざまな形態のメディアによって共有化され、世代を超えて伝えられることで、国民間の「緩やかな合意」と形を変え存在している。その方法として、戦争遺跡や博物館、資料館といった伝承機能を持った社会施設とともに、新聞をはじめテレビ、ラジオ、出版物などによって、社会全体での情報共有を可能とし、知識の定着と継承を促進する働きが機能してきたことも大きい。

しかし、戦争を知らない政治家、財界人が多数を占める中、徐々に「戦争は必要悪」とする考えが広がり、戦力(軍)の保持は主権国家として当然との声が大きくなりつつある。同時にジャーナリズムの究極の目的とされる「戦争をさせないこと」も、時に現実的でないとして後ろに追いやられがちになっている。

津波や原子力災害に関し、東北各県の被災地ではこの一〜二年で多くの震災遺構が整備され、伝承館が開館、さらに準備中のものも少なくない。一方で、十年を節目にして政府は追悼式典をやめ、新聞やテレビの報道も大きく減少した。いまだに多くの行方不明者がいることも、自宅に帰れず避難を余儀なくされている人が多いことも、ほとんど知られないまま歴史的事実として年表上の出来事になっている。伝える側の報道機関内ですら、当時を知る放送人、新聞人は減少を続け、被災地のある放送局の場合、報道関係者の半分以上は未体験者だという。

戦後の日本では「悪い原子力」と「良い原子力」があって、原爆は前者で許されないけれども、原発は後者で積極的に推進する政策がとられ、マスメディアもそれを強く後押ししてきた。しかし、福島の事故はそうした色分けを見直す動きに繋がった。その原動力は、原爆同様に原発事故の悲惨さと重い健康被害や社会的後遺症だ。たとえば常磐線で福島県に入ると、夜ノ森駅や大野駅の近くには背丈を超える鉄の門扉があって、目の前の民家に近づくこともできない状況が続いていた。

にもかかわらず、政治家や政党によって、ロシアへの経済制裁の結果としてのエネルギー不足を理由に原発再稼働の特例が求められたり、抑止力としての核武装の必要性が提言されたりしている。これらは、ヒロシマが風化しつつあることとともに、フクシマは社会全体での共有もままならないことの一例だろう。

先の戦争を客観的な史実に基づき伝える施設は、国内に少ないばかりか、体験者がいなくなり世間の記憶が薄れるのを待つかのような状況すらある。教科書も政府の歴史観に反する記述を控える状況にある。戦争も震災も、遺構や資料が訪れた者への訴求力や想像力を呼び起こす。しかし、そうした知識や感情を言語化することでより広め定着させ、社会全体で継承していくには点を面にしていく作業が必要で、これはジャーナリズムの役割だ。

3・11を国内のみならず世界に向け伝え続け、共有化する行為や姿勢そのものが、戦争をさせないことに繋がっていく。

ヤジと民主主義　*04.09/22*

東京・国立市で「表現の不自由展　東京２０２２」が、混乱なく予定通り開催された。一九年に愛知県で行われた国際芸術祭「あいちトリエンナーレ２０１９」展内での企画展で、抗議が相次ぎ中止・条件付き再開という経過をたどった、「表現の不自由展・その後」の一部を再展示するなどした内容だ。当初は二一年六月、新宿で行う予定が街宣活動によって会場を変更、しかしここでも貸し出し辞退があり延期されていたものだ。

同様の企画展が昨二一年、大阪の公共施設で実施できたことが考慮されたのか、今回の東京開催も自治体公共施設を利用するものであった。タイトルにあるように、博物館・美術館等での展示が拒否されたり変更を余儀なくされたりした作品を通じて、表現の自由を考える企画であるが、抗議の矛先は専ら「反日展示会をやめろ」というメッセージに象徴されるように、作品の表象的な意味合いに対するものであると理解できそうだ。

【一体性と反日感情】

昨二一年夏以降いまに至るまで、報道で「国旗」を目にする機会が極めて多い。オリンピックとその後のロシア・ウクライナ戦争がその主たる要因だが、それはナショナリズムを鼓舞するものであり、いまでいえば「主権と領土の一体性」を誇示する意味を持つであろう。外交上の決まり文句の一つであるが、さらに「国家的統一」という文言が入る場合もある。

その折にとりわけ感情的に入り込みやすい、他国を打ち負かす、あるいは他者を排斥するといった風潮とともに、自国内においては異論を排し一丸となることを求めることになりがちだ。ロシア国内での報道や集会への厳しい規制は、まさにその一端だろう。ここまで考えると、前述の「反日」との繋がりがみえてくる。

さらにその一体性を強く求める空気感は、昨今の事件からみるとより広範に、しかも社会の一般ルール化する可能性すらあるほどに広がってもいる。たとえば、首相の街頭演説をヤジる行為は演説妨害行為であるとして制限される事件が起きたのは、一九年七月の札幌だった。過剰警護という言い方ではすまない、高圧的な言論妨害であるし、それを周囲が傍観する状況もまた、規制を社会全体で正当化することに繋がりがちだ。

報じる側のメディア内部でも、東京五輪反対デモ参加者に対して、日当をもらって参加しているとの表現を捏造する事件も起きた。これは二一年のNHKの話だが、似た事例は民放で高江・辺野古の抗議活動参加者に対しても行われた過去がある。これらは、偏見に基づくものであるか、貶《おとし》めるための確信犯かは別としても、「国策」に反するものを排除しようとする意識では、根は同じであると思われる。

【司法判断示すもの】

こうした流れを、いま司法がギリギリのところで踏みとどまらせている事実が興味深い。表現の自由が争われる事案に関して司法は、総論賛成・各論反対といわれるように、一般論としては表現の自由の保障を謳《うた》いつつも、具体的事例では救い切れていない場合が多いともいえる。しかし、三月二十五日の札幌地裁（廣瀬孝裁判長）では「とりわけ公共的、政治的事項に関する表現の自由は、特に重要な憲法上の権利」との先例を引き、当該ヤジがこれらに該当し、憲法で保障された表現の自由が「警察官らによって侵害された」と明確に違憲違法を判断し、警察に対する損害賠償を認めた。

また先にも触れたとおり、大阪府施設における不自由展の開催について、指定管理者が「混乱を防げない」との理由から、いったん認めた利用許可を撤回したことにつき裁判所は、安全に配慮しているのに、実力で阻もうとする人がいるからといって公共施設の利用を拒むことは表現の自由の侵害であるとした。いわば、集会やヤジといった大衆表現について、それが公共的なスペースでなされる場合において、警察を含む行政の幅広な裁量権を戒める姿勢を示しているといえる。

同じように行政の恣意的な判断を否定したものとしては、九条俳句訴訟が最近の事例としてはよく知られている。市公民館が発行する広報誌に、館側の一方的判断で通常は定型的に掲載していた俳句の不掲載を、内容を理由として決めたものだ。これに対しても、裁判所は住民側に軍配を上げた。ただしこれが、いつでもどこでも適用されるかは心もとない面が残る。

【行政判断の危うさ】

もう一度ヤジ訴訟に戻ると、警察側は現場で事実上拘束した根拠を、危害回避のための避難等の措置や、予防のために行為を制止することができると定めている警察官職務執行法四、五条に基づくものと説明した。今回は現場で撮影された動画が証拠として提出され、警察対応がいわば「度を越している」と裁判所が判断した格好だが、根拠法自体が否定されたわけではない。

沖縄県内では、今回の事例同様に警職法二条（職質・追従行為）と警察法二条（責務）の規定に基づくものとして、高江・辺野古の抗議活動をめぐって、当初から警察による「過剰」な取り締まりが続いてる現状がある。あるいは、米軍が返還地に放置した物を基地ゲート前に置く行為についても、抗議活動の一つのかたちであって、いわば象徴的言論としての側面がある。しかしこうした表現行為に対する理解は、かつての沖縄国体における日の丸毀損事件でもそうであったが、裁判所には一貫してみられない。

もう一つの懸念点は、ヤジを「呼び捨てにするなど、いささか上品さに欠けるきらいはある」と指摘し、度合いによっては認められないヤジ行為があることを許容しているように読める点だ。一般労働争議事件でも、雇用主に対する解雇撤回を求める抗議活動などで、名誉毀損に問われる事例が少なくない。いわば、どうしても厳しい言い方になりがちな、こうしたショートメッセージは、それだけ取り出すと一般的な言動に比べ、厳しい言い方になるものだ。

それを上品かどうかで判断することは極めて危険であるとともに、今国会で提案されているように侮辱罪が厳罰化することで、刑事告発される可能性は高まるだろう。しかも名誉毀損罪のような公共性・公益性などを理由として罪に問わないという免責要件規定が設定されていない。いまでさえ恫喝的訴訟が提起される状況がありがちななかで、より一層政治家などからの訴訟リスクが上がることにならないだろうか。ヤジと侮辱と民主主義は一直線で繋がっている。

空気は読まない* 04.24/22

「空気は、読まない。」は東京新聞のキャッチコピーだ。四月施行の改正少年法に基づき、十八、十九歳の「特定少年」を実名報道する報道機関がほとんどのなか、中日・東京新聞は匿名報道を継続している（他は琉球新報と河北新報。民放テレビ各局は顔写真も報じた）。検察の実名公表を受け、事件の重大性に鑑み切り替えた、というのが大方の言い分だ。当局の発表によることなく、自らが主体的に己を律する自主自律の姿勢を守ることは簡単ではなかろう。当然、そこには覚悟と責任が問われるからだ。

それは読んだうえであえて読まないようにする勇気と、読み替えることができる。いまは忖度や同調というかたちで、周辺の空気を必要以上に読むことが求められ、合わせないと排除されるのではないかとの畏怖が蔓延している。たとえば、就職活動では相も変わらず、学生はピアスを外し、髪を黒く染め直し、白シャツにスーツ姿で面接に向かう。個を殺すことで「社会＝会社」へ忠誠心を競うかのようだ。

おかしなことに対し、きちんと声をあげるべしとは言うものの、実際にそうした態度をとることができる人は少ないだろう。ちょっとした勇気こそが、一番難しいともいわれる。しかし、そうした行動を周りがみんな見て見ぬふりをしていては、世の中は前進しない。街頭演説中の首相にヤジを飛ばした聴衆を警察が強引に現場から引き離した事件で三月、裁判所は警官の行動を違憲違法としたものの、それは当事者が裁判を起こし、当時の状況を写した動画があったからこそである。

その意味で、その場で一緒に声をあげたり、警察の行動をたしなめたりすることは難しくても、記録に残して公開し、それが報じられることで広く問題が共有され、事態が動くことが証明された。規模も状況も大きく異なるが、まさにウクライナで起きていることも、ある意味では同じである。兵士や市民による写真や動画によって、私たちは何が起きているかの一端を知ることになる。

圧倒的にウクライナ側からの情報発信が多いことも含め、すでに言われている通り、個々の発信者が意図するかどうかを問わず、受け手である私たちは情報戦のただ中にあり、ある種の印象操作も含め大きく感情を揺さぶられることも少なくない。そしていったん傾いた心情は、どんどん一方的に強くなることは、日常の交流サイト（ＳＮＳ）で経験済みだ。まさに、自分好みの情報に吸い寄せられていく世界である。おそらくいまのロシア国内は、そうしたクレムリン発の国威発揚の情報に心地よさを感じていることだろう。

しかし、それは「幸福な監視国家」と称される中国でも外形的に完成されており、中国の若者と接すると天安門事件は知らないし、表現の自由は十分確保されていると答える場合が多い。日本でも変わらない。たとえば復帰五十年を迎える沖縄に関し、政府の意向に沿うかたちで沖縄戦の「歴史の上書き」が教科書の記述でも進み、米軍関連の事件や事故が起きても通常の調査や取材さえかなわず、「事実」は置き去りにされたままだ。これらもれっきとした情報統制の一つである。

空気は読まない――とは、送り手は世間におもねらず愚直に現場に向き合い伝える、受け手はすっきり感がある情報に接した時は、いったん立ち止まるということでもある。

改憲めぐる新聞社説　*05.14/22*

沖縄と縁が深い「ウルトラマン」シリーズの新作が昨日、公開された。同じ円谷プロが手掛けた特撮映画の代表作が「ゴジラ」だ。沖縄が日本から切り離されて間もない一九五四年に、〝水爆大怪獣映画〟として生まれた。そこでは防衛隊の名称で迎撃組織が描かれ、字幕では海上保安庁が表記されている。

同じ年、現実社会では保安隊が自衛隊に衣替えし、八〇年代以降は劇中にも自衛隊が登場するようになった。そして最新作である「シン・ゴジラ」では、米国に援軍を依頼する話になっている。それはまさに、この間の日本における「防衛」体制の変遷そのものだ。戦い方も戦術核の使用も含め、まさに今日的状況を示唆するものだ。

そうしたなかで、今年の憲法記念日の各紙社説は「平和」をテーマに掲げるものが多数だった。この憲法の中核的な理念と、在沖米軍の質的強化や先島諸島で急速に進む自衛隊配備が整合するものなのか、憲法改正をめぐる立ち位置を通じ考えてみよう。

【平和主義強調】

多くの社が、眼前のウクライナ・ロシア戦争や収束しないコロナ感染症といった内外の「危機」と、それを意識しての改憲論に触れる。そのなかで明確に賛成するのは北國（石川）「憲法施行75年『自ら守る』意思を明確に」で、ほかに山陽（岡山）「憲法記念日　合意をえながら議論深めよ」などと改正議論を進める立場に立つものがある。

改憲反対でわかりやすいのは九条を見出しに掲げた、神奈川「憲法施行75年　これ以上9条を壊すな」、神戸（兵庫）「憲法施行75年　9条の意義を語る言葉を探して」だ。平和憲法・平和主義を掲げたものとしては、北海道「きょう憲法記念日　平和の理念今こそ大切に」、秋田魁「憲法施行75年　平和主義後退させるな」、河北新報（宮城）「平和憲法と安全保障『同盟の恐怖』克服する力に」、新潟日報「憲法施行75年　戦争放棄の理念今こそ」、山梨日日「憲法施行75年平和守る理念　危機の時こそ」、南日本（鹿児島）「憲法施行75年　平和主義の理念堅持を」、長崎「憲法記念日　色あせぬ平和主義の理念」、熊本日日「憲法施行75年　平和主義の価値再確認を」、沖タイ「憲法施行75年　いまこそ平和主義を貫け」がある。

そのほか多くは議論不足の指摘や改正の必要性に疑問を呈するもので、中国（広島）「緊急事態条項　憲法の改正まで必要か」、京都「憲法記念日に　浮足立たず、向き合う時だ」、徳島「憲法施行75年　存在と意義を意識したい」、愛媛「施行75年の日に　改正の機は熟したといえるのか」、高知「憲法施行75年『なし崩し』を危惧する」、西日本（福岡）「憲法施行75年　広く、深く論じなければ」がある。

2022

なお、琉球新報は〈施政返還50年〉の見出しで連続社説を掲載する。三日は「憲法と沖縄　地方自治規定が鍵握る」だった。中日（愛知）・東京も連続社説を組んでおり、三日が「憲法記念日に考える～良心のバトンをつなぐ」、四日が「憲法施行75年に考える～『平和国家』は色あせず」であった。

このほか信濃毎日（長野）は「憲法記念日に　物言う自由を手放さない」と言論の自由に絞り昨今の日本国内の表現規制に危機感を示す。福島民友は「コロナ禍と子ども～安らげる居場所づくり急務」と憲法には触れず〈こどもの日〉に向けた社説であった。

【理念再確認求める】

全体の多数を占めるものは、理念の再確認を求めるもので、反対に分類したものと大差はないともいえる。なお、見出しが似ているのは、共同通信の配信を利用していることとも関係していよう。以下、列挙する。

東奥日報（青森）「憲法施行75年　危機にこそ理念再確認を」、デーリー東北（青森）「憲法記念日　試練に直面する平和主義」、岩手日報「憲法施行75年　危機下に冷静な議論を」、山形「憲法施行75年　危機にこそ理念再確認」、福島民報「憲法施行75年　原則は守られているか」、茨城「憲法施行75年　危機にこそ理念の再確認を」、上毛（群馬）「憲法施行75年　危機にこそ理念確認を」、下野（栃木）「憲法施行75年　国民的議論で理解深めよ」、静岡「憲法施行75年　視野広く冷静な議論を」、岐阜「憲法施行75年　危機にこそ理念再確認を」、北日本（富山）「憲法施行

75年　改憲の是非熟考せねば」、福井「日本国憲法施行75年　危機にこそ理念踏まえよ」、山陰中央（島根）「憲法施行75年　理念再確認の議論を」、日本海（鳥取）「憲法施行75年　危機にこそ理念の再確認を」、大分合同「憲法施行75年　国民の目で問い直そう」、宮崎日日「憲法施行75年　危機にこそ理念の再確認を」。

以上が、二〇二二年五月三日付各紙の社説見出しのすべてで、題号に都道府県名が入っていないものはカッコで示した。あわせて全国の新聞を知る機会にもしていただきたい。なお、東京以外では、千葉・埼玉・滋賀・大阪・奈良・和歌山・三重・香川の各府県については、該当する社説掲載紙がなく、これらを除く三十八道府県のうち、沖縄・福島・青森は二紙が対象で、その他は一紙が対象である。全国紙と呼ばれる東京発行紙は次に掲げる（中日・県民福井・東京は共通社説、日本海・大阪日日は共通社説）。

【沖縄県施行五十年】

地方紙の多くは「改憲」に反対もしくは否定的の立場を明らかにしているのが大きな特徴であるのに対し、在京（全国）紙は反対の立場は毎日「危機下の憲法記念日～平和主義の議論深めたい」だけで、朝日「揺らぐ世界秩序と憲法～今こそ平和主義を礎に」も否定的ではある。産経「憲法施行75年　改正し国民守る態勢築け～『9条』こそ一丁目一番地だ」、読売「憲法施行75年激動期に対応する改正論議を」は賛成、日経「人権守り危機に備える憲法論議を深めよ」は中間的な立場である。世論調査で改憲賛成が過半数を超える、現在の日本社会の空気感を現わしているともいえよう。

　サンフランシスコ講和条約締結の「屈辱の日」（四月二十八日）から、憲法記念日（五月三日）を挟んで沖縄が返還された祖国・本土への「復帰の日」（五月十五日）と続く。それは年代でも同じ順番だ。その真ん中に位置する日本国憲法は、沖縄を除く四十六都道府県に住む日本国民の代表者によって制定された。一方、沖縄は米施政下の二十七年間「無憲法」時代を過ごすことになる。その意味では復帰五十年は、日本国憲法の県内施行五十年でもあるということだ。

　冒頭に触れたウルトラマンの脚本を担った沖縄出身の金城哲夫や上原正三は、作品の中で「抑圧されし者」を繰り返し扱っている。いま「危機」を乗り越えるために沖縄に期待されていることが、自衛隊の南西シフトに代表されるように、本土防衛のための「捨て石」だとすれば、その構図は七十七年前と全く変わらないことになる。あるいはコロナ禍のずばぬけて高い感染率も、貧困による抗体力に問題があるとすれば、それもまた歪《いびつ》な経済構造に押しとどめられる状況に直結する。各社社説のほとんどが触れる「平和」の内実を、沖縄県民の立場から実現することが、日本の平和を実効あるものにすることだと考える。

そこに「ためらい」はあるのか*　05.29/22

為政者に自由にモノが言える時代が始まってようやく七十七年。明治から終戦までの七十七年を超えるタイミングに、その自由を失うのはあまりにつらい。

時の政権が自身を守るための典型的な法制度が緊急事態、秘密保護、名誉毀損の三つの法制度だ。日本でいえば、明治に入ると治安維持法に繋がる集会条例、軍機保護法、讒謗律《ざんぼうりつ》が制定され、戦時体制の中で一層の強化が図られていった。戦後、戦争放棄の大原則のもと、軍事秘密保護の必要はなくなり、公務員法の守秘義務規定がその役割を果たしてきた。包括的な緊急事態法制もなくなり、災害対策基本法等の人災や自然災害に応じた個別法によって対応している。名誉毀損については特別法を撤廃するとともに、形式的には犯罪を構成するものの罪には問わないという、免責要件を刑法に定め、公人に対する批判の自由を保障する体系に百八十度転換した。

二〇〇〇年代に入ると有事法制が整備され、戦争を想定した緊急事態のための強力な私権制限や権力集中の仕組みがつくられた。武力攻撃事態対処法や国民保護法である。さらに約十年後、よりバージョンアップした安保法制に強化された。同時期には戦後初の包括的な保護法制である特定秘密保護法も制定された。これらの法には取材や報道の自由を直接制限できる条文が規定され、政府の意に沿わない言論活動は制約を受ける可能性を否定できない。

名誉毀損法制についても、人権擁護法案など政治家への執拗な取材や誹謗中傷報道を制限するための法整備が何度か企図されたが、結果的に市民社会の反対を前に成立に至らずにきた。ただ、最高裁の指示のもと、民事裁判における名誉毀損の損害賠償額の引き上げが実行され、とりわけ政治家は高額に設定されている。また、前述の免責要件の一つである真実性の証明を厳しく求めることで、政治家等の権力犯罪の追及が困難になっているともいわれる。

しかし、大きな流れとしては戦後一貫して、批判の自由を認める法規定を新設し、裁判所もさまざまな解釈の工夫の中で、「公人＝為政者」への自由な言論を認める方向で努力を重ねてきている。これこそが民主主義社会における言論の自由の拡大の歴史の象徴例でもあるわけだ。

そうした中で、戦後初めて名誉毀損法制の強化が行われようとしている。「侮辱罪」の厳罰化である。ネット上の誹謗中傷表現をなくすための威嚇効果を狙うものと説明されている。その実効的な効果への疑問以上に、国際的な批判の自由拡大の潮流に反し、新たな法規定を設定すること自体の「ためらい」を、政治家もメディアも含め社会全体が持っていないことにこそ、日本社会の危うさと弱さを感じざるを得ない。

それは現行犯逮捕はしないよう警察が約束するとか、将来的に免責要件の追加も検討するといった表層上の問題ではない。コロナ禍の初期段階においても、緊急事態宣言の発出に伴い、私権制限の大合唱に社会全体が包まれた危うさと同じ全体主義的な空気感と社会の弱さである。

被害の防止は分かりやすいし、反対もしづらい。ただし、「傷つけられない」を権利化することで、健全な民主主義社会を維持するための基本原則が壊れてしまっては、その代償はあまりに大きい。

侮辱罪の強化　*06.11/22*

刑法改正の一括法案が今国会で成立し、侮辱罪の厳罰化については七月中に施行される見通しだ。改めて侮辱罪強化が何をもたらすかについて確認をしておきたい。

【批判の自由】

はじめに、表現の自由が民主主義社会の基盤をなし、批判の自由の拡大の歴史こそが表現の自由の歴史であることを改めて強調しておきたい。戦後、現憲法の制定により、名実ともに表現の自由が保障される時代を迎えた。同時に、刑法の名誉毀損罪には、新たな条項が加わる。この免責要件によって、たとえ為政者を批判しても、それが公共性・公益性を有し、真実であることを証明できれば、その自由な批判を保障することが定められた。

それまでは、天皇、政治家、高級官僚を批判することは罪だった。むしろ事実であれば事実であるほど、その罪は重かったともいえる。しかし戦後は百八十度異なり、民主主義社会のためには公人を自由に批判できる環境こそが大切であるとされたのだ。その後は判例上でも、批判の自由の範囲は徐々に広げられ、今日に至っている。

侮辱罪は名誉毀損罪の弟分のような存在だが、事実の適示がない抽象的な表現を幅広く対象にする代わりに、制裁である罪を極力軽くし、バランスをとってきた。これは明治の制定時からの制度設計だ。また、名誉毀損行為を刑事訴追することについては、公権力の行使を謙抑的にすることで、表現の自由への配慮を実現してきた。侮辱罪についても同様で、しかも侮辱の範囲が曖昧であるがゆえに、より恣意的な権力行使が可能であることを考慮し、慎重な運用がなされてき

2022

た結果が、国会審議でも指摘されているように過去の検挙件数が少ないという結果を生んでいる。

今回の法改正は、そうした制度設計や運用を大きく変更するもので、名誉毀損と大きく変わらないような罰則に強化するにもかかわらず、その定義はあいまいのままで、しかも免責要件を有しないという意味では、三重の過ちを犯している。


【恣意的な判断】


二つ目のポイントは、大衆表現こそ一般市民の大切な表現活動であるとの認識だ。ヤジやデモ・集会、タテカンやポスター・チラシなどは、一般市民が、お金も手間もかけることなく、メディアを持っていなくても、気軽に行使可能な表現形態であり、原始的《プリミティブ》表現とも呼ばれてきた。

この表現行為の特徴は、ショートメッセージであることが多く、また感情的な表現になる場合も多い。その結果、時には言葉が激しくなったり、汚い言葉になったりもする。会社をクビになった元雇用者が、社長に抗議する場面などが当たるだろう。政府や政治家に対する抗議活動も同じだ。

そうした激しい表現活動が、特別な感情を社会に植え付けている側面を否定できない。いわば、デモ・ヤジ・チラシへの偏見だ。一般社会から逸脱した人の行為である、負け犬の遠吠えだ、金で動く人たちでプロ市民ではないか、一部過激派の運動にすぎない、などだ。郵便ポストへの投げ込みも、ピザの宣伝チラシはよくても、実際に政党活動報告を投入した人が捕まり、有罪になった事例もある。こうした運用上の差異を生むのは、取り締まる側すなわち行政の恣意的な判断ということになる。

新聞やテレビを直接制約するのは好ましくないけど、面倒くさくてうるさい大衆表現は多少厳しめに制限しても構わない、という意識が世間一般にないだろうか。侮辱罪の適用対象は多くの場合、こうした大衆表現となる。政府内の検討会議段階でも、侮辱的表現は「低位な表現」で保護する必要性が低いとの発言があり、それが会議の空気を支配していた。表現の自由は必ず周縁から制限が始まる。いわば、社会の空気感で多くの人が気にしないところからということだ。まさに、侮辱表現であることを理由に、大衆表現が、恣意的に刑事罰の対象として取り締まられることは、表現規制の典型例でもあり、批判の自由の制限の始まりである。

【心の叫びを守る】

侮辱は低位とのラベリングがなぜ危険かといえば、だれがどういう状況で行う言動かを考えると想像がつく。強者から弱者への侮辱的言動は許しがたいものがある。その一つの例が、ネット上のマジョリティーの側から発せられるマイノリティーへの人格否定や罵詈雑言だ。実際は、情報発信者自身も社会の強者とは必ずしも言えない場合も少なくないが、匿名という殻に守られることで強者の立場に立てるという構図が生まれている。

一方で、弱者から強者の典型が、一般市民から政治家へ、労働者から使用者へ、マイノリティーからマジョリティーへ、といったかたちであらわれよう。それらは往々にして、言葉が多少汚くなることも、強い表現になることもあるだろう。しかしそれらの多くは、勇気を振り絞り、やっとの思いで口にした、いわば心の叫びとでもいうべき、必死の抵抗でもあるわけだ。その場

2022

合、強者は反省のきっかけにこそすれ、それを力で封じ込めることがあってはなるまい。

それを考えた場合、両者にもし同じルールを当てはめるならば、後者の心の叫びが罰せられないようにすることが大切なことはいうまでもない。これまで、罪をあえて重くしてこなかった理由に、私たちは思いをはせる必要がある。こうした少数者の意見が出やすくすること、強者に対しても物言いがしやすい環境を用意しておくことが、民主主義社会の懐の深さだからだ。

強者への物言いを守る方法が、先にも触れた免責要件とよばれている制度上の工夫だ。表現の自由の限界壁を自由拡大の方向にずらすことで、批判の自由を保障してきた。それからすると、今回の侮辱罪の強化は、適用対象を変えていないということで限界に変更はないという政府説明があるが、法案提案理由にあるとおり抑止効果を期待しているわけだから、まさに限界壁を引き下げる効果を生むことになる。これは、社会に一層の萎縮を生み批判の自由を抑制するものに他ならない。

侮辱罪を厳罰化することは、それ自体に大きな問題を孕《はら》む。と同時に、これまで一貫して名誉毀損法体系は批判の自由を拡大する方向で工夫と経験値が積み重ねられてきた、その歴史の流れを逆転させるという意味で、極めて罪深い法改正である。

那覇市内の写真展中止　*07.09/22*

今月開かれる予定だった写真展が、開催に反対する団体等からの抗議を受け直前に中止となった。フォトジャーナリスト広河隆一氏が那覇市民ギャラリーで開催予定だった「私のウクライナ――惨禍の人々」であるが、「開催で傷つく人がたくさんいる」などの抗議の電話が十数件あったとされる。背景には、同氏にかかわる性加害について、問題が解決していないなかで活動を再開することへの批判がある。

これらを受け那覇市民ギャラリー側が本人と協議し、中止が決定したと報じられている。同ギャラリーは「隣接する他の展示室や施設に著しい混乱をきたすことが予想されるため」と理由を示している。個別事情があるとはいえ、公的施設がいったん貸し出しを認めたイベントを、館の都合で中止することの是非を考えてみたい。

【謝罪強制の危険性】

今回の事案の論点の一つは、本人が自らの非を認めていないことを問題にしている点だ。あるいは、ネット上の投稿では、名前を見ただけで苦しむ人たちがいることから、公の場での活動は認められないという意見も少なくない。明確に過ちを認め謝罪をしない人物に会場を貸す行為は、性暴力を肯定する行為あるいは性差別を追認する行為にほかならず、許されないという理屈が示されている。

日本では名誉毀損等があった場合に、民事裁判では損害賠償のほかに原状復帰措置（元の状態に戻す方策の一つ）として、「謝罪広告」を裁判所が命じる場合がある。そうすると、編集長等

2022

が紙面で謝ることになるが、海外ではこうした謝罪の強要は良心の自由に反するとして認められていない。日本は相手方の内心に踏み込み謝らせること、あるいは本当は謝る気持ちが微塵《みじん》もなくても、とにかく一度公式に謝る姿勢を示すことで、過去を「水に流す」社会的習慣があるということだ。

もちろん、個々人の感情として相手方を許す許さないはある。だが、謝罪が終わらないと表現の場を認めないことについて、公的機関がどこまで関与すべきだろうか。その判断を公権力に委ねることは、結果的に自由な（時に恣意的な）裁量権を公的機関に与えることになり、それは思想に基づく表現行為の事前規制に繋がりかねない。

【「判断しない」判断】

もう一つはギャラリーが中止になった理由として、混乱や迷惑を挙げている点だ。さらに言えば、館が一方的に中止したのではなく、両者の協議の結果であるとして、その判断根拠を曖昧なまま誤魔化そうとしているようにもみえる。

確かに、開催をすれば抗議者は来るだろうし、会場内外で騒然となる可能性もある。その前後にも多くの苦情の電話やメールもあることで、施設関係者は日常業務に支障が出ることもあるだろう。今回の事例でいえば、指定管理者のSNSは炎上する可能性もあろう。しかし、こうしたことを理由とした開催取り消しは、「しない」というのが大原則だ。

その際に、行政あるいは公的機関の中立性とは「判断をしない」ことである。それは思考停止ということではなく、外形的な同じ基準で事務を遂行するという意味である。展示内容が理由で激しい抗議活動のなか、二〇二二年四月に予定通り実施した「表現の不自由展」の会場となった国立市は、「会期中は、混乱が生じることも予想されます。そのため、施設の管理者である公益財団法人くにたち文化・スポーツ振興財団は、国立市教育委員会及び立川警察署の協力をいただきながら、安全策を講じてきておりますが、引き続き、対応してまいります」としたうえで「地方自治法に定める公の施設であり、その利用について不当な差別的取り扱いをしてはならないとされています」との姿勢を明らかにした。

さらに実施に当たって「市の考え方」を二度にわたってウェブサイトに掲載、その後はこの基準をスタンダードにして運用を行っている。そこでは最初、「アームズ・レングス・ルール（誰に対しても同じ腕の長さの距離を置く）」を適用し「不当な差別的取り扱いがあってはなりません」とし、「多様の考え方を持ったそれぞれの市民・団体が、法令に従い実施する様々なイベント・活動の場として、公の施設の利用は原則として保障されるべきものと考えます」と宣言した。

さらに約一カ月後には、「催しに市は関与していないこと」「利用承認は法の定め及び解釈に基づき行ったもので、公の施設の利用を拒みうるのは特別な事情のある場合に限られ、反対するグループ等がこれを実力で阻止し、妨害しようとして紛争を起こす恐れがあることを理由に利用を拒むことは、憲法二十一条の趣旨に反する」と明言している。

2022

【経験を引き継ぐ】

那覇市民ギャラリーは那覇市の所有物で、市民文化部文化振興課が所管する。一方、実際の運営は指定管理者制度が導入されていて、現在はパレットグループが運営している。したがって、今回の一連の判断は形式上、管理者によるものともいえる。確かに無用なトラブル回避は必要である一方、こうした公共施設とりわけ表現活動の場を保障する立場である、まさに言論公共空間を担う施設管理者は、表現の自由の守り手としての意識を持つ必要がある。

当然、法的な知識も、各地の実践例も最低限理解したうえで共有し、対処する社会的責任を有する。今回の対応は、抗議者の怒りを鎮《しず》めるには役に立ったであろうが、将来的には彼ら抗議をしたグループも含めた、市民社会全体の表現の自由を縮減させることに繋がる危険性を、どこまで認識していたか改めて問われることになろう。

こうした抗議する自由と集会の自由のバランスを考える法理として、「敵対的聴衆（敵意ある聴衆・悪意ある聴衆）の法理」が昔から存在する。集会の自由にかかわる法理論の一つで、公の施設で主催者が平穏に集会（展示会などのイベント）を開催しようとしているにもかかわらず、その集会の目的や主催者の思想・信条に反対する他の者が、これを実力で阻止・妨害しようとして争いを引き起こす恐れがあることを理由に、公の施設の利用を拒むことは憲法二十一条の趣旨に反するというものである。

度重ねて司法の場でも確認されている判断基準であり、集会の中止決定は、公権力が集会の自由侵害に加担することに他ならない、という考え方による。施設側は可能な限り開催に向けて努力することが求められているということになるが、今回の場合、いわばその努力があったのかということだ。

抗議者の「妨害」行為は許されない一方で、「抗議」は憲法で保障された正当な表現活動だ。だからこそ、その抗議にどう対応するか、公的施設はより透明性のある説得的な理由を示す必要がある。抗議に曖昧な対応をしたり、もう一方の表現者の自由を不用に制約してしまうことは、抗議の自由をきちんと保障する施設側の責任を放棄することでもあるわけだ。責務を果たすことが、表現の萎縮が続く現在の日本の社会をこれ以上後退させないため、表現の場の提供者に課されている使命だ。

過去の教訓は生かされているか* *07.03/22*

千七百二十六人——。新型コロナワクチン接種後の死亡者数だ。政府発表で「副反応疑い」として医療機関などから報告された合計数（二〇二二年五月十五日までの分）で、ワクチンと死亡の因果関係を三段階で評価している。このうち「関係あり」はゼロが続き、ほとんどが「情報不足等により評価できない」で、残りの一部が「関係なし」だ。六月までに八十回の検討部会が開催され、報告内容はウェブサイトで公開されているが、事例を見ても、なぜ関係が認められないのか理解できないものも少なくない。

予防接種には副反応が避けられず、場合によっては重篤な後遺症が残ったり、死に至ったりする場合も否定できない。それ故、国は特定のワクチン接種に副反応疑いの報告を医療機関などに求めるとともに、迅速な被害者補償のために健康被害救済制度を用意し、今回の新型コロナワクチンも対象だ。

認定は「厳密な医学的な因果関係までは必要としない」と決まっている。しかし、二千件超の申請があるにもかかわらず、死亡例の支給実績はゼロで、疾病・障害認定審査会でほとんどは審査対象にもなっていない。本来は必要ではない、予防接種による死亡を証明する診断書が求められることで、申請自体を困難にしているとの指摘もある。

疑わしいものでも救済する制度が、明確な証明ができなければ認めない制度に変質しているにもかかわらず、その実態が闇であるがゆえに、ますます申請に二の足を踏む人が増えかねない状況である。副反応死亡者の数そのものも、医療機関が報告を拒んだり、逆に患者がオープン情報になることを恐れて報告されることをためらったりする事例があるとされ、実数は五倍程度ではないかともいわれている。

日本の情報公開法には世界に誇る条項がある。それは、一般的な非開示理由である企業情報でも命や健康にかかわるものは絶対公開するというもので、高度成長時代に公害病が深刻化したのは社会での情報共有が不十分だったためとの反省から生まれた。予防接種救済制度も過去の重篤な被害と裁判を通じてできた。

にもかかわらず、法の趣旨を曲げてまで実態を覆い隠すような状況が二年にわたって続いているのはとても残念だ。先日出された新型コロナ有識者会議の報告書もおざなりなもので、ほぼ何も検証されず、政府による政策の正当化を後追いするものだった。さらに、副反応審査事例が増えたことも伴い、各事例のサイトでの公開情報が簡略化されてもいる。ありのままを見せることでチェックも働く。運用をなし崩しで変更したり、公開情報を限定、遅延させたりすることは、社会に正しい情報が行き渡らない状況をつくることで、プロパガンダと変わらない。

政権選択の重要なファクターは民主主義を大切にする政党か否かであり、そのリトマス試験紙は情報公開の本気度である。それは市民を信頼し大切にしているか、重要な情報を大衆から隠し自身の都合のよい政治を行うかの別れ道だからだ。こうした政治の基本姿勢は選挙公約からは見えてこないし、投票マッチングアプリでも出てこない。ただし、公文書の隠蔽、改竄、廃棄や、一方的な運用変更といった日ごろのニュースから簡単に見抜けるはずである。

国と住民の関係性の有り様を考える　*08.13/22*

八月に入り、広島と福島を巡ってきた。その共通のテーマは言うまでもなく核・原子力政策で、核兵器保有についても原発再稼働についても一気に前のめりになりつつあるなか、広島選出の岸田文雄首相の「次」が問われている。世界全体が、理想よりも現実を一層重視する兆候が強まるなかで、だからこそ日本が、米国追従から脱し独自性を発揮するチャンスでもあろう。こうした国家政策のありようとともに、この一週間で最も強く考えさせられたのが、国と住民の関係性だった。

沖縄の慰霊の日・追悼式もそうした傾向が近年見られるが、広島の平和記念式典は二〇二二年、市民を「排除」する形での実施となった。以前は普通に市民も参加できたが、そのうち周辺に追い出される形になったものの、列席会場のすぐ脇まで入れて一緒に参加した気分になれたし、平和公園内にはテレビモニターとスピーカーが設置され、公園内で市民と一体となって式典が挙行される雰囲気があった。終われば すぐに会場も開放され、市が用意した献花もできた。


【居心地の悪さ】


しかし今年は厳重警備のためか、会場のアナウンスが聞こえないくらい離れたところに警戒線が引かれ、市民はもっぱら監視対象だった。もちろん、モニター等の設置もなく、市民不在の政治セレモニーとして行われたという印象を持たざるを得ない。これが現在の、国と市民＝住民の関係を象徴的に現す光景ではないか。

同様な感覚は福島でもあった。福島第一原発を囲うように中間貯蔵施設が設置され、環境省のもとで管理・運営がなされている。福島県内の除染土が運び込まれ、まさに工場さながら一定の処置を施した上での大規模埋設工事が進む。近年で言えば、陸前高田市でのかさ上げ工事の際の壮大なベルトコンベアーによる土砂の運搬作業が行われたが、似たような光景がある。今回が二度目の訪問だったが、施設は格段に整備され中間施設の恒常化が進んでいるとの見方を否定できない。

管理区域内の土地の買収も進み、見学コース内には原発が見下ろせる展望スペースなどが新設され、埋め立てられる大熊や双葉を紹介するパネル等も増えるなど、見学者用「サービス」は充実した感がある。しかしどうしても、国家政策遂行のために過去＝住民の生活を意図的に切り離し、この土地の歴史や文化、誰がどのように過ごしていたかを覆い隠しているような居心地の悪さを拭えない。

【条例が「不要」に】

その広島や福島を含め、全国約千五百の地方自治体で一斉に同種の条例改正が進んでいる。二〇二一年五月にデジタル関連法が成立、その関係で個人情報保護法が国レベルだけでなく、地方自治まで広くカバーする体系に変わったことから、極論すれば条例が「不要」な状態になったからだ。それによって、多くの自治体は業務が軽減されるというが、それは住民の個人情報保護がおろそかになることと同義でもある。日本では情報公開制度や個人情報保護制度は、住民運動などが出発点となり、地方自治体が先駆的に制度構築をし、それに倣って法律が出来上がった経緯がある。

さらにいえば、国の個人情報保護法制度は一九八〇年代の第一世代（旧旧・行政機関個人情報保護法）から一貫して「利活用」が目的で、そのために情報を保有する機関・団体に最低限の保護義務を負わせる仕組みだ。その後も、二〇〇〇年代の第二世代（旧・個情法・行個法）、一〇年代の第三世代（同改正法＝ビッグデータ活用法）、そして二〇年代の第四世代（新法＝包括的個人情報利活用法）と、よりその性格を明確にしてきている。

その結果、住民のための保護措置をとってきた自治体行政との齟齬は広がってきたわけだ。そ

2022

こで、自治体から保護業務をひっぺがすことで、これまでの矛盾を一気に解消することを実現したものである。題目としては、一元化と標準化が謳われ、自治体の勝手は（工夫も努力も）原則許さず、国のルールに一本化することで、より容易に個人情報のビッグデータ利用を進め、国家戦略としてのデータビジネス推進を実現しようということになる。

センシティブ情報の収集禁止を規定してはいけないとか、匿名加工情報の提供をしなくてはいけないなど、国のお節介さが目立つが、最も大きな変更は、個々の自治体が設置し行政監視の役割を担ってきた、外部委員による審議会の業務を厳しく限定化したことだろう。もともと、三権分立によるチェック＆バランスを企図してきた国家制度であるが、二十一世紀に入り日本でも、住民の目による行政監視を実効化してきた。しかし今後は、個別の案件については審議の対象としてはいけないなど制限することで、住民の個人情報をより自由に目的外利用したり外部提供することができるようになると推定される。

【市民の視点で】

さらにいえば、国にとって最も厄介なのは、市民一人ひとりが権利を主張するような社会だ。それ故に日本では、プライバシー権としての自己情報コントロール権も忘れられる権利も、権利保障される可能性は今後も低かろう。むしろ、現在認められてきた公的情報公開へのアクセス権さえ、ここ十五年はよく知られる「のり弁」状態の開示など、空洞化が甚だしい。

そうした中での法改正に基づく条例の改定作業が何をもたらすかは心配だ。国の制度が利活用目的の一方で、自治体の個人情報保護条例は住民本位で、まさに住民の個人情報を守るための制度であったからだ。こうした目的のベクトルが逆だった制度を、国に合わせることは、政府にとって都合が良いかもしれないが、その犠牲になるのは住民であり、そのために働いてきた各地方自治体（の職員）であろう。

沖縄の地では、辺野古新基地建設に限らず、米軍基地をめぐるさまざまな問題において、住民の生活を顧みない中央都合の国家政策に翻弄《ほんろう》され迷惑を被《こうむ》り続けてきたわけであるが、この住民と国の関係性をことあるごとに問い続け、変えていく必要がある。個人情報保護制度もそうだし、式典のありようひとつにも当てはまる。ただし基地も原発も、当該自治体の問題ではなく国の問題であることは明らかで、それは個人情報にも当てはまる。だからこそ、「沖縄に我慢してもらおう」「福島は可哀想《かわいそう》」ではなく、そこに住む市民の視点で根本の国の姿勢を変えさせることが大切だ。

隠すことは法の支配にもとる＊　08.07/22

日本社会の美徳として隠す文化が存在する。しかしそれは決して、為政者や強者が自らの都合の悪いことを覆い隠すことであってはならない。そんな身内の論理で市民から事実をみえなくすることを、防ぐための社会制度の一つが法の支配だ。

2022

首相は七月十四日の記者会見で、死去した元首相の国葬実施を表明した。その後、同二十二日の定例閣議で「故安倍晋三の葬儀の執行について」が議題になり了承された。議事録と称されるメモが後日、官邸ウェブサイトで公開される習わしだが、報告内容が記されるだけで議論の中身が示されることは一般に一切ない。閣議決定したと手続き的な正当性が主張されるものの、どんな意思決定の経緯があったのかは、このままでは未来永劫わからないままだ。

今日の民主主義国家においては、政府とりわけ政権が勝手に物事を決める、不透明な政策決定を排除する目的で、公文書の管理や情報公開の仕組みが整備されてきた。市民からみれば、主権者として国が保有する情報を共有するための知る権利だ。日本においては今世紀に入って形は整えられたものの、この二十年間骨抜きが急速に進んでいる。

安倍政権時代の公文書の改竄・隠蔽・廃棄の歴史を振り返ることはしないが、その後の菅・岸田政権も、その方針を受け継いでいるように見受けられる。直近の事例でも、統一教会の名称変更を巡る文部科学省決定に係る公文書は「のり弁」といわれる状態で真っ黒に塗りつぶされていた。ただ、こうした公文書の非開示は日常茶飯事で、ニュースでもそれ自体を問題視することがなくなってきている。まさにオープンにされないことが一般化してしまい、社会全体が慣れてしまっている証拠だ。

隠す文化は政府関連機関にも及び、東京五輪・パラリンピック組織委員会の決算書類は、行政機関でないことを理由にほとんど非公開のままだ。長野五輪同様に、こっそりと廃棄され、検証の道は閉ざされることになるだろう。さらに同委員会については「発信者の申出により公開を停止していいます」との表記の下、国立国会図書館のウェブアーカイブの公開対象からも外れてしまい、過去の公式な大会発信情報すらアクセスできなくなってしまった。どこまでも「見せない化」を進めるのがこの国のしきたりということになる。

さらに隠す文化は、それを暴く側であるはずのメディア一般にも広がっている。最たるものがテレビのモザイクであり、新聞でもよく出てくる関係筋表記だ。いまや画面にはテロップとモザイクが氾濫する状況で、一番大切な事実が奥に押し込められているありさまだ。このモザイク多用のきっかけは、一説にはオウム真理教事件からとされているが、プライバシー保護を名目に覆い隠す作用は、政府が行う公文書の黒塗りとかわらないのではなかろうか。

メディア自体の一見工夫に見える所作が、必要以上に隠す文化を許容し、むしろ積極的に後押しをしているという自覚が必要だ。隠すことでだれが得をしているのかをとことん問い、社会全体が「事実」を共有し「歴史」を検証できてこそ、はじめて進歩がある。もちろん知りえた過去の経験に目をつむっては意味がないのであって、先例で手続き上の問題が指摘されていた方法で国葬を強行するのも、法の支配に反する。

メディアの公共性　地域性喪失の危機　*09.10/22*

総務省「デジタル時代における放送制度の在り方に関する検討会」が八月五日、「デジタル時代における放送の将来像と制度の在り方に関する取りまとめ」を発表した（六月に中間取りまとめが出されていた）。放送制度の骨格は放送法で規定されており、二〇一〇年の大改正で大きくデジタルシフトしているが、今回の報告書はそれをステップアップさせ放送を通信の一部に完全に取り込んだかたちの、いわばデジタルコミュニケーション法を構想するかにみえるものだ。いったい、日本の放送はどうなるのか、公共的なメディアは存在しうるのか考えてみたい。

【居心地悪い状況】

放送を取り巻く環境が激変していることは言うまでもない。テレビ受像機でテレビ番組を視聴している者の方が少数派で、Amazonプライム・ビデオやNetflixといったビデオ・オンデマンドサービスをはじめ、無料のユーチューブといった動画配信サービスが日常生活の中心を占めている。ビジネスもそれに敏感で、ついに昨二一年には、マス四媒体合計の広告費がインターネットのそれを下回ってしまった。

また、従来指摘されていることだが、遠隔地でのテレビ視聴環境を整えるためのコストが放送局の大きな負担になっており、人口減少が進むなか、物理的に電波を届けられなくなる状況が見え隠れしている。わかりやすいたとえとして、三％の視聴者のために三〇％の放送コストをかけているともいわれている。そこで報告書では、ブロードバンドで各家庭を繋ぐことで、放送のための中継局（放送塔）を立てる必要がなくなるとの選択肢を示した。

きわめて真っ当な提案ではある。しかし、そうしたインフラ整備をだれがして、その利用費用をだれが負担するのか、さらにいえば、番組をネットで視聴するための統一的なプラットフォームをどのように設定し、たとえば各自のスマートフォンに実装するのだろうか。もし国民みんなが同じアプリをインストールし、そのインフラを国家予算で賄うとなれば、いわば官製プラットフォーム上での表現活動という、相当に居心地が悪い状況が現出することになる。

【揺らぐ放送の自由】

さらにもっと大きな課題が放送の自由の存続だ。従来、自由の構成要素として、独立性、多様性、地域性が掲げられてきた。ここ三十年で独立性については、行政の放送現場への介入が進んで、国連の人権報告書でも独立性のなさが指摘されるまでの状況になっている。

具体的には、個別番組への行政指導等による物言いが頻発したり、放送法の性格を一方的に政府が解釈変更する事態になっている。もともと立法者である国会も政府も、放送法が定める政治的公平さなどは倫理規範と位置付けて、放送局が自主的に守るべき基準としてきた。しかし近年は、法条文を判断基準として所轄官庁である総務省が違法判断をし、電波を止めることができるとする。まさに、政府のコントロールの下での放送事業ということだ。

そして多様性を守る方策の一つとして、マスメディア集中排除原則を謳い、当該地域での新聞・テレビ・ラジオの兼業を禁じたり、同業他社との株の持ち合いや役員の兼業などを制限したりしてきた。ただし昨今の経営の厳しさに対応して、認定放送持株会社制と呼ばれるグループ企業化や、隣接県との協業化を許容してきている。今回はさらに、テレビネットワーク間の業務・

2022

経営上の連携を一層幅広に認める方向性を示した。

具体的には、東京キー局を中核に据えたネットワーク系列間の統合が可能となり、形として地方局の名称は残ったとしても流れる番組は東京制作のものだったり、県域ごとのニュースではなく、より広域圏のくくりでの番組が放送されることが想定される。それが多様性や地域性にどのような影響を与えるかは明白だ。

いまでさえ、東京の影響でローカルの独自色が出しづらい状況があるからだ。それは、沖縄の基地関連の放送をイメージするとより実感がしやすい。東京制作の政府意向の報道がそのまま流されることが、県民の意識やニーズにフィットするのかということだ。

【どうなる受信料】

さらに、NHKのネット本格参入の仕方も大きな課題だ。現在のNHKはテレビ・ラジオの放送を「本来業務」と位置づけ、ネット上での発信情報は補完的な業務とされて法の制約を受けている。何でも流せるわけではないのであるが実態としては、「NHKニュース・防災アプリ」に代表されるように、ネットオリジナルのニュースが数多くネット上で発信されている。なかには、完全なテキストニュース（文字だけの記事で、映像が全くないもの）も少なくなく、こうなると放送局なのか新聞社なのかわからないのが実態である。

もしネット上で自由に情報発信できるようになれば、現在の受信料の要件も変わってこざるを得ない。BS放送のように付加料金を徴収して、有料会員方式にするのか（いわゆるサブスク方式がとられるのであろう）、ネット回線と繋がっている者すべてから新受信料を徴収するのか、さらにいえば全家庭（国民）から強制徴収するのかなど、これまた難題が横たわっている。そしてこれは、そもそもネット上に「公共メディア」が必要なのかという大命題とも直結している。

従来、公共的なメディアによってもたらされる知識や情報は、民主主義社会の必需品だと考えられ、だからこそさまざまな特権的な待遇も与えられてきた。税制上の優遇措置（例えば新聞に対する消費税の軽減税率や定価販売など）や取材や報道上の便宜供与（記者クラブあての情報提供など）がこれにあたる。ではネット上でも、同じような公共的なメディアが存在し得て、民主主義の必要経費として、私たちはどのようなサポートをすることが求められているのか。

報告書には、バラ色のＩＴ社会における次世代放送が描かれているが、それはいま政府・総務省が無理やり進めるデジタル化と二重写しになって仕方がない。そのうち、マイナンバーカード取得者はＮＨＫ視聴料が割り引かれますなどと、本気で言い出しかねないからだ。公共メディアを私たち自身がどうイメージするか、とりわけ従来はその代表だったＮＨＫを今後、どう育てていくのかの岐路にある。ツイッターに代表されるネットだけの選挙戦になったのでは、相当に危ういことを二〇二二年秋の沖縄県知事選も示している。

2022

職業上の嘘と大義* 09.11/22

九月のサッカーJリーグで、守備を放棄し相手にゴールを献上する珍事があった。本来はプレー再開後、相手チームにボールを渡すべきところ、味方がボールを奪ってゴールしたことが「紳士協定」に反した得点だと抗議を受け、監督の指示で勝ち越し点を故意に決めさせたのだ。ルール上は全く問題ないが、フェアプレーの精神にのっとり、正義を体現した結果であるといえよう。一方、世の中では大義のために嘘がまかりとおる職業が存在する。

その代表例が政治家だ。首相が国会解散時期について嘘をついてよいとされるのは、結果としての解散が事実として明らかになるからだ。一方で、首相が国会で虚偽答弁をすることは許されない。しかし、実際はあったことを全否定した積極的な嘘にはじまり、はぐらかして答えないことで、結果的に事実と異なる消極的な嘘も数多く見られる。

旧統一教会（世界平和統一家庭連合）との関係について、自民党は所属国会議員向けの「点検」作業の結果、個人的繫がりの一端をようやく認めつつある。ただ、公表は一部に限られ、元首相や議長が対象外になるなど、透明性に欠ける状況に変わりはない。強い繫がりの根底にあるとされる、求める大義の共通性は残ったまま。長年の関係を断ち切られる教会側は不義と感じるだろう。

自民党には十五の関係団体委員会があり、宗教関連は社会教育・宗教関係団体委員会が友好団体として認定している。神道政治連盟や立正佼成会などがあげられるが、旧統一教会関連は入っていない。その意味で「組織的な関係はない」との党の公式見解と一致するが、実態との齟齬の説明はない。この間、報じられた過去の行状を最初は否定・黙秘し、その後は事実上追認するものの、「覚えていない」「関係団体とは知らなかった」との言い訳で追及をかわし、「今後は関係を持たない」との党方針にかくれ、嵐が通り過ぎるのを待つ姿勢を示す議員も多い。

あったことをなかったかにみせるのは、政府・自民党の常套手段ではある。その際、因果関係などが不明のものを「関係なし」や「証拠不十分」として、自分都合で印象操作することが少なくない。国葬についても、出された疑問に関し「未確定＝不明」とすることで、国の弔意という大義に傷がつかないようシロのイメージを作り出すことに熱心だ。

職務上の嘘が許容されているものには、警察などの捜査・諜報活動がある。身分を隠しての活動が一定の範囲で許容されるのは、それによる犯人逮捕や犯罪の未然防止という正義の実現があるからだ。ジャーナリストも潜入取材が条件付きで許容されるなど、情報を得るためには嘘が許されてきた職業だ。もちろん報道によって結果を明らかにすることが前提で、それが市民の知る権利にかなうという正義があるからだ。

政治家の嘘はひとえに、よい政治を実現するためという独り善がりの正義と、国家の大義のためには嘘が許されるという特権意識からではないか。選挙に勝つためなら何でも許されるというのも同根だ。記者に対しては、こうした勘違いが既に厳しい批判にさらされている。一方、政治の世界では誤った大義の実行が、東京五輪や国葬などあちこちで噴き出している。政治家自身が判断できないなら、笛を吹くのは私たちだ。

国葬のマスコミ報道　*10.08/22*

大多数の無関心層に対し、岩盤支持層をはじめとする献花台に並び弔意を表する安倍晋三ファンと、安倍政治は許さないとしてきた国葬反対の抗議の声をあげるアンチ安倍——こうした構図の中で九月二十七日を迎えた。想定通りの社会の分断状況が垣間見えた一日だったが、それは安倍政治のスタイルそのものでもあった。

とりわけ第二次政権以降は、社会が割れた瞬間に官邸の勝ちが決まるのが通例で、反対勢力の声が強まるほどに自民党も含めた賛成側はより対抗心を燃やして推進力が増すという、分断ありきの手法が定着していた。その象徴は、自民党の長年の懸案で弔辞のなかで名指しされた安保法制、特定秘密保護法、共謀罪の強行採決である。

この三つは表現の自由という観点からも、緊急事態法制・秘密保護法制・名誉毀損法制（批判の自由の制約）といった表現規制の三本柱をそのまま実現する法制度でもあった。こうした言論の自由への脅威を作り続けた者の「偲ぶ会」を、新聞やテレビはどう伝えたかまとめておきたい。

【残念だった紙面】

翌日の新聞紙面を一言でいえば「残念」だ。一つは想定通りの紙面作りだった点で、安倍元首相に対する態度が、親か反かで紙面がきれいに割れた。読売は菅弔辞からとった一節「真のリーダーだった」を見出しに据えるとともに、「国葬　首相が主導」と現首相も含めた強いリーダーシップを評価する紙面が目を引いた。社説でも、「誰の内心の自由が侵されたというのか」「初めから『国葬反対』の前提に立って……遺族への配慮も欠いていよう」と国葬反対を厳しく批判する内容だった。同様に産経も1面解説で「安倍氏に静かな感謝を示した『サイレントマジョリティー』に応える意味でも、国葬を実施してよかった」と記し、「安倍晋三元首相　国葬」の紙面をぶち抜きの大見出しと、中央に据えた式典の大きな写真で弔意を示した。両紙とも抗議活動は社会面で小さな扱いにとどめたのも共通した。

一方で、朝日「賛否の中　安倍氏国葬」、毎日「献花にデモ　賛否割れる中で」、東京「賛否交錯の中　安倍氏国葬」と〈賛否〉がキーワードの1面紙面作りであった。なお安倍政権時代に政府ととりわけ厳しい関係が続いた沖縄では、琉球新報が「反対世論顧みず　安倍氏国葬を挙行」、タイムスが「国葬　賛否二分し開催」だった。さらに「分断に責任　首相は行動を」（朝日1面）「分断深めた首相の独断」（同社説）、「首相は説明尽くしたか」（毎日1面）「合意なき追悼の重い教訓」（同社説）「分断の責任、岸田首相に」（東京1面）と、こぞって現首相の決定に厳しい批判を行うものであった。

2022

【伝える意味】

もちろん今回の国葬（儀）は特定の政治家の評価に繋がるという点で、統一協会との関係性も含め安倍政治をどう評価するかと直結している面が強く、こうした観点での紙面作りは当然でもある。国葬報道の意味として、実施したことの課題を背景とともに整理することは大切で、必要な要素であろう。ただし、記録という点でいえば、単に「ドキュメント」として弔辞を掲載したり、市井の賛否の声を拾うだけではなく、国葬そのものをきちんと報じることが必要だったのではないか。

前回の首相国葬の吉田茂が「官葬」の趣きであったとするならば、それを前例とし、むしろより強調されたのは自衛隊の存在ではなかったのか。海外から見れば、「軍葬」と呼ぶに相応しいかのような、出発点の私邸や経由地の防衛省での儀仗《ぎじょう》隊見送りに始まり、自衛隊様式に則《のっと》ったとされる天皇制あるいは軍事国家を想起させる楽曲が続く式典こそ、きちんと「解説」することが必要ではなかっただろうか。同じことは涙の弔辞ともてはやされた、菅前首相の弔辞における山縣有朋の扱いにも共通する。

教育勅語や軍人勅諭の誕生と深いかかわりを持つ山縣は、言うまでもなく戦前の忠臣・軍国教育、軍事国家形成の立役者であり、民主制とは相いれぬ存在だ。沖縄においてこそ、そうした人物を崇《あが》める安倍や菅、その弔辞に拍手を送る会場や世間に対し、強い疑問を呈する必要があったのではないか。とりわけ弔辞は前日までに報道機関に配布されており、十分に検討の時間があったにもかかわらずである。

【事実上の強制は】

琉球新報も含め、弔意の強制を取り上げた紙面は少なくなかった。しかし、事前のアンケートや弔旗の写真で満足してしまった面はなかったろうか。例えば黙禱《もくとう》の実施も字面だけでなく、起立して一斉に黙禱した職場と、座ったまま、庁内アナウンスを流したか流さなかったかなど、東京の中央官庁内でも対応はさまざまだった。首長あるいは政府がどんなに強制はしていないといっても、職場で上長が一斉起立の黙禱を促すなか、一人座ったままでいることがどこまで許されるかは極めて微妙な問題で、事実上の強制があったといってよい状況だ。それはあえていえば、戦時中の軍の命令をどう解釈するのかとも似ている。そうした事態をきちんと取材・フォローすることが報道機関の役割だろう。

この面では産経新聞やフジテレビが職場にテレビを入れたり、官庁ごとの違いを報じたりしていたのが目についた。報道意図は逆かもしれないが、結果としてはその強制ぶりや、グラデーションが歴史の記録として残ることになった。先述した軍靴が響く儀仗隊の入場に始まる軍葬もどきの様子も、映像の力が大きい。そこでテレビがもう一言、楽曲の解説や戦前の軍との相違を示してくれれば、分断や安倍政治の功罪を伝える以上に、今回の国葬の政府の意図や元首相が目指したものがより明確に伝わったのではないかと惜しまれるのである。

また、国家的イベント（セレモニー）である国葬を、きちんと視聴者に伝える意味でいえば、局カラーとはいえテレビ東京系列が放送時間ほぼゼロを選択したことは褒められることではなく、報道機関としての役割を放棄したものではなかったか。何の注釈もなく式典を流し続けたＮＨＫも、全く逆の意味で報道の意味を感じさせない放送だった。フジテレビ系列は賛美色が強く、テレビ朝日系列は批判色が強いという意味で対局の放送姿勢であったが、前者は国葬式典の総合司会を局アナウンサーが引き受けるなか当然の選択であったのであろう。テレビ朝日は批判的とは言っても菅弔辞を肯定的に解説するなど、弔意を表すという基本線では同じであったともいえる。そのほかＴＢＳは、出演者数もやたら多く番組進行もごった煮で番組にまとまりがなく、放送意図が視聴者に伝わらないままで、局としての迷いが出てしまった感がある。番組として最もまとまっていたのは、沖縄県内では該当局がないが日本テレビ系列の特番であったといえるだろう。

国葬自体の「後始末」もまだしばらく続きそうだ。その折には国葬報道の検証もきちんとしておかないと、賛否や分断を言っただけでは、問題もその先にある解決策も見えてこない。

善意の空回りと危険性＊ *10.16/22*

世の中は「善意」で回っていることが多い。首相が非業の死を遂げた同期議員を最高の形で弔いたいと思ったのも、自らの政治信条を実現するために親切で熱心な宗教団体の助けを借りるのも、悪意はなかったはずだ。しかし、「知らなかった」として自身の選択を正当化したり、責任がなかったかのように振る舞ったりするのは、政治家としての説明責任を放棄するものである。

なぜ国葬にしたのか、どうして旧統一教会と手を組んだのかを、一政治家として党・政府の最高責任者として正直に語ることから、民主主義は始まる。さらに言えば、なぜ国葬儀に「自衛隊葬＝軍葬」ともいうべき仕様を採用したのか、使用した楽曲に込めた意味は何だったのか。前首相が弔辞で示した山縣有朋は、軍人勅諭や教育勅語の誕生に深く関わった、その生みの親ともいえる存在であり、それを知った上でも目指すべき政治家モデルだったのか。

前・現首相が故人の功績として挙げた、安全保障法制や特定秘密保護法は自民党の悲願ではあっただろうが、儀仗《ぎじょう》隊入場の軍靴の響きや軍人勅諭と重ねて考えるなら、単なる善意や無知と見過ごすことのできない重要な国の形を示すものだ。

ジャーナリズム活動も善意の塊と言える。社会の不正義を暴かなくてはいけない、二度と悲惨な事故や事件を繰り返してはいけないと思い、読者・視聴者により正しく伝えようと被害者のもとに急ぐ。その結果、メディアスクラムと称される人権侵害のような事態が生じ、最近では被害者取材そのものが極悪非道の振る舞いとして批判の対象だ。ここでも「よかれ」と思った行動が、被害者のメンタルヘルスに関する無知などから、裏目に出ることが少なくなかったことになる。

円安などによる紙やインクの高騰で、新聞や雑誌、書籍は危機的なコスト高を抱えている。知識や情報が社会の必需品であるならば、生活を守るためのガソリン価格対策と同様に、民主主義を守る必要経費として公的補助があってもおかしくない事態である。しかし、読者の善意で支えられていた言論報道機関は、いまコスパに合わないと切り捨てられ、善意に基づく正当性の主張は単なる身勝手とみなされる時代だ。

電力逼迫《ひっぱく》を回避するために原発を特別ルールで再稼働するのも、廃炉をスムーズに進めるために処理済みの汚染水を海洋放出するのも、北朝鮮や中国を仮想敵国として自衛隊を増強するのも、「唯一の選択肢」として辺野古新基地の建設を止めないことも、国家の安全や国民の幸せを考えた善意に違いない。しかし、その前提となるべき議論が秘密裏に行われたり、政治判断の美名でごまかされたり、さらに十分な議論もなかったりする場合が少なくない。

旅館業法の改正によってコロナ感染症の疑いで宿泊拒否が可能になることも、土地利用規制法の全面施行で重要施設の近くで監視が進むことも、生活の平穏を維持するために「よかれ」と思った政策に違いない。しかし、それがハンセン病患者の差別に繋がった過去や、公安調査庁や自衛隊などによる思想調査が続いている現実に目をつぶることで、善意の空回りを生むことになる。民主主義を守るためには、いったん「善意」を疑うことが必要な局面に来ている。

ヘイトスピーチの規制　*11.12/22*

沖縄県でいわゆるヘイトスピーチ対処条例の検討が進んでおり、二〇二二年度中の制定をめざしていると伝えられている。近日中には素案が示され、パブリックコメントも実施されるであろう。差別・憎悪言動をいかに根絶していくかは、とりわけ分断化が進む社会の中で相手方を罵詈雑言で罵倒したり、社会的に弱い立場の者を侮蔑・嘲笑するような風潮があるだけに、喫緊の課題であることは言うまでもない。しかし、その対応策として法令をもって厳しく罰することが最善の策なのかも含め、慎重に議論すべきことは多い。

一般論として、差別言動の対応策としては大きく、予防・救済・規制がある。日本では国レベルとして、人種差別撤廃条約批准を受けての国内法整備の一環として、人権啓発法が制定された。同法とそれに基づく基本計画によって、教育・啓発・予防のための国・自治体の責務はじめ一般企業においてもさまざまな取り組みがなされている。救済に関しては、法務省人権擁護委員制度があるものの一連の差別言動に機能しているとは言い難い。一方、規制に関してはヘイトスピーチ解消法ができたものの、具体的強制力をもたない理念法としての色彩が強いことは否めない。

【自治体の対応も】

そうした中で、二〇一〇年代に入って具体的な差別・憎悪言動を含む街宣活動が行われてきた地域を中心に、条例による対応策をとる自治体が現れるようになった。その典型例は、大阪・鶴橋、川崎・桜本の在日コリアン集住地区を抱える大阪市と大阪府、川崎市の条例化であろう。大阪は先進自治体として国の議論に先行して氏名公表スタイルを導入し今日に至っている。一方で川崎は初の刑事罰導入で話題になったが、それ以前にも公的施設の使用制限ができるガイドラインを制定するなどの取り組みを進めてきている。

あるいは京都市や神戸市も、同様の差別実態を前に施設利用制限などの対応策が作られた。部落差別問題の先進県でもある香川県下では、以前よりある人権条例に重ねる形で規制ルールを策

2022

定するなどしている。現在検討中の相模原市もこの範疇といえ、とりわけ最近の選挙ヘイトとでもいうべき、選挙活動をかたった差別・憎悪言動に対する対応策として、条例制定が位置付けられている。

これに対して東京都はオリンピックの開催に合わせた多様性社会の実現を念頭に置いた啓発型の条例だ。ただし注意が必要なのは、都はほぼ同時期にコンビニエンスストアから「有害図書」の一斉排除を実施したり、首長である都知事が関東大震災における朝鮮人犠牲者への追悼を取りやめるなど、いわば「浄化」政策の一環として条例が位置づけられているようにみえる。これは行政の判断のもとに、意に沿わない言動を排除するという使われ方に発展しかねない危険があるということだ。

【事態は変化】

これからすると、今回の「沖縄県本邦外出身者に対する不当な差別的言動の解消に向けた取組の推進に関する条例（仮）」の場合は、明確な立法事実（条例が必要な具体的な差別言動の例）について、十分に示されていないのではないか。それからすると、どちらかといえば前述の啓発型ということになると思われる。その場合は、規定内容もマイルドなものにならざるを得ないと思われるし、むしろ対応の第一歩として大切なのは、県や首長自身が多様性を認め合う共生社会実現のために、どのような姿勢を示すかということではないか。

あるいは、他の条例が主として念頭におく在日コリアンに対する差別言動より、いま沖縄が直面する「沖縄ヘイト」に対処するためならば、それに即した政策を考える必要がある。どちらも「見下し」という意味では近似しているものの、ひろゆきや百田尚樹の両事案の場合も、揶揄や嘲笑による炎上商法とも言えるビジネスとしての側面があり、残念ながらこれらは今般検討されている条例では対処しきれない。

これまで日本には差別を禁止する法律がない、という言われ方をしてきた。しかしここ十年ほどで事情は大きく変わってきている。女性に始まり、障碍者、アイヌ、部落、ハンセン病など特定分野に関する人権法が整備されてきた。ヘイトスピーチ解消法後は行政の取り締まり姿勢も明確に変わり、司法においては集住地区における街宣活動の禁止命令も出されている。

ネット上の誹謗中傷投稿等に対しては、発信者情報の開示手続きの簡素化が法改正と行政手続きの変更で実現し、その具体的な実践は今始まったばかりだ。さらに今年春には侮辱罪の厳罰化を実現し、いわばヘイト言動に対し懲役刑が科される可能性もある。

当事者からすれば「ようやく」といえようが、侮辱罪はわずか半年の法制度審議で改正まで進むなど、一気呵成《かせい》に対応策は充実してきているわけだ。そうしたなかで、これらの効果の測定もないまま、県内で威嚇的なあるいは刑事罰による抑止力を期待するような条例を作ることの意味合いは見当たらない。

【表現の自由】

しかも、この差別や憎悪を含む街宣活動等の規制において厄介なのは、常に表現の自由との関係が生まれることである。しかも時に、内容に踏み込むことなく、平穏な生活の維持、騒音の防止、道路のスムーズな運行などを理由にして、デモや集会を制約することが日本では頻繁に行われてきた歴史があるし、現在もそうだ。

こうした取り締まる側に恣意的な判断権を委ねる法令の怖いのは、差別言動を含むような「悪いデモ」は取り締まるが、政治的主張を行う「善いデモ」は捕まえない、という善し悪しの判断を公権力が行う点にある。いつ何時、善悪が逆転するかわからないのである。実際、日本の中でも沖縄は、米軍基地関連の抗議活動で逮捕者も出ている土地柄である。そうした県で、さらなる「治安」条例を作り、警察による取り締まりの手法を増やすことは、たとえ具体的な刑事罰規定がないにせよ、あまりに危険な賭けではないか。

ヘイトに抗《あらが》うための「唯一の選択肢」は禁止条例ではなく、たとえば対象に沖縄ヘイトを包含した、実効性がある「安（くて）簡（単で）早（い）」の行政救済手続きの充実を図ることなどが考えられる。それは、県内での「批判の自由」を守るためでもある。

「健全」を求める「不健全」さ　＊*11.20/22*

多くの国でポピュリズムが広がっているとされる。イタリアやアメリカの選挙結果もそうした切り口での評論が多い。こうした事態を生む要因の一つが、交流サイト（ＳＮＳ）など、ネット環境内での情報の偏りやうそであることは間違いなかろう。社会の分断化の表れ方として、自分と意見を異にする者に対する激しい攻撃やフェイクニュースとの決めつけ、社会のより弱い立場の者への揶揄や嘲笑、誹謗や侮辱がある。

こうした事態を改善するための方法に、情報の流れをコントロールすることがある。誹謗中傷を抑えるなど、公共の言論空間に「規律」を求めるとの考え方だ。もちろん、明らかな違法情報を野放しにせず、取り締まることは必要だ。ただし、表現行為においては、その境目が曖昧であるという問題がついて回る。

たとえば、猥褻は刑法でダメと決められているが、何が猥褻なのかは人それぞれだし、時代によって大きなブレがある。しかも、その曖昧さを取り締まる側が「利用」すると、過剰な表現規制に繋がりやすい。境界線がはっきりしないからこそ、上の命令などがあると反対しづらく従うという事態も生じがちだ。

こうした事例は、誰もが反対しづらい表現の自由の周縁で起きるのが一般的だ。一例として「有害」図書規制は、健全な青少年の育成に欠かせない方策とされるが、その概念は相当ぼんやりしており、今でいえば「ボーイズラブ」が摘発の対象になる現状に批判的な声も強い。

しかも、こうした規律を公権力が主導したり、運用に携わったりすることで「官製」の規律に陥りやすい。一昔前は、有力政治家の掛け声でPTAなどの父母会が動き、特定の漫画が市場から消えることもあった。「草の根ファシズム」ともいえる状況が簡単に生まれることになる。地方では今でも残っている白ポスト（悪書ポスト）も、一時は千を超えていたとされるが、これも自治体が運用に一役買っていた。

そして今、まさにネット空間における白ポストのごとく官製規律の仕組みが検討されている。「有害」な情報を完全に除去することが「健全」なのかといえば、文化は雑多な情報が混じりあって発展していくものであろうし、そこに新たな創造も生まれる。さらに、この健全さの維持に国が関与することの是非がある。

表現の自由とは国から自由であることが大前提で、公権力の介入が必要な場合でも、より自由が後押しされる形での関与が望ましい。行儀のよさを求めて行政が口出しをしたり、ルールを作ったりすることが良いとは思えない。「豊かな言論空間」とは、多様な情報が自由闊達に流通することであるし、当然、その中には猥雑な表現物もあるだろう。あるいは人を傷つける言葉が含まれることもあり得る。

ネット空間では、有害なコンテンツや不正なアクセスも取り締まり対象で、リアル社会より違法の範囲を拡大してきた。デジタル社会だけで対応しようとすると、規律を強める方向に作用しがちだが、むしろアナログを鍛えることで乗り越えることもできよう。日本でポピュリズムが深刻化していないのは、古典的なファクトチェックの役割を果たしている既存のマスメディアが、いまだ一定の存在感を社会の中で示していることも影響している。

「紙」の新聞は社会への窓　*12.10/22*

二〇二二年秋以降、「××新聞いよいよ〇台割り込む」といったニュースが続いた。新聞発行部数は一九九五年ころがピークで、日本全体で七千万部を超えていたのが、いまや三千万部余と半分以下にまで落ち込んでいる。この間、ほぼ一貫して右肩下がりではあったものの、近年の下がり幅は特に大きい。そうしたなか、ニュースになるだけまだ存在感があるともいえるが、いま一度この社会で紙の新聞が発行されている意味を考えてみたい。

【同じ情報を入手】

日本のメディアの特徴として⑴マス、⑵三層、⑶公共――をあげることができる。世界で唯一、基幹メディアのマス性が担保されているのが日本で、大部数高普及の新聞、民放・NHKの二元体制のもとでの全国遍《あまね》く放送、街の書店における硬軟取り混ぜた多様な棚揃えの雑誌・書籍販売によって、社会に実質的なマスメディアが存在し続けているわけだ。私たちが享受してきた、どこでも良質で同じ情報を入手できる環境は、ほかの国では当たり前ではない。

新聞販売店や書店の数も少し前までは全国に二万店あった。この二万という数字は興味深く、全国をくまなくカバーできる基礎数とされており、特定郵便局や小学校などがあてはまる。こうしたマスの存在を前提として、さまざまな社会制度が構築されてきた。選挙期間中の、公費で賄う政見放送や選挙広告の制度もその一つだ。候補者の主張を有権者に伝える媒体として、誰もが触れている新聞や放送が最適であったからである。

また、世界でもまれなメディアの三層構造を維持していることも見過ごされがちだが、世界の常識では決してない。全国（ナショナル）、地方（ローカル）、地域（コミュニティ）をさすが、新聞であれば全国紙・地方紙・地域紙、放送であればNHK・民放・FMコミュニティ放送にわけられる。取材エリアも、想定される受け手も異なるメディアの存在によって、ジャーナリズムの空白地帯を作らず行政監視の実践がなされたり、相互のメディア間にも緊張関係が保たれ、報道の質が保たれ倫理の向上にも寄与している。

そして三つめに、メディアの公共性について社会的合意が存在してきたことがある。NHK受信料はボランタリーな私人間契約にもかかわらず八割の世帯が支払っているし、新聞も月極め定期購読というかたちで、これまではほぼ全世帯が宅配で新聞を毎朝読む日常を維持してきた。あえていえば、見ても見なくても、読んでも読まなくても、新聞やテレビを身近におくといった、いわば「お布施」のような存在のジャーナリズムがある生活を、私たちは選択をしてきたわけだ。

【制度的に保障】

こうしたお茶の間の日常にマスメディアがある風景は同時に、政治家から庶民までが同じニュースをもとに社会的関心を有し、社会的・政治的意思決定をしていることをも意味する。これが分厚い中間層を形成してきたともいえるし、「戦争は二度と嫌」といった緩やかな社会的合意の形成にも役立っていたのではないか。

こうした日本型メディア環境を前提として、あるいはこれらを下支える形でさまざまな法社会制度が存在している。新聞ジャーナリズムあるいはメディア企業としての新聞業を制度的に保障しているということで、世界のなかでも手厚い特恵的待遇を受けている国の一つが日本の新聞界でもある。経営・財務上では、消費税軽減税率はじめ法人税の経費算入等で特別扱いがある。第三種郵便や法定公告のほか、先述の選挙広告もここに位置づけることができよう。

これらは、新聞業の経営上の安定をサポートするもので、間接的に知る権利の代行者としての報道機関を支えるものである。また、定価販売を定める再販制度は、地方を含めた知識や情報へのアクセス平等性を担保するためのものであるし、日刊紙法によって株式保有譲渡を制限できるのは、言論の独立性を保つための社会的工夫である。

そして何より編集上の特恵的待遇も、報道活動に大きく寄与している。個人情報保護法や探偵業法上の適用除外は、取材の自由を直接担保するものであるし、国会記者証の交付や記者クラブをベースとした国会・法廷等の取材の便宜供与は、広くそして迅速に情報を伝達するための仕組みとして、社会的に認められてきたものだ。

さらに特定秘密保護法など表現規制色が強い法律が、二〇〇〇年以降で数多く制定されてきてはいるものの、そうした法律には留保条項が付き、取材や報道の自由に一定の配慮を示してはいる。刑法の名誉毀損罪における免責要件と呼ばれる、公共性・公益性によって批判の自由を保障する仕組みも、近代民主主義社会の大きな獲得物である。

【難しい舵とり】

新聞は時代遅れの産物、いまだにこんな特恵的待遇を与える必要はない——という声がすぐにでもあがりそうだ。しかし世の中に報道機関があるからこそ、市民に必要な情報や知識が広くいきわたり、また意思形成がなされている事実は否定し得まい。日本はいま、世界で急速に広がっている社会の分断やポピュリズムが、一定程度抑えられているとされている。その要因の一つには、かろうじてマスメディアとしての存在を維持している新聞の報道活動を無視できまい。しかも、ここでいう新聞の中でも、古典的な「紙」の新聞が果たしている役割は大きいだろう。フィルターバブルに陥ることなく、さまざまな情報に接する社会への窓の役割を担っているからだ。

しかしこの現状が今すぐにでも壊れる可能性が迫っている。それが冒頭の紙の新聞の急激な部数減である。もし世帯の半分以上が新聞を読まなくなれば、そうしたメディアはマスとは呼ばないだろうし、社会の中での特別扱いが必要かどうかは当然に疑問の声が出てくるだろう。それは、新聞業総体の経営を一気に厳しくするだけでなく、通常の取材・報道活動が行えなくなる可能性がある。まさに、デジタルに移行すれば新聞は生き残れるのではなく、紙の部数が一定の限界を超えると、新聞社＝新聞ジャーナリズムそのものがなくなるということを意味している。

こうした事態が日本の民主主義を一気に崩壊させることに繋がりかねないだけに、新聞の発行部数の減少は私たちの社会の未来を占う大きな数字である。では、どのようにして紙を守るのか、あるいは守る必要があるのか。その前提として日本型メディア環境を維持していくべきなのか。

逆に、現在の特恵的待遇をデジタルメディアにどう拡張していけるのか。新聞各社は難しく厳しい舵とりを迫られる段階にきていることは間違いない。しかしそれはメディア企業としての新聞の問題ではなく、私たちの社会全体の将来に向けての課題でもある。

思想・表現の自由の侵食を見過ごさない* 12.25/22

サッカーワールドカップは日本の活躍で盛り上がったものの、自国以外の試合や、開催国など各国の事情への関心はなかなか広がらない。サッカー自体も有力選手の海外移籍が増えたこともあり、Jリーグが日常的にニュースになることも少ないのが実情だ。今回の中継をきっかけに、インターネットテレビ局「ABEMA《アベマ》」に注目が集まったことが将来の視聴行動にどう影響するかは興味深いが、十月配信の番組が沖縄蔑視ではないかと物議を醸すなど「非放送」の在り方は難しい。

世論に押される形で救済法が成立した旧統一教会問題も、一九九〇年代の爆発的な報道量ののちの「忘れられた三十年」とされる事態が、今日の二世信者らの深刻な被害とともに、政治と団体の深い繋がりを生んだことになろう。こうしたその場限りの関心こそが、報道界そして社会全体の抱える課題である。

二〇二二年を振り返ると、表現の自由の周辺でも忘れてはいけない課題が山積だ。一つは、政治の世界の悪慣習が社会全体に伝播したといえる、議論回避の常態化だ。政治性を有したり、社会的だったりする発言を奇異なものに映し、攻撃を生む結果を招いている。二〇一九年以降、断続的に続く「表現の不自由展」開催への威迫・脅迫は象徴例だろう。デモや抗議活動を侮蔑・嘲笑の対象とするのも、逆の意味で同じことである。NHK番組中の五輪反対デモへの「捏造《ねつぞう》」事件は、社会に広く潜在する意識を顕在化させるものであった。

北朝鮮拉致問題に関連し、NHKの国際放送に特に留意するよう「命令」したのは〇六年当時の菅義偉総務相だったが、八月には文部科学省が学校図書館に蔵書の充実を「要請」する事件も起きた。日本学術会議の会員任命権が首相にあることも明確化されそうな勢いだ。九月の元首相の国葬では省庁によって事実上の一斉黙禱を実施したり、十一月の沖縄では地元紙の基地取材を自衛隊員が制止したりすることも起きている。七月には侮辱罪厳罰化が施行され、恣意的な行政判断で政治的発言が制約される可能性や、政治家が民事訴訟を起こしやすくなると心配される事態を生んだ。戦後初の名誉毀損法制の強化に対しても、社会全体にも国会にも危機感はなかった。

九月には土地利用規制法が施行され、米軍基地など政府指定の施設周辺の住民監視が進むことになったが、既に自衛隊や警察における住民思想調査や第三者への情報提供が行われてきたし、十二月には防衛省による世論操作研究の開始も伝えられた。警察庁サイバー警察局の発足や、反戦デモを防衛省がグレーゾーン事態と想定して軍事作戦を立てていることが明らかになるなど「有事」がじわじわ日常生活に入り込んでいる。一五年に施行されたドローン規制法では禁止区域がどんどん拡大し、日常的な取材報道活動や市民運動に具体的な支障が出始めている。

今年も私たちはいくつもの事件・事故の目撃者になった。こうした他者の喜びや苦しみ、痛みは、引き付けられやすいものの、見ることで動く感情は長続きせず、一過性のものとして忘れられがちだ。だからこそ、一つひとつはたとえ小さな事案であっても、それらを見過ごさずアラームを鳴らすとともに、忘れず執拗にウォッチし続けることが極めて重要だ。

2023

コロナ禍の言論状況　*01.14/23*

昨二二年のサッカー・ワールドカップではコロナ感染症を全く感じさせない「普段通り」の応援風景が繰り広げられていたし、年末年始の国内でも人出がコロナ前に戻ったと報じられている。沖縄県内では、抗体保有者（抗体陽性率）が統計上でも五割に迫り、事実上の集団免疫ができたとの指摘もある。いわばパンデミック状況から抜け出しつつある今の段階で、改めてこの三年間の言論状況を振り返っておく必要があろう。それは、非常事態を隠れ蓑《みの》に自由の制約状況が加速度的に進んでいるからである。

【公正さと透明さ】

政治の世界で公正性と透明性が失われて久しいが、その傾向が一段と加速した。顕著になった端緒は、モリ・カケ・サクラと称された首相の不正・不誠実な政策決定以降であるが、現政権になってからも、国葬そして原発政策や防衛方針の転換と、その結論への強い疑問とともに、審議過程が闇の中であり、公正な議論が行われたことが適切な開示によって担保されないという共通の問題を孕む。

二〇一五年ころにギアチェンジし二〇年代に入り一気に加速化しているデジタル政策についても、その推進役を担っているマイナカードの位置付けは議論なき後付けでますます茫漠《ぼうばく》としてきた。一方で、マイナンバー制度の肝であったマイナポータルは忘れ去られ、もともと自己情報コントロール権の実効的手段として記録開示システムであったはずが、今は所轄の総務省も行政手続きオンライン窓口と看板さえ書き換えてしまっている。

こうした状況の主犯格が首相であることは言うまでもないが、安倍時代のご飯論法と称される饒舌な自己主張にしろ、菅時代の強面のぶっきらぼう答弁も、自身の不公正・不透明を意識し、それを隠すためだったともいえる。しかし岸田政権においては、問題を自覚していないのではとの懸念を覚える。その結果、本人曰《いわ》く「丁寧な説明」を繰り返しても、一向に議論の中身は開示されないままの状態が続いている。さらに、「専守」防衛や財政「健全」化について根本的な議論がないまま、閣議決定というブラックボックスの中で物事が決まる傾向も定着してしまった。

そうしたなか、沖縄では公道で軍事車両を走らせたり、ブルーインパルス飛行名目で民間空港での自衛隊機利用を認める一方、南西諸島では自衛隊員家族を安全な場所に「移住」させる動きも伝えられており、住民不在の議論なき既成事実化が続く。まさに、辺野古新基地建設と同じ構造である。

【脆弱な監視機能】

こうした政府を監視する役割は、いうまでもなくジャーナリズムにある。しかしこの間、敵基地攻撃能力等の戦時体制転換のお墨付きを与えた有識者会議は、政治と報道の距離の近さを改めて示すものであった。首相が設置した「国力としての防衛力を総合的に考える有識者会議」の構成員十人の中に、朝日・読売・日経の関係者が含まれていたからだ。しかも、議事録として公表されているのは議事要旨にすぎず、記録の非公開を了としているのが構成員であるところのメディア関係者であることに深い闇がある。

国葬に関する有識者ヒアリングと論点整理（故安倍晋三国葬儀事務局）も、検証には程遠いものだし、その前日に、衆議院議員運営委員会の下に設置された各派協議会でまとめられた報告書も、わずか三ページ全文で二千字弱だ。その絶対的分量の貧弱さ以上に看過できないのが、その記録の仕方だ。会議の議事録は「誰の発言か」がわかることが重要であるが、「国葬が批判の対象だから」という理由で、発言者名はすべて伏せたままだからだ。

本来、公文書の議事録は発言者と発言内容が一対一で対になっていることが必要条件であったはずが、この三年間に成し崩しで、発言者を伏せた「議事録もどき」の議事概要が、正式な記録として認められるようになってきている。この状況については、すでに訴訟も起こされているが（たとえば、情報公開クリアリングハウスのコロナ専門家会議議事録訴訟）、司法判断で歯止めをかけることができるかどうか微妙な状況だけに、よりいっそうジャーナリズムの監視力が求められる。

【元に戻す難しさ】

コロナ禍を理由とした官邸記者会見（首相・官房長官）の特例が固定化し、会見場の出席人数の大幅削減も、一社一回一問の質問制限も続いたままだ。しかもそうした明白な行政による取材妨害を、本来は会見の主催権があるはずの記者クラブ側が、容認し続けている。二〇年四月に突然始まった移動の自由をはじめとする私権制限を、社会全体が積極的に容認した結果、いまなお「元に戻す」ことができないでいるわかりやすい事例の一つだ。そのうち特例が原則になり、例外であるはずの制約を不思議に思う人がいなくなることが一番恐ろしい状況だ。

同じことは先述の原発政策における大きな政策変更にも当てはまる。有識者による「GX実行会議」がその担い手であるが、ここでも「会議終了後の記者ブリーフにおいて発言者の氏名は伏す」ことが、運営要領でわざわざ明文化されている。3・11で問われた政官財報学の一体化からの脱却の機会を、またもや失いかねないといえよう。

政府に押し切られそうな日本学術会議への政治介入も、実は同じことが報道界ではすでに起きていたにもかかわらず、それを受け入れてきたことに遠因がありはしないか。NHKの経営委員会メンバーや、同組織を通じての会長人選など、官邸が「思うがまま」の人事を進めてきたことと通底するからである。

一月十一日に東京都内で開催された沖縄県主催行事に登壇した演出家・宮本亜門は、昨年末のテレビ番組でのタモリの発言を引いて、今年を「新しい戦前」にしないため、戦争が人災である

2023

からには人の手で起こさないようにすることができるはず、と日本の軍備増強に強い懸念を示した。玉城デニー知事は、米軍基地の沖縄集中や南西諸島での自衛隊ミサイル配備について、本土の認識とのギャップがあり、これをなくすためにも沖縄から積極的に情報発信し、一緒に未来を考えていく必要があると強調した。

説明なき再軍備政策に対し、行政主体である沖縄県が声を上げざるを得ない事態は、翻っていえば本来その役割を担うべき本土ジャーナリズムの深刻度が推し量られる。この三年間、とりわけコロナ対策において科学的エビデンスが欠如するなし崩しの政策決定や行政運用になれてしまい、報道によるチェックも十分に機能してこなかったのではないか。「特別」な期間はいますぐ終わりにして、当たり前のことを当たり前に実行する毎日に戻す必要がある。

顔識別カメラの慣れと恐れと＊　*01.29/23*

昨二二年末にリリースされた米国発のチャットＡＩ（人工知能）が話題だ（Ｃｈａｔ ＧＰＴのこと＝追記）。硬派な質問にも「それなり」の回答が用意され、しかも学習によってどんどん完成度を高めていく。ただし、それはやりとりをする側が思想や思考を吸い取られるような感覚でもあるし、無意識のうちにＡＩによってコントロールされる危険性も包含する。この場合は、意図的にアクセスすることで情報の海に自らをさらけ出しているわけでもあるが、知らないうちに自分の行動が収集され、管理される状況も生まれている。

代表例が「カメラの目」だ。防犯・監視カメラは四六時中、間断なく誰彼をかまうことなく、道路や街頭にはじまり、店先や建物の中、電車やバスでも撮り続けている。映しているだけではなく、多くの場合、画像データは保存・蓄積（録画・録音）される。そのほか、自らの意思でネット上にセルフポートレートをあげる場合も少なくないし、知らない人のスマホで写され、いつの間にかネット上にあげられていることもまれではない時代だ。

このデジタルデータは顔認識ソフトを介することで、ある人を特定したり、情報を二次利用したりすることも容易だ。たとえば識別機能を活用し、属性を想定して商品開発やマーケットに利用したり、混雑度や動線・人流を計測したりしている。民間事業者に限定しているが、国の個人情報保護委員会に設置された「犯罪予防や安全確保のためのカメラ画像利用に関する有識者検討会」が、顔識別カメラの課題を整理してパブリックコメントを実施中だ。

しかし、より広範囲に、データの収集や照合が「強制性」を伴って行われるのが警察の捜査などの行政利用である。コンビニなどのカメラ映像を犯人割り出しに活用するのは見慣れた光景だが、あらかじめ設定した人がカメラ映像で確認されると、瞬時にアラームを鳴らすことも可能だ。カメラ映像を流して逃走中の犯人の情報提供を呼びかけるのは一昔前の捜査手法で、情報をデジタル・ネットワーク化して一元管理し、特定者をリアルタイムで一生捕捉し続けることは、仮定の話でなく、すでに一部の社会で実行されている。

無差別かつ大量の取得・蓄積が本人の意思と全く無関係かつ自動的に行われ、しかも、それを

2023

拒絶できないのが現実社会である。こうした情報は、ネットワーク上で他のさまざまな情報とひもづけられ、本人が想定しない使われ方もするだろう。やっかいなのは、AIによる判断の過程で、その条件付けによって大きな差別的効果を生む可能性が高いことだ。以前、警察がイスラム教徒を差別的に監視活動した記録がネット上に流出して大きな問題になった。最近も、外見判断で人種差別的な職務質問をしていたことが発覚した。こうした偏見が根底にある中、特定者を自動的にあぶり出すことは、社会の差別意識を顕在化させて分断を進めることに繋がる危険性とともに、当該者には取り返しのつかない人権侵害をもたらすことになる。

慣れによって抵抗は薄れ、それに乗じて利活用が進む現実がある。AI技術はビッグデータの存在が大前提だが、その収集や使い方においては開発者もユーザーも、常に恐れを持つことが必要だ。デジタル技術が人の思考力や批判力の低下を促進させるのでは、本末転倒だ。

オフレコ誰のため　取材の自由㊤　*02.11/23*

岸田文雄首相のスピーチライターとされる荒井勝喜首相秘書官が二月四日、更迭された。三日晩に首相官邸において記者の取材に応じた際、性的少数者への差別発言があったことが理由だ。この場が、公表を前提としない非公式取材であったことが話題になっている。かつて琉球新報も同様な状況での公人発言を報道した際、「オフレコ破り」として厳しく指弾された歴史がある

（拙著『見張塔からずっと』参照）。

そこで改めて、報道を前提としない取材とは、誰の何を守っているのかを考えてみたい。それは今日の、政治とメディアの関係性を問い直すことにもなるはずだ。

【半世紀前の事件】

ちょうど時を同じくして、横路孝弘・元北海道知事／衆院議員が二月二日に亡くなった。同氏は、沖縄返還をめぐる外務省密約報道で毎日新聞記者が逮捕・有罪となった、いわゆる西山事件のきっかけを作った人物でもある。訴訟では取材の自由が正面から争われ、一九七八年の最高裁判決では「報道機関が公務員に対し根気強く執拗に説得ないし要請を続けることは、それが真に報道目的から出たものであり、その手段・方法が法秩序全体の精神に照らし相当なものとして社会通念上是認されるものである限りは、実質的に違法性を欠き正当な業務行為というべきである」と、取材の自由を認めたものとして知られる。

しかしこれは一般論に過ぎず、結果として取材源である公務員も記者も有罪とされ、公権力が「不当」と判断さえすれば、明確には違法でない取材方法であっても認められないという前例を作ってしまった。しかも今般の特定秘密保護法によって、この正当性判断ルールが法規範となった。もし横路氏が、国会で無防備に記者から譲り受けた外務省極秘公電のコピーを示すことなく、情報元《もと》の犯人捜しのきっかけを与えなかったら、違った歴史になっていただろう。また記者も、取材源を守れなかったという意味で、ジャーナリスト倫理上で大きな問題を残した事案だ。

2023

このように、取材の自由は極めて危ういバランスの上に成り立っている、壊れやすいものであるのが実情だ。公権力側は少しでも隙《すき》があればその弱みを突こうとし、それによって取材の自由は縮減するという結果を生みかねない。もちろん、個々の記者が不用意な攻撃要因を作らないことは大切だが、小さな「穴」を開けられることによって、取材や報道が萎縮してしまうことはもっと大きな問題である。

そのためにも、現行の法枠組みにおいて、政府と報道界での解釈上の差異がどこにあるかのかを正確に理解したうえで、一方的な行政運用については抗議や申し入れなどのアクションを起こすことで、きちんと対峙《たいじ》していくことが必要だ。「正当な業務」が何を指すかの判断権が一方的に行政にある現状の中で、形式的には法に反するものの、公益性・公共性が認められ、かつ緊急性や非代替性が合理的に認められるような報道目的の取材については、正当であるとの社会的合意を形成していくことが、より一層重要になってきている。それらを放置したり黙認することで、「悪《あ》しき慣習」として固定化することに繫がり、それは自由の制約に直結することになるからだ。

【公益性を優先】

こうしたなかで「オフレコ」が多用される日本の取材状況は、私たちの知る権利にとって危険に満ちている。オフレコは、「オフ・ザ・レコード」の略で業界用語の一つだ（反対語は「オンレコ」）。記録すなわち報道しないの意味で使われ、いわゆる「ここだけの話」として、通常はメモを取ったりテープを回さないのが「礼儀」とされる。しかし実際は、「完オフ（完全オフレコ）」

と呼ばれる、どこで誰が話したか、その内容を含め一切内密というものではなく、発言者を明確にしなければ内容は報じてもよいという「背景事情説明（バックグランド・ブリーフィング）」レベルまで濃淡がある。

今回の場合は、後者の「記者懇談」といわれる一般的な非公式会見の場であり、しかも記者の側も録音していたのではないかと思われるほどの、正確な一問一答が報じられている。こうした懇談の場は、政権の政策をより理解するうえでも必要不可欠とされているし、政治家や官僚の側にとっても間違った報道をされないためのセーフティガードでもあり、時には意図的なリークによって世論操作の手法にも使える優れものだ。

だからこそジャーナリスト側は、利用されないような細心の注意と緊張感をもって、オフレコの場に居合わせる必要があるし、報ずべき公益性が、取材先との「個人的な約束」による信義を上回ると判断した場合は、躊躇なく報じる必要がある。もちろんその時には、その信頼関係の反《ほ》古《ご》が当該記者個人にとどまらず、媒体全体もしくは報道界全体にも及ぶ可能性があるだけに、組織内の協議が不可欠であるし、礼儀として相手方に事前に通告をすることも求められよう（その場にいた他社にも報道予定であることを伝えることがあってもよかろう）。

情報源に接近しつつも、曖昧な関係に甘えないためには、楽な手法に慣れないことだ。取材対象の官公庁に常駐している、顔なじみの記者と一緒に聞いたことを実名で報じないのは、記者クラブとして知られる大手報道機関中心の記者溜りの長年の慣行にすぎない。そもそも、ディープ・スロートと称されるような機密情報提供者にみんなで会うことはあり得ない。こうした内部告発の要素を含む場合には、当該者を守るため情報源を書かないことは絶対だ。それは逆説的には、記者団での非公式会見はオフレコになじまないということでもある。

オフレコ取材の内容を報じたことを称《たた》えることに留《とど》まるのではなく、これを機に現場で討議を重ね少しずつでも甘えや馴れを排していくことで、市民社会からより信頼されるジャーナリズムが成立する。

オフレコ必要な側面も　取材の自由㊦　*02.14/23*

前編で脱オフレコを求めはしたものの、報道現場ではこうした取材手法が一般化し、定番にすらなっている。たとえば逮捕された容疑者の様子は「警察（検察）関係者」の言葉として伝えられるし、官邸の話にも「政府高官」がよく出てくる。いずれも実名ではない「○○筋」記事だ。

情報公開制度の法や運用が不十分で、本来誰もが知りうるべき公共的な基礎情報すら、政治家や警察等の行政の手で隠される傾向が強い日本では、ジャーナリズムの役割が一段と重要だ。しかも市民のプライバシー意識の高まりを悪利用する形で、一層公権力の情報秘匿の壁が厚くなっている。そうしたなかで、市民の知る権利に応えるため、十分に背景を理解したり非開示の情報を少しでも早く入手するために、素性をぼかすことが必要な場合があることを否定はしない。少しでも闇や霧に隠れる「事実」を照らすための、日本型の取材の工夫という側面があるからだ。

こうした現実を踏まえ後編では、差別発言から報道に至るまでの経緯に焦点を当て、具体的に何が起きたのかをみていきたい。

【遠慮は禁物】

今回の一件は、直前の岸田首相の国会答弁の本質を表す発言内容であり、同時に杉田水脈議員を政務官に起用するなどの文脈上からも、政治的にも大きな報道価値がある。しかも発言者は首相のスピーチライターといわれており、場所もほぼ毎日定期的に行われている官邸内での非公式会見だったことから、報ずべき条件がそろっていたと考えられる。あわせて今回の場合は、「あえて」報じるうえでの手順を踏んだことが、紙面上で報告されている。

それからすると、最初に一報を流した毎日新聞の、現場記者の感性と反射神経、それに応じた組織判断を評価しつつも、四日朝刊の記事は降版時間（新聞の原稿を印刷に回す締切＝追記）直前のニュースであったこともあって、残念ながら社会面での小さ目な扱いだった。最近では一般化しているが、このニュースもウェブ・ファーストの扱いで、三日深夜にはオンライン記事として配信されている（二十二時五十七分）。これを受け荒井氏本人が二十三時半ころに発言撤回の会見を行い、報道各社も日付が変わったころから順次、ウェブ上で追いかけることになった（共同通信は、二十三時二十七分に番外を配信）。

紙の新聞とともにウェブ情報が、政治的にも影響を発揮する時代であることを痛感すると同時に、紙面が小さな扱いだったことを考えざるを得ない。なぜなら、政治との関係で相手方に与える「隙《すき》」の一つは、報道側の「遠慮」だからだ。先の西山記者事件でも、せっかく入手した電文であったにもかかわらず、紙面化されたのは政権に決定的な打撃を与えるような大きな記事ではなく、小さな扱いだった。

【逆バッシング】

今回は、通信社も後追いし本人が会見を開いたことで事実上のオフレコ解除が行われ、各社が報じた様子がうかがわれる。最初の記事だけだったら、うやむやに終わっていた可能性を否定できないのではないか。本人の撤回発言がなければ、各社とも報じなかった疑いがあるからだ。それどころかオフレコ破りの批判が起きて、独り善がりの記者・新聞社との誤ったマイナスイメージが醸成され、ネット上で逆バッシングが起きても不思議ではない状況だったと思われる。

その結果は、報じなかった記者が政治家や官僚に重宝され、私たちの知る権利はどんどん骨抜きにされることになる。そうならないためにはまず、現場の記者が良心に従い踏み出せるかにかかっている。ジャーナリズムとは、「いま報ずべきことをいま報じること」であり、取材は報じるためにするものだ。

テレビ放送七十年　*03.11/23*

テレビ放送が誕生し七十年を迎える。厳密には一九五三年二月一日にＮＨＫが、同年八月二十八日に最初の民放として日本テレビがテレビ放送を開始した。

それに合わせたかのように、番組の中身と放送の形態の両方において、ざわつくニュースが流れた。前者は、国会で放送法解釈変更への政治介入があったとして、総務省作成の事務文書（公文書）をもとに野党からの追及が続いている。後者は総務省の有識者会議で、ＮＨＫがインターネット上で自由に情報発信することを認めるとの方針転換が確認されたからだ。

【総務省の差配】

日本の放送は総務省（旧逓信省、郵政省）という一官庁が、中身にも形態にも全面的にかかわっている。それも含め、ほかの国と比較していろいろな面でユニークだ。放送は大きく、番組内容（放送コンテンツ）と放送形態（放送ビジネスモデル）で規律されており、主として前者は放送法、後者は放送法と電波法を根拠にしつつ、大幅な行政裁量の中で行われてきている。

内容について法で定められているものの一つが、「総合放送（総合編成）」といわれているもので、一つの局のなかで番組は原則、報道・娯楽・教養・教育の多様なジャンルを、バランスよく放送しなくてはいけないことが決まっている。チャンネル別に好きなジャンルに特化してくれれば見るかも、というのは放送離れが進む若年層の意見ではあるが、専門チャンネルは法規定上許されていないということだ。

そしてもう一つが、いま国会で議論されている番組編集の基準で、放送法四条では、事実報

2023

道・公序良俗、多角的論点の呈示と並んで、政治的公平さが求められている。同条文は数奇な歴史的経緯をたどる条文であるが（詳しくは『放送法を読みとく』『放送制度概論』商事法務）、法の性格として強制性をめぐって政府の解釈が百八十度変わった。立法当初は、放送局の倫理的規範（視聴者への約束事）と捉えられていたものが、違法判断基準であって番組が偏向していると政府が判断すれば、その放送局の免許を取り上げる（電波を止める）という強い権限を行使できることに、政府都合で変更されたからだ。

【官邸のご意向】

さらに、こうした公平判断を、放送局の番組全体をみて判断するというが、一九六四年四月二十八日の参議院逓信委員会での宮川岸雄・郵政省電波監理局長答弁以来の政府見解である。当時示された「ある期間全体を貫く放送番組の編集の考え方」を、「一つの番組」のなかで偏っている場合は違法判断ができるように、解釈変更を強く迫った経緯が冒頭に触れた今回の文書からはうかがわれる。

そして最終的には、二〇一五年五月十二日の高市早苗総務大臣の国会答弁で、原則は変更しないものの、特定番組で違法判断することがあることを認め、翌一六年二月十二日の政府統一で「一つの番組のみでも……極端な場合においては、一般論として『政治的に公平であること』を確保しているとは認められない」ことが確認された（詳細は拙著『放送法と権力』田畑書店）。

ここでのポイントは、「それでも原則は変わっていない」ことと、「政府判断の余地が広がり恣意的判断の可能性が強まった」ということだ。後者をもって、一般に解釈変更があったと呼ぶことが多いが、あまりこの点を強調し過ぎると、例外の一般化を認めてしまうことになる。むしろ今回、官邸しかも特定の政治家の意向で、国会を利用した実質的な解釈変更作業が実行される手口と強引さが明らかになったことで、この例外規定解釈が「政治的」な産物であることを社会全体で認識し、例外適用を封印することが必要だ。

そもそも個別番組に政府が手を突っ込んで違法判断すること自体、問題があるという大原則も忘れてはならない。あくまで放送法は、放送の自由を確保するためのものだ。ついでにいえば、国会論争の焦点が、高市・安倍電話会談の真贋論争になりつつあることには注意が必要だ。政治家が「ない」と断言した場合に何が起きるかは、すでに森友学園問題をめぐる財務省記録で経験済みだからだ。

【ネット本業化】

放送形態では「公共放送＝ＮＨＫ」と「商業放送＝民放（民間放送）」の二元体制をベースとして、前者は全国放送、後者は地域放送と役割を分担させたうえで、民放は地域ごとに放送局数を決めて免許を与えている。また、公共放送には広告を禁じ、代わりに受信料の徴収によって番組制作する仕組みを定めている。

また、ＮＨＫがやってよい事業を「必須業務」とし、インターネット上の情報発信は「任意業務」と切り分けた（以前は「附帯業務」とも呼ばれていた）。後者は総務大臣の認可が必要だが、一四年には法改正でネット同時再配信も可能となったほか、ネット上のオリジナルコンテンツもどんどん増え、事業が拡大しているのが実態だ。

そうしたなかで総務省「公共放送ワーキンググループ（WG）」では、こうしたNHKのインターネット上の活用業務を、一般の地上波放送と同じ「必須業務」に格上げするかなどが検討されてきた。二月二十四日の回では、『「実施しなければならない業務」として位置づける』ことで一致し、ネット「本業化」の内容やその場合の受信料制度など、六月には新しいかたちが明らかになる予定だ。

【独自性を担保】

現在ですら番組の見方が多様化している中で、伝送路によって可否を定めることが時代遅れであることは間違いなかろう。しかし一方で、ネット上の「公共メディア」あるいは「公共情報」とは何かの議論がないまま、現実に引っ張られてなし崩しで業務が拡大することは、よい結果をもたらすとは思えない。なぜわざわざ、民放以外に公共放送があるのかという原点を確認したうえで、NHKでなくてはできないことを、ネットでも、そして従来型の放送でもやってもらう必要があるからだ。

暴論ではあるが、NHK記者は、いっさいの記者クラブには所属せず、調査報道に専念するとか、地方の地タネは追わず全国級ニュースのみを発信するなど、既存報道機関との切り分けをすることで、存在意義が明確になるのではないか。

一方で、地方の民放が各県ごとではなく隣県と同じ番組を流すことが現行制度上許容されるなか、むしろ地元局ではなくNHK頼りになる可能性すらあるのが寂しい現実ではある。そうした政策を決めているのが政治家の影響下にある総務省であって、そこで日本の放送の未来が形成されようとしていることが、ブラックユーモアとならない手だてを打つ必要もあるに違いない。

モヤモヤとわざわざで見失う真意* *03.05/23*

広島市内の小学校低学年向け副教材「ひろしまへいわノート」から「はだしのゲン」が消えることになった。広島では戦後一貫して平和教育が実施されており、筆者も体験者の一人である。ただし、一九六〇年代当時は先生自身が直接の体験者であったし、同級生に原爆手帳を持つ胎内被爆者も少なくなく、普段の授業や日常生活自体が「平和」の尊さを実感する時間であった。

しかし、二〇一〇年に市が実施した調査で、原爆投下日時の正解率が小学生三割、中学生で半数にとどまったことから、被爆体験の風化や生徒の平和意識の低下を食い止める施策として、広島市教委は新たに「平和教育プログラム」を策定した。一三年の当初から「ゲン」を採用してきたのは、当時の実相が漫画を通じて感じられたからと推察される。

一方で進むのが私権制限や義務化の政策決定だ。もうすぐ「ノーマスク」が解禁だが、あくまでも自主的な判断を尊重するが、混雑した電車では装着を推奨するとか、なかなかややこしい。

コロナ禍の三年間、政府が法的根拠や科学的知見でなく政治判断で自粛を求めたり、緊急事態だからと個人情報を自由に収集したりすることを、社会全体でいや応なく了解してきた。その解除も、理詰めではない政府方針を何となく受け入れることになりそうだ。

マイナポイントカードも申請率が七割を超え、「皆所持」に向けて力が入るが、任意であって強制しないということと、さまざまな局面で矛盾する。国や自治体の情報をマイナンバーですべてひもづけることが可能となり、デジタル法制による一元化と効率化を旗印にした国のIT化はほぼ完成した。なのに、いわばおまけのカード普及がなぜ絶対なのかはモヤモヤしたままだ。

同じ問題が繰り返し指摘されたパンデミック対応の医療・保健所体制の整備や、マイナンバー制度の肝であったマイナポータルによる自己情報コントロール権の実効化は置き去りのままだが、政府がお金をかけて実現すべきはこちらではないか。

「ゲン」の問題も似た側面がある。題材を別の作品に変更する理由は「被爆の実相に迫りにくい」ためとされる。紹介にふさわしい多くの原爆作品があることは間違いないが、「ゲン」をいま、わざわざ外すことには意味が生じるからだ。

一つには、教育の場においても分かりやすさや効率を優先させる風潮を後押しする可能性がある。世の中には見てすぐわかるのではなく、想像力を働かせて理解できることが数多くある。その場では完全に納得できなくても、時間をかけて徐々にふに落ちることもある。平和とはそういう類いのものだろう。

もう一つは、「やっぱり」という意識を広めることに繋がりかねない。「ゲン」を描いた中沢啓治氏の作品は、これまでも政治的に「攻撃」の対象となり、一二年には学校図書館などから排除の動きがあった。市教委が「作品の価値は変わらない」と思うなら、その価値を毀損しかねない行為はしないほうがいい。

行政による「モヤモヤ」や「わざわざ」は、社会に同調圧や忖度を引き起こすなど、為政者に都合のよい空気を醸し出す。見え方のベクトルは逆にもかかわらず、変えること、やっていることの真意をごまかすという点で同じだ。

マイナカードの弊害　*04.08/23*

四月一日に改正個人情報保護法関連の法令が全面施行されるほか、マイナ保険証に関する「療養担当規則の一部を改正する省令」の運用が始まり、今国会に提案中の番号法（マイナンバー法）関連が成立することで、いよいよ「マイナカード」も次のステージに入る。最初は、存在するだけだったマイナンバーカードが、ポイントカードとして普及率を高め、八割が見えてきた現段階で、一気に義務化が進むということになる。

琉球新報でも社説等で、その「なし崩し」に警鐘を鳴らすことはあるものの、状況は止まらないどころか、単に個人情報の漏洩危険性の拡大というだけではなく、憲法問題にまで拡大している。いま改めて、持たないことが生む不利益が許容される範囲なのか考えておきたい。

【「先進」自治体】

政府意向を受けての「優等生」自治体の一つは岡山県備前市のようだ。二月以降に矢継ぎ早に政策を発表し、世間の話題になっている。マイナカード提示による市バス運賃の無料化や、高校生の制服代や授業で使用するタブレット購入費用のほか、定期代についても一部を補助することが発表された。さらに家族全員がマイナカードを所持する場合は、小中学校の給食費や保育代を免除することにした（二〇二二年度から全世帯無料にしていた措置を、二三年度から有料に戻す際にカード取得者は無料を継続）。

発表後、市内でも反対の声があがったものの、三月議会で条例案は成立したが、四月に入って市長が一方的に方針を撤回するに至っている。こうした施策が生まれるのは政府の「誘導」があるからだ。国は各自治体に配る地方交付税について、二三年度は自治体のカード交付率に応じて配分額に格差を付ける方針を発表している。さらに、地方のデジタル化を後押しするデジタル田園都市国家構想交付金もあり、カードの普及が進んでいる自治体ほど財政的なメリットを受けられる仕組みだ。備前市はこうした方針も関係してか、交付率は県内トップだ。

ちなみに沖縄県内自治体は、総じて低いとされている。県は二月末段階で全国最下位と発表されており（五一％で、最も高い宮崎県とは二十五ポイントの差）、県は申請をするよう県知事先頭に呼び掛けを強めているが、先の交付金は他県に比べても格段に低い額にとどまった（四月三日交付決定）。

【教育の機会均等】

わかりやすい備前市を例に問題を整理すると、条例で行政サービスに差を設けることが「特に必要がある」か否かの法的基準は、給食費などにおいては教育基本法に則ったものでなければならない。にもかかわらず、マイナカード取得しないという意思によって扱いが異なることは、当該住民の信条で差別することに繋がる。子どもの教育条件は同じにすることが行政の責任であって、一部有償の例外が教育の機会均等のために必要だという理由は、市の説明からは見当たらない。

給食の無償化の議論は教育制度の問題であって、マイナカード取得率向上と有償化が、どういう合理的関係にあるのかを説明できないのであれば、自治体が公金を支出して行う無償事業の対象者を恣意的に扱うことは、憲法の平等原則の観点から許されないことになろう。もちろん、有償か無償かを区別する場合はありうるにしても（例えば世帯所得）、カードの有無を使わなければならない理由にはならない。

そもそも自治体は国の出先機関ではないのであって、市が国の政策を忖度して本来あるべき住民行政を歪めることはあってはなるまい。もっとも住民に近い行政機関である地方自治体が、住民ではなく国を向いているほど不幸なことはない。しかしこうした自治体の態度を生んでいるのが政府であることも忘れてはならない。沖縄・辺野古新基地建設に見られるように、国が自治体の意向を全く聞くことなく、さらに財政的な締め付けという形で、住民の生活を人質にとる形で国の意向を押し付ける状況が続いているからだ。

そうした中で、自治体が憲法が定めるように独立した地位で、住民の期待に応えるためには国から距離を置き、政策を実行していくことが難しい状況に陥っている。自治体が国の政策の方針に沿って予算を勝ち取る競争に敏感になる結果として、住民が置き去りになる状況が、マイナカードを巡っても起きつつあるということだ。ここには自治体間の財政均衡と調整を理念とする、地方交付税制度の趣旨が曲げられているという、地方財政の根深い問題がある。

【保険証で「意地悪」】

こうした実質義務化の典型例は、すでに大きな議論を生んでいる「マイナ保険証」問題である。いまだ政府は「任意」であるという建前を崩していないが、医療現場においてもすでに診療費格差を設けており、それが四月からは、特例措置でさらに拡大していくことになる。カードを持たざる者は、高い医療費を払うことが制度化されしまったわけだ。さらに、マイナ保険証を希望しない場合は、各自で「資格確認証」の発行手続きをとることとされ、当初の有償案は撤回されたものの、移行させるための「意地悪」であることは明白だ。そもそも、デジタル化の基本方針は「誰一人置き去りにしない」ことと政府は繰り返しているが、その大原則からも真逆の状況が生まれることになる。

なお医療機関側からも、マイナ保険証への対応を医療機関に義務付けるには本来は健康保険法の改正が必要なのに、冒頭に挙げた省令の改正ですませた国の対応は、国会を唯一の立法機関とする憲法四十一条に反するとの違憲訴訟が提起されている（オンライン資格確認義務不存在確認等請求訴訟、と称されるもの。医療活動の自由の侵害も争点）。

発表によると、二月時点で対応システム導入済みの医療機関は五割、マイナ保険証の保有率はマイナカード交付者の六割とされる。もし医療データの一括管理が患者メリットがあるというのであれば、まずはマイナポータルでカード不所持者にとっても、自己情報を誰が保有しどのように利用しているのか、医療ビッグデータの活用方法も含め、オンライン一元化のメリットが見える形での情報開示を行うことが先決だ。カードを持たないとマイナポータルにもアクセスさせないなど、初めに普及ありきの政府の姿勢自体が、憲法の平等原則に反するものではないか。思想信条による行政サービスの格差は、差別であって許されない。

「うわべだけ」をうまく生かす* *04.09/23*

京都人がいけず（意地悪）といわれるのは「うわべだけの付き合い」を大切にする行動様式に関係していよう。「一見《いちげん》さんお断り」の札も、あえて本心とは逆の好意を示すあいさつ言葉も、ストレートな感情表現ではなく婉曲的な表現で、無用な争いを避ける知恵と思える。それは歴史の中ではぐくんだ、その時々の感情や状況に振り回されず、相手の立場を傷つけずに関係性を保つことで、本当に大切なものを守る手だてでもあっただろう。

これを今あえて思うのは、本音を抑えて建前を大切にすることの意味合いを感じることが多くなったからだ。政治の世界でも大事にすべき理念が目の前の分かりやすい事象を理由に否定されることが少なくない。その結果、社会のありようがゆがんでいく状況が続いてはいまいか。

放送を巡って強硬かつ執拗な政治介入があったことが明らかになった件でも、一番の肝は番組内容に政治家が口を出すことの是非だ。放送法の建前は放送の自由を守る規律であって、国の役割は自由を保障することで、法を根拠にした規制は誤った解釈である。にもかかわらず、政府も追及する野党も介入自体を当然視し、もっぱら、一つの番組で判断するのはダメだが、番組全体なら許される、という議論になっている。こうした政治家の本音に引っ張られた結果、政府の規制は許され、どこまでなら許容されるのかとの議論になってはいないか。

統一地方選では、テレビや新聞の報道に限らず、国政選挙でさまざまな試みがあるネット上の候補者情報も圧倒的に少ない。それらが、ジャーナリズムは終わっているという声に繋がっていよう。だからこそ、報じる側は、政府や政党からのクレーム対応は面倒だから無難にやろうとの気持ちをぐっとのみ込み、選挙報道の自由という原則を実行することが必要だ。自由で豊かな取材・報道ができる環境を、メディア自身がつくる気概が必要だろう。

放送法の問題も憲法が保障する表現の自由に直結する問題だが、平和を希求してつくられ戦後維持してきた「国のかたち」も大きな転換点を迎えている。軍需産業はもうかるという経済界の意向や、米国の世界軍事戦略にあわせないといけないとの忖度が吹き荒れる中、戦争はしないという憲法の本旨は風前のともしびだ。しかも、明日にもミサイルが撃ち込まれるとの恐怖をあおることで、軍備増強が唯一の備えとの印象操作が加わり、「戦争ができる普通の国」に脱皮する直前だ。

脱炭素社会への移行を目指すGX政策は原発回帰と読み替えられ、福島の帰還困難区域の避難指示解除や処理済み汚染水の海洋放出の手続きが粛々と進む。これは、廃炉も汚染土の処分も見通しが立たない現状を見ないふりをした「いつまでもフクシマにかかわっていたら前に進めない」との大人の事情を優先した結果にみえる。3・11を反省した脱原発路線は完全にかすんでしまった。

広島サミットが世界へのアピールの場であるとすれば、政府は表現活動に一切の介入をしない、すべての核は否定する、一切の戦争は悪である、との建前を青くさく宣言することで、世界にリーダーシップを示してほしい。敵味方をはっきりさせるのではない、芯の通った「うわべ」の付き合いが求められる。

期待したい最高裁報告書　*05.13/23*

一九九七年に神戸で起きた連続児童殺傷事件に関する一切の事件記録が、裁判所によってすべて廃棄されていることが昨二二年九月に、地元・神戸新聞記者の調べで判明した。ほかの少年事件も芋づる式に廃棄が明らかになるなかで、そもそも最高裁が定めた保存の内部ルールが有名無実化している状況や、さらに言えば当該ルール自体の制度上の瑕疵《かし》も指摘されるなか、最高裁は昨二二年中に有識者委員会での検討を表明、現在取りまとめ作業が進んでいる。

当初予定の四月から若干遅れたものの、五月二日に行われた第十三回会合時点では、五月中には最高裁事務総長名義の調査報告書公表をめざすと伝えられている。そこでここでは、改めて司法記録の保存の現状と改善の方向性についてまとめておきたい。

【厚い秘密の壁】

検討を進めているのは最高裁の「事件記録の保存・廃棄の在り方に関する有識者委員会」で、座長・梶木壽元広島高検検事長と、神田安積弁護士、高橋滋行政法学者の三人で構成される。十一月の第一回以降、関係者のヒアリングや地方裁判所における保存実態の検証なども実施した。

ここでいう「事件記録」は少年事件の場合、少年の供述調書や精神鑑定書など、捜査機関や家裁調査官などが作成した様々な記録をすべて含むことになる。ちょうどいま話題になっている再審裁判などでも、通常の刑事事件の場合、捜査資料（しかも無罪の決定的な証拠になりうるものも含め）、警察や検察が有罪証明に不利なものを意図的に隠蔽し、法廷に提出しない状況が明らかになっているが（残念ながらそれ自体は「違法」ではない）、少年事件の場合はすべて家裁に送付されるといわれており、事件に関する全記録といってもよかろう。

規程では、保存期間は最長で加害者の少年が二十六歳になるまでとし、その後、廃棄することとしている。ただし最高裁は、少年事件の記録のうち社会の注目を集めた事件、少年非行の調査研究で重要な参考資料になる事件など史料的価値が高いものなどは、保存期間満了後も廃棄せず、各地の裁判所で「特別保存」に指定し、永久保存するよう内規で義務付けている。しかし冒頭の連続児童殺傷事件の記録廃棄が判明したことを受け、神戸家裁職員らの聞き取り調査を開始するなど、全国で重大少年事件や民事裁判の記録計約百件について経緯を調べるに至ったわけだ。

しかし問題は、こと少年事件記録の「杜撰な」保存状況にあるのではない。そもそも裁判所は、裁判記録の保存・公開に極めて後ろ向きで、たとえば一九八〇年代以降の行政文書の保存・公開制度の整備が進むなかでも、ほぼ一貫して背を向けてきた存在だ。筆者も当事者としてかかわった金丸信の訴訟記録の開示請求でも、わざわざ八七年に公開原則を定めた刑事確定訴訟記録法が、「非公開」のための防波堤の役割を果たしていた。検察と裁判所が一体となって、訴訟記録は国民共有の財産ではなく、もっぱら自分たちのものであるとの姿勢を示していたわけだ。

【歴史的資料】

そうしたなかで九二年には「事件記録等保存規程の運用について」の事務総長通達が発出され、二〇二〇年にかけて刑事参考記録の在り方が見直されたのだが、これらは前進ではなく、結果論からすれば批判をかわすためのポーズに過ぎず、しかも裏では変わりなく廃棄を続けていたということがいえよう。最高裁が定める開示手続きである「司法行政文書の管理の実施等について」も、裁判員裁判開始時に手続き文書等の開示を各地裁に求めた経験から、明らかに行政文書ガイドラインに悖《もと》っていると思われるし、現行の行政文書水準に達していない。

実際、日本では他国と比較しても珍しい「判決文ですら」非公開の国で、わずかに裁判所が自らの判断で公開しても差し障りないとしたもののみ、一部を黒塗りにしたうえでウェブ上等で公開している。ただしこれらが、司法行政上の「サービス」にすぎないことは明白だ。その結果、検察や裁判所が要らないと思ったものや、都合の悪いもの（たとえば無罪判決）などは、捨てられるということになる。

だからこそまず、事件記録は加害者のためのものでもなければ被害者でもなく、裁判所が判決や処分を決定するだけのものでもないことを確認する必要がある。それゆえ今般の最高裁の検討会議においても、被害者など当事者の利益が重視されているかにみえることは懸念点でもある。裁判記録の歴史的資料としての価値が、相対的に薄められる可能性を否定できないからだ。

【公文書館移管を】

裁判所の最大の「言い訳」であった保存スペースの課題はデジタル時代において、一気に解決されたとえるだろう。「全件永久保存」は物理的に十分可能だからだ。同時に、事件記録の保管主体を裁判所から移し、公開・非公開の判断権者を検察から切り離すことも必須だろう。行政文書同様に、一定年限を経過したものを公文書館に移管し、「歴史文書」として扱うことも現実的な運用方法だ。

これまで裁判所は、一つひとつの事件の重要性を確認しないまま、事務的に廃棄をしてしまっていたと思われる。年間二百件を超える裁判を一人で担当する個々の裁判官にとって、個別の事件に思いを持つことは不可能であろうし、むしろ個人にそれを求めるのではなく、組織としての裁判所が事件記録の持つ社会的意義を再認識する必要がある。その具体的な仕組みとして、専門職アーキビストを裁判所内に配置することも必要な施策である。

一般国民の常識と司法の常識の乖離を埋めるのが司法改革の大きな柱で、〇九年には裁判員裁判も始まった。その法廷の記録もまた、社会が共有することで、将来に生かすことができるはずの貴重な公文書であり公的記録だ。きちんと記録を保存し、後世に引き継ぐということこそが、過去から現在・未来へと紡がれていく「歴史」への責任を果たすことになる。二十一世紀に相応しい「開かれた司法」を、最高裁自らの手で切り拓くことが期待されている。

「なぜ」を疎《おろそ》かにする社会* *05.14/23*

日本政府も世界保健機関（ＷＨＯ）もパンデミックの収束を宣言し、見た目は「日常」が戻ってきたかのようだ。政権も社会も結果オーライで、日本のコロナ感染対策はよかったとの結論に落ち着こうとしている。最大理由は死者や重症者数の少なさだが、二〇二二年の超過死亡が前年より倍増するなど、まだまだ解明が必要なことも多い。しかも、検証の基礎となるべき公文書についても、コロナを「歴史的緊急事態」に指定し会議の記録を残すことを決めたにもかかわらず、学校の一斉休校を含め重要な政治決定があったとされる連絡会議などは対象外だったりする。

政府有識者会議の主要メンバーが「記録集」を発表しても、実質的な議論や意思決定が行われ

2023

たとされる専門家グループや非公式会合での議論の内容は、記録そのものが「ない」とされる。残念なのは、そうした研究者の将来予測を変わらず紹介し続けるのに、過去の「なぜ」にこだわる検証にメディアが積極的なようにみえないことだ。夜の街も酒類提供も、社会全体が「犯人捜し」に躍起になった結果、生まれた多くの「犠牲」を将来に生かすことが、報じたメディアに求められている。

まだまだ闇が多いこの三年間で、私たちが失ったものは大きい。政府は三回の緊急事態宣言と二回のまん延防止等重点措置のもと、「感染抑制」という名の私権制限策をとり続けた。その結果、時に法的根拠が曖昧なまま、移動や集会の自由、教育の機会、営業の自由は厳しい制限を受けた。さらに裁判の延期で裁判を受ける権利も、議会の傍聴禁止で立法への参加も強く制約を受けた。

しかも、制限する側はそれを当然視し、やむなく一時的に大切な市民的権利を預かるという謙抑的な姿勢は見えずじまいだった。感染拡大防止を理由とした無制約な個人情報の収集とビッグデータとしての活用が、プライバシーを大きく侵害していることも否定できない。社会は、それらを受け入れるばかりか、時により厳しい制約を求めることもあり、国はこうした状況を結果的にうまく利用していった。

こうした自由の侵食は、取材・報道の分野にも例外なく現れた。コロナ禍前から厳しい矢面に立っていた官邸内での記者会見のうち、首相会見は社数を限定しての「一社一人一回一問」という厳しい取材制限が続くことになり、多くの報道機関は首相に直接取材する機会を奪われた。また、幹事社という名の大手メディア中心の会見は、政府が追及されることを拒み、単なる一方的な広報の場になりがちだ。こうした事態は明白な市民の知る権利の侵害であるが、そうした危機感が一部の報道機関には決定的に欠けている。

メディアが市民と公権力の双方から挟撃にあう時、言論表現の自由は大きな制約を受けやすい。「正当な業務」として法的・社会慣習上認められてきた取材行為で、記者が逮捕・書類送検された北海道新聞や共同通信の事例にあって、たとえ取材側に「落ち度」があったとしても、うやむやのままの決着は結果として自由の範囲の縮減に繋がっている。ドローン取材に煩雑で長時間の申請手続きを求めることも、今国会で成立予定の撮影罪も、多くの報道機関にとっては他人事だ。「なぜ」を大切にしない社会は、いまの自由を手放すことに無頓着な社会だ。

「大衆的検閲」続く表現規制立法　*06.10/23*

一か月が経過したが、五月三日は「世界報道の自由の日（ワールド・プレス・フリーダム・デー）」だ。国連では、一年間に亡くなったジャーナリストを追悼し、取材・報道活動を称え世界報道自由賞の贈賞などの記念行事が行われる。

【報道の自由の日】

この日に合わせて国際機関が調査報告書を発表することが常だが、今年はそのなかで「世界中

2023

のジャーナリストが政府から前例のない攻撃を受けている」（国境なき記者団ＲＳＦ）と警告がなされている。同時に「フェイクニュースや嘘情報の結果として、報道機関に対する国民の敵意が高まっている」との指摘も重い。

もう一つのフリーダムハウスの「自由度」報告書では、世界の三分の一ずつが「自由」「一部不自由」「不自由」に分けられるとし、これを人口比でみると約半数が「不自由」国であるとともに、この比率が増加していると警告している。全体としては「民主主義国」が増えてきた一九九〇年代以降の大きな流れはある一方で、二〇〇〇年代に入ってから自由であると分類されている国でも不自由度が増しているとの分析もみられる。この傾向は、前者のＲＳＦ報道の自由度ランキングの順位が、ここ十年間で急降下している日本にも符合することになる。

では日本の場合、記者が突然殺されることも投獄されることもないにもかかわらず、なぜ自由度が下がり低位で固定化してるのかを確認しておく必要がある。そこには、忖度によるデモや集会などに対する締め付けや、報道現場における萎縮があるとされてきたが、こうした状況を作家・桐野夏生は「大衆的検閲」と呼び、危機感を示している（拙著『「くうき」が僕らを呑みこむ前に』理論社では、それをくうきと表した）。

社会を覆う重い空気感は、単に表現者の行為自体を押しとどめるだけでなく、こうした社会状況をうまく活用し、一層の法的社会的封じ込めを為政者の側が企図するとき、より一層事態は深刻化することになる。その分かりやすい例が新規立法化だ。

【「戦後」から一変】

二〇〇〇年代に入って以降、それまでの「戦後」とは一変し、新しい表現規制立法が次々と生まれてきている。武力攻撃事態対処法や国民保護法にみられる緊急事態法制がその代表例だが、特定秘密保護法や共謀罪の新設（組織犯罪処罰法）、盗聴法（通信傍受法）の対象緩和も、こうした国家安全保障や治安のためには、表現が制約されることが当然視されてきたことの表れだ。

この流れで、ドローン規制法による取材の制限や、土地利用規制法による周辺住民の思想調査も合法化されてきた。これらはもっぱら、二〇〇一年の米国・同時多発テロ以降の国家安全のためには私権の制限はやむを得ないという国際的な流れであり、日本ではさらに北朝鮮や中国の脅威が声高に語られる結果、規制が当然の空気感が生まれた結果でもある。

そして何より、一一年の東日本大震災の福島原発事故と、二〇年の新型コロナ感染症の蔓延によって、二つの「緊急事態宣言」が同時に発出される状況を迎え、移動・集会等の市民の自由や権利は強い制限を受けることになった。もちろん、それに伴い取材も大きな制約を受けることになったが、それらは「やむを得ない」こととして、社会的に甘受され元には戻らないものが少なからずある。

こうした社会の平穏のためには表現の自由の制約はやむを得ない、あるいは当然であるという考え方は広く社会に浸透し定着をするに至っている。その結果、ヘイトスピーチや誹謗中傷は当然に許されないものであるとしても、その法規制を何ら躊躇なく選択することが当然視され、制度化が進んでいる。二二年の侮辱罪の厳罰化もその一つだ。

2023

【「人権」より「国益」】

こうした流れは今国会でも続いているといえよう。直接的な表現規制立法ではないものの、「人権」に深く関わる法制度の新設であることに違いなく、それらが国会での審議も不十分なままに「国益」優先で生まれている。五月八日にコロナ感染症が五類に変更され街に活気が戻り、株価もリーマンショック以来の高値をつけるなど、社会の関心が明るい話題に向いていることも関係していよう。

五月十日には、性犯罪被害者らの保護を図るため、起訴状など刑事手続き全般で被害者の氏名・住所を匿名化できるようにする改正刑事訴訟法が成立した。これは事件取材の端緒を摘むもので、記者活動への影響が必至であろう。同月三十一日には、原発回帰を定めるGX（グリーン・トランスフォーメーション）脱炭素電源法が成立した。報道や社会的議論を抑える際の常套手段化している、複数の政府提出法案を束ねて一括審査するもので、電気事業法（電事法）、原子炉等規制法（炉規法）、原子力基本法、再生可能エネルギー特別措置法（FIT法）、再処理等拠出金法（再処理法）の五つの法律が一気に変わった。

六月に入ってからも、二日には改正共通番号（マイナンバー）法が成立した。マイナンバーカードと健康保険証の一体化や、マイナンバーの利用範囲の拡大が決まり、四月一日から施行された改正省令の施行とともに、マイナ保険証義務化が進むことになる。国連から厳しい勧告を受け前回に撤回された法案と大差ないとされる、難民の新たな強制送還ルールを定めた改正入管法も、国会内での審議が途中で打ち切られる形で成立した。個々の問題事例の指摘は報道でみられるものの、そもそもの制度の問題に踏み込むことは、社会全体が制度を許容している空気感のなかでいまひとつだ。

このほか、防衛予算増額の財源確保特措法（我が国の防衛力の抜本的な強化等のために必要な財源の確保に関する特別措置法）も成立するだろう。さらに、性的姿態撮影禁止法（撮影罪）も、全会派一致で衆院を通過した。こちらも、アスリートを対象としたスポーツ取材が制約を受ける可能性をいまだ否定できない。

昨二二年末以来の生成AI技術の広がりのなかで、AI社会の危うさとしてすでに、知らないうちに形成される空気や、それらによって無意識に誘導され煽動する可能性、さらには何となくモノが言えなくなる窮屈さの指摘がある。ポスト・フィルターバブルによる社会分断が進むなかで、AIがリアル社会を動かしかねない事態が予感されているということだ。

しかも、これらを為政者がうまく活用し、立法を進めたり行政上の活用を行ったりする可能性を否定できない。まずは「くうき」を疑うことから始めたい。

ジャーナリズムのやんちゃ性* *06.18/23*

大学で学生と接していると、メディアに「完璧さ」を求める声が強い。この「感情」は学生だけにとどまらず、社会全体を覆うメディア批判とも重なると思われる。その中身として主に三つが挙げられる。

第一は「無謬性《むびゅう》」だ。報道は絶対に間違いが許されないとの思い込みがある。例えば、週刊誌の憶測記事はもってのほかとされるが、果たしてそうか。全メディアが均質で同様の「確からしさ」を身にまとっていては、私たちの生活は味気ないものになるだろう。雑多な情報があってこそ豊かな情報空間が生まれる。

事実は一つだから、さまざまな報道があるのはおかしいとの声もよく聞く。しかし、ものの見方は多様で、同じ事象を見ても受け取り方は人によって異なる。こうした声を突き詰めると、メディアは一つあれば十分ということになりかねない。

受け手側はメディアの違いを理解し、情報を見分ける力を身に付ける必要があるし、ましてや公権力に「浄化」を求めるようなことがあってはならない。そもそも締め切りに迫られて報じるにあたり、完璧さを絶対条件にしては、記事や番組は出せないだろう。大切なのは、不確かなことを断定しない「誠実さ」や、とことん真実に迫ろうという真摯な「追求努力」があるかどうかだ。

第二は「品行方正」だ。プライバシーを侵害するなどもってのほか、記者は社会の迷惑にならないよう範を示す立ち振る舞いが必要というわけだ。それは、ある意味正しいものの、正当な取材行為が日常生活のルールと異なることはままある。とりわけ事件や事故に遭遇し、緊急性や非代替性がある際は形式的に法に反することがあり得る。何より取材で政治家や公務員から情報を聞き出す行為自体、形式的には情報漏洩をそそのかす行為にほかならない。

あえて言えば、みんなが聖人君子のように振る舞えば、私たちの知る権利は満たされないことになる。しかし、今の学生には、そこまで無理しなくていいのではないかとの気持ちが強い。必要以上に行儀のよさが強調される社会は息苦しく、多様性を失うことにならないか。

第三は「中立性」だ。主張することは良くない、報道は常に不偏不党であるべきだとの判断基準は、時に政府が言っていることは正しいはずで、否定するのはおかしいとの思いに繋がる。いわゆる偏向批判ということだ。もちろんジャーナリズムが党派性を帯び、政治的、社会的対立をあおることに精を出してしまっては、分断が進み、報道機関の重要な機能である議題設定も、社会的合意を生み出すこともできなくなる。

だが、日本の報道機関は客観中立をうたいつつ、取材先と協調的な関係をつくる中で情報を入手してきた結果、メディアと政治の距離の近さが問題になった。一方、市民運動や住民運動に肩入れすることは、運動と一体化することで許されないと評価されてきた。しかし、社会の弱い立場に寄り添い、小さな声を拾う作業こそが「公正さ」の発露であるはずだ。そもそも課題解決のためにも一歩踏み込んだ「主張」が必要な場合は多いだろう。

もちろん、やんちゃが過ぎると世の中から嫌われるし、ジャーナリストとして最も大切な信頼性が失われるため、十分な注意と節度が必要なことは言うまでもない。

2023

被害者取材・報道　*07.08/23*

六月発生の大学生殺害事件に際し、遺族からコメントが発表された。「誤った情報がまことしやかに報道されていること／悪意のある情報操作／私たちの住まいはもちろんのこと　さなの祖父宅にまで押しかける報道陣のモラルのなさ／この全てのことに疑問悲しみ憤りがあります」（原文ママ）との悲痛な叫びだ。なぜ、変わらないのか――事件・事故が起こるたび、報道批判が巻き起こる。その結果、メディアの信頼性は低下し、ジャーナリズムあるいはジャーナリストに対する社会的な地位も下落、市民からのリスペクトは薄まっていく。それは、社会にとってどのような意味を持つのか。

【端緒は犯人視】

メディア批判の系譜は別表のようにまとめることができよう。一九七〇年代から表面化するようになった批判の対象は当初、もっぱら事件・事故報道だった。最初の紙上裁判《ペーパー・トライアル》は、新聞がまだ社会的影響力が強いマスメディアだった時代のことであるが、被疑者の犯人視報道が主として刑事弁護をする法曹関係者から問題提起された

メディア批判の変遷

年代	対メディア感情	象徴的なワード
1970	疑問	紙上裁判
1980	批判	報道と人権
1990	不信	報道被害者
2000	否定	マスゴミ
2010	不要	フェイクニュース　オワコン
2020	排斥（無視）	生成 AI？

ものだ。

八〇年代に入ると、『フォーカス』をはじめとする3FETと呼ばれる写真週刊誌が登場、ほぼ時期を同じくして小型テレビカメラの開発や中継技術の向上により、まさにテレビが「現場」に入る時代になった。記者会見場にも事件や事故の現場にも、スチールだけではなくムービーカメラの放列が生まれる時代の始まりだ。そうしたなかでの激しい取材合戦の結果、従来とは質量ともに異なるスキャンダル報道が発生する。

その結果、基本的人権の中核的権利であったはずの報道の自由が、人権と対抗的な関係として捉えられるようになった。報道界も対応策をとることを迫られ、それまでの被疑者呼び捨て報道を改め「容疑者」呼称をつけたり、新聞各社が外部有識者によって構成される紙面審査会を新設することになる。また出版界でも雑誌人権ボックスを設置、苦情相談窓口を置くことになった。しかし一方で、無罪推定原則は刑事法の原理で報道には適用されないと主張するなど、社会との溝は存在したままだった。

いったん沈静化したようにみえた事件報道であったが、オウム真理教事件などを契機に九〇年代には政治問題化し、法規制の動きもあった。これらに対し報道界は過熱集中取材向けにメディアスクラム対応、放送についでは現在のBPO放送倫理・番組向上機構を設置、人権侵害の救済と防止に関し目に見える対策を打ち出していった。戦後すぐにできた新聞倫理綱領が、現代的状況に合わせて全面改訂もされた。

【情報の多様化】

しかしいったん崩れたメディアへの信頼性はその後、さらに崩壊を続けることになる。とりわけ二〇〇〇年代に入りインターネットが定着、情報の入手も発信も多様化する中で、いわば情報を「独占」してきた既存マスメディアへの風当たりはますます強まることになる。その流れは、一〇年代になってSNSが広がり、情報量が飛躍的に増大することと反比例して、フィルターバブルと称されるような、接する情報が狭まり偏在するような情報環境を生むことになる。

実際はアルゴリズム等で見えざる情報コントロールを受けつつも、逆に見える形での価値づけを行う新聞やテレビといったマスメディアを忌み嫌う状況が、より一層強まっているのが現在進行形の話だ。さらに、新聞やテレビに日常的に接していない層で、偏向批判をはじめとするマスメディア害悪論が広がる傾向が強いとされる。

そうしたなかで、古典的な実名報道批判に加え、被害者の実名を始めとするプライバシーを報ずることに対する嫌悪感が広がってきている。これは、二〇〇〇年代に入ってからの被害者保護法制も含めた環境整備と、人権意識の高まりのなかで必然的に進んできたといえる。それまで、なおざりにされてきた存在であっただけに、ようやく社会の制度が追いついてきた結果でもある。しかし同時に、こうした実名に対する強い忌避感は、社会全体を匿名社会化し、責任が曖昧になったり事実が水面下に隠れ、正義が実現しづらい事態にも繋がっている。

さらに、報ずる側の「努力不足」も上乗せされていよう。二〇〇〇年ごろまで、報道界は見える形での改善策を打ち出してきたものの、それ以降で被害者の人権を守るための施策としてどのようなものがあろうか。一方で、紙面や番組での「匿名」はどんどん進む状況だ。たとえば冒頭の大学生殺害事件においても、警察から「リーク」される情報は、もっぱら捜査関係者という言葉で括《くく》られるし、友人の証言は例外なく匿名だ。あえて厳しく言えば、発言に全く責任を取らなくてよい情報で世の中が溢れかえっているわけである。

先にあえてリークと書いたが、実際には取材先との厚い信頼関係の下で、ようやく情報を入手し報道に至っている事実があると推察する。公務員としての守秘義務に反し、いわば形式的な違法行為を犯してまで情報を伝えようとしている警察と、聞き出すための努力を惜しまない記者との関係性は理解はできる。

【見える化の努力】

しかし実態として、警察が自身に不利な情報を出すことは考えづらい。その結果、警察に落ち度はなく犯罪に巻き込まれたのは本人・家族の対応のせいという構図が作られる可能性を否定できない。そうした情報の偏りを補うのが、周辺情報の聞き込みであったりするわけで、こうしたいわゆるローラー作戦的な関係者や周辺住民への聞き込みは、事件が起こるたびに批判の対象であるものの、圧倒的な情報量を有する警察に対抗して、事実に迫るための手段としてなお有効だ。

ただし問題はその時のメディアの姿勢である。被害者の過去を暴くかの如くの覗き見の気持ちを封印し、警察の情報隠蔽を見破るための情報収集であるとの立ち位置を明確にする必要がある。同時に、メディアの信頼性を高めるために、伝える側の「悩み」も含めた見える化の努力が足りないことも確かだ。そして、これらを裏打ちするのが名前を含め事実にこだわる報道であろう。

捜査情報も住民証言も情報元を明示する姿勢を徹底してこそ、被害当事者が世間に知られたくないことであっても、社会に伝える公共性や公益性が明らかに優先するとして、あえて報じるジャーナリズムの社会的役割が理解されるのだと思う。実名報道を主張する報道機関自らが、率先して匿名化を選択している矛盾や欺瞞を、読者・視聴者は見抜いているといえるのではないか。送り手と受け手の間にしっかりした信頼感があれば、被害者とりわけ遺族も、犠牲者の存在を記録し、事件・事故を解明するジャーナリズムの活動を支持してくれるはずだ。

遠い戦争　近い戦争* *07.23/23*

先の大戦を巡って毎年多くの追悼式・慰霊式が行われるが、このうち首相が参列し式辞を読む国家的行事が六月二十三日、八月六日、九日、十五日にある。いずれも戦争の犠牲者をしのび、平和の思いを新たにするものだ。あいさつ文が定型的で気持ちがこもっていないなどの批判があろうとも、今日の日本社会における国のかたちの原点が第二次世界大戦の反省に立つことを表していることに間違いはなかろう。

開催地以外のテレビや新聞の報道は、式典の様子を淡々と伝える定例的なものともいえる。この一年半に遠い国での戦争報道が日常化したのに反比例するように身近なはずの戦争体験は希薄化し、加害や被害の歴史を伝える記事や番組が記念日報道や八月ジャーナリズムと揶揄《やゆ》され、報道現場でも疎まれる状況にある。

戦争体験者が数少なくなり、伝承も非体験者から非体験者が当たり前になっている今、式典に対する関心も薄まっており、いつ公の主催でなくなるともわからない。あるいは積極的に戦争に関与する「普通の国」を目指す中で、あえて負の体験をクローズアップすることを嫌がる政治家が出てきてもおかしくない。実際、二三年が百年を迎える関東大震災時の朝鮮人虐殺の事実さえも、歴史の上書きが現在進行形で進んでいる。大きなきっかけは、事件現場の首長である東京都知事が追悼文を送らないという不作為である。

さらにいえば、沖縄・広島・長崎に匹敵する十万人以上が犠牲となった東京大空襲の記憶と記録も、積極的な伝承の手当てをあえてしないことで、自然に消えていくことを待っているかのようだ。こうした「消極的な加担」が、声高な「積極的な扇動」により大きな力を与えている。

もちろん、流れにさおさすような動きばかりでなく抗う力もある。戦争体験者の遺族から、譲り受けた遺品の寄贈が増えているという。一部の自治体や市民運動でも資料収集などが活発化しているし、広島の原爆ドームや資料館のような戦争遺跡やアーカイブズの存在は、記憶が常に呼び起こされ、伝承活動の起点にもなりやすい。

沖縄のひめゆり平和祈念資料館の説明員や、平和の礎《いしじ》での平和ガイドのように、体験者のインタビュー映像や残された具体的な言葉を忠実に紹介することで、人となりを追体験し惨劇を伝えることに成功している事例もある。筆者が勤める大学には正規授業で現地実習「沖縄ジャーナリ

2023

ズム論」があり、毎年、学生と一緒に話をうかがう機会を持っているが、若い世代に確実に言葉が紡がれていることをはた目で実感する。

戦争体験も顔見知りが多いような狭い地域であるほど表に出づらい。沖縄でも日本軍への協力、慰安所の設置、集団自決の惨状など、口をつぐんできた事実を知る術《すべ》が日一日と少なくなっている。しかも、教育現場で近現代史は高校まで十分に扱われない上、受験科目でないと日本史の勉強もおろそかになりがちだ。

だからこそ教科書の一項目としてではなく、そこで失われた個々の命に思いをはせ、社会的、政治的背景も含めて多層的に学ぶ機会として、身近な戦争は格好な題材である。定型的な式典であっても、過去を見つめ現在を自覚し将来に生かすための貴重なきっかけとして、きちんと継承し報じていくことが大切だ。

記者会見の意味　*08.12/23*

インターネット社会の中で、政府も企業も国民・消費者に対し直接、情報発信することが一般化している。市民も、自分が社会に訴えたいことを、報道機関に伝えてもらうだけでなく、SNSに投稿することも当たり前だ。「マス」の衰退がいわれる中、むしろこうした直接発信が力を持ってきている。

もちろんこれ自体、自由な表現活動であって何ら問題がないばかりか、受け手である一般市民にとってもより多くの情報が手軽に入手できるメリットは大きい。ただしこうした発信形態の変化が情報コントロールの新たな手段となってしまっては、取材の自由を奪い受け手のアクセス権を損なうことになり逆効果だ。しかし実際は、「記者会見」を巡って深刻な問題が生じている。

【提訴会見を提訴】

その一つは、裁判を始める時の提訴会見で起きている。訴訟を起こされたことを快く思わない被告側が、裁判を起こした者（原告）、代理人である弁護士、報じたメディアや記者個人を、名誉毀損で逆に訴えるのだ。過去にも、解雇された者や労働組合の不当性を訴えたビラや示威行動（例えば、社長宅前での抗議活動）が、名誉毀損や侮辱に当たるとして訴えられ、大衆表現に対する封じ込めだとして問題になっていた。

その発展系ともいえるのが、社内でのパワハラを裁判に訴えた際に記者会見を行った場合、その内容が名誉毀損に当たるなどとして訴えられる事例だ。もちろん、提訴の事実（裁判所に提出した書状の中身）を伝える分には問題ないわけだが、当事者としてどうしても訴訟に関係する周辺事情や裁判に至る思いを吐露する場合がある。むしろ、取材する記者はそれを聞くことで、事件の全体像をより深く理解することにもなるわけだ。

しかし裁判所は、もともとの裁判で争っているパワハラの事実関係が認められなかった場合などではとりわけ、会見時発言についても真実であることが立証されていないとして名誉毀損を認めることが少なくない。さらには、同席した弁護士にも同様の賠償責任を負わせる事案も出ているとされる。この裁判所の判断の前提は、記者会見もネット書き込みも同じレベルの表現活動と認識し、みんなの前で社会的評価を低下させる行為として名誉毀損を認めるという構図だ。しかしこれはジャーナリズム活動を否定することに繋がる。

【スラップ訴訟】

あくまでも報道機関は、取材内容をチェックして真実にたり得ると判断した結果をもって報道するのであって、会見内容をそのまま報じているわけではないからだ。フェイズは異なるが、警察や検察が記者発表と報道を同列と考えて、報道を抑えるために発表をしない、という最近の行政機関の傾向とも似ているものがある。こうした特定の側の情報の蛇口をしめる行為は、結果として偏った情報だけが社会に流布されることになりかねない。

しかも、報じるメディアを訴えることは、いわゆるスラップ訴訟と呼ばれる嫌がらせ行為そのものにもなりうる（SLAPPの語源は平手打ち）。一般に報道をした当該メディアは、その事案に問題意識を持っていることがうかがわれ、被告からしてみると問題視されること自体を避けたいという感情が芽生えるのは不思議ではない。だからといって、口封じともいえる恫喝が許されてよいはずはない。

とりわけフリーのジャーナリストや規模が大きくないメディアにとっては、訴訟を起こされることは時間や労力をとられ、さらには経費もかさむことから取材報道活動の大きな支障となり死活問題だ。さらに、こうして訴えられることは「伝播」する。本人も将来の取材活動を抑えざるを得ないかもしれないし、ほかのジャーナリストも筆を抑えることがないとは言えない、いわゆる忖度や萎縮が生まれるということだ。裁判所も、意図的な嫌がらせ訴訟については一定の歯止めをかけるに至ってはいるものの、同種の訴訟が後を絶たないのが実態だ。

もちろん、弁護士代理人も同じで、こんな面倒くさいことになるなら会見を開くのはやめようと思うのが人間の性《さが》であろうし、これがきっかけとなって懲戒請求が起こされ職を失う危険と直面することになる。すでに民事訴訟法の改正で裁判資料をむやみに記者に見せることもできない状況の中で、さらに会見をすることで、わざわざリスクを負いたくないと思うのは自然だ。しかしそれは市民社会が裁判の実相を知る機会を一つ減らすことでもある。

【オウンドメディア】

一見、自由の拡大にみえる自社メディアによる直接情報発信をよしとする風潮も、これと通じるものがある。企業であれば従来は、宣伝は主としてマス媒体を使ってお金をかけて自社のサービスや商品をPRする行為を指し、広報は記者会見やプレスリリースという文書形式で、これまた主としてマス媒体に報道してほしい内容を公式発表することが常だった。しかしいまや、これら双方の機能を兼ね備えた形で、企業がネット上でオウンドメディアと呼ばれたりする独自のメディア展開をすることが珍しくない。

結果として企業としては、より迅速に自分たちが言いたいことを、ストレートにユーザーに届けることができるわけで、悪い話であるはずはない。受け手の側も、場合によっては企業の本音が聞けたりして、距離感も縮まり入手できる情報量も増えるなどよいことずくめにみえる。

しかしこうした「会見飛ばし」ともいうべき状況は、質疑応答によって異なる見え方を確認し、多面的な報道に繋げるという機会を奪い、発信者側の一方的な解釈による情報のみが流れやすい情報環境を生む。とりわけ政府や大企業は、聞かれたくないことも含め質問を受け答える社会的義務がある。さらにいえば、記者会見とは社会に対する開かれた窓であって、弱い立場の者が隠された社会課題を多くの人に関心を持ってもらうきっかけにもなりうる。

こうしたジャーナリズム活動をスキップした情報の流れは、結果として送り手にとって好ましい情報だけが世の中を席巻することに繋がりかねず、それはフィルターバブルと呼ばれた自分にとって心地よい情報のみに囲まれることに馴れたSNS時代の特性にも通ずる。しかしジャーナリズムとは、報じられる側にとって「都合の悪い情報」を報ずることに価値がある。情報提供の自由が確保され、私たちにとって知識や情報を受け求め伝えるための権利が保障されている場が、社会に確保されていることが大切だ。

報道機関の「戦う覚悟」* 08.27/23

八月八日に台湾を訪れた自民党副総裁の「戦う覚悟です」発言が話題になった。七月二十八日には、那覇市内で開かれた防衛セミナーの席上で、陸上自衛隊の制服組トップだった元幕僚長が「国民一体となって戦う姿勢を示す」と述べた。「国民一人一人が、それぞれの持ち場で戦って国を守る。担い手は自衛隊だけではない。軍だけでは国は守れないんです」とし、担い手の一つに公共機関を挙げたと報じられた。呼応するように沖縄県内では、自衛隊の公道訓練が実施され、堅牢なシェルターの建設が始まろうとしている。新聞やテレビの上での有事ではなく、戦争が目の前に突き出される状況だ。

首相はじめ政治家の会見でも「国民」が多用される。その国民には自分自身は含まれているのだろうか。自分がマイナンバー被害にも遭わないし、戦地に赴くこともないことを前提にしているがために、簡単におわびをしたり、戦うと言えたりするのではないか。さらに自国を「わが国」と称することで、身内意識や内と外の区別が明確化され、わが国の防衛というときには、いっそう敵味方を強調することになろう。

わが国の国民が一丸になって戦う――。勇ましい言葉の裏には、情報は統制され政府にとって都合の悪い報道は許されないということがある。二〇〇四年、イラクへの自衛隊派遣に際し当時の防衛庁と報道界は報道協定を結び、隊員の生命・安全を損なう取材・報道をやめた。撤退時や以前の湾岸戦争でもやはり取材拒否等が起きている。さらに東日本大震災でも、政府はメディアに対し文書で正しい情報の伝達を求めた。

国民保護法の定めによれば報道機関は「指定公共機関」であって、先の国を守る担い手の一つという位置づけだ。この制度は、緊急事態において首相や首長のもとで協力が要請される組織・

団体を、あらかじめ指定しておく。伊勢湾台風を契機に作られた災害対策基本法で設けられ、地震関連の特措法に始まり、原発事故や感染症のパンデミック（世界的大流行）への対処法、有事法制など緊急事態が想定される法制度の下で設けられるに至っている。新聞が入る場合もあるが、そのほとんどはテレビ等の放送局が対象だ。有事において、警報・避難指示等の放送や、「国民の保護のための措置の実施に関し必要な要請」への対応が求められる。情報収集への協力や、明文規定はないものの人員や資材の提供が求められる可能性も否定できない。

こうした「戦争協力」義務に報道機関が懸念を抱くのは当然で、〇五年の保護法に基づく県指定にあたり、沖縄の放送局は国内で唯一、拒んだ。最終的には県知事の文書回答をもって受理したものの、昨今のドローン規制法などによる取材制限の実態を考えても、当時の報道の自由への抽象的な危惧はより具体的な危険性として高まっている。加えて、コロナ禍で私権の制限に社会全体が寛容になり、隣国からの攻撃に対する漫然とした不安感も自由や権利の規制を後押ししている。

報道機関が取材や報道の独立性を担保すべきだとの声がかき消され、非国民とのそしりを受けても不思議ではない状況にあろう。沖縄メディアが積極的に「沖縄と自衛隊」の関係を問い続ける中で、私たちが有事を沖縄問題化することは、再度「捨て石」とすることに通じる。

記者会見の政治利用　09.09/23

地方自治体の首長パフォーマンスが目立つ時代だ。一月には馳浩・石川県知事が県政を扱った地元放送局の映画の内容をきっかけに、記者会見に当該社の社長の出席を求めたり、定例の記者会見を取りやめたりする事態となった。七月には広島県安芸高田市の石丸伸二市長が会見で地元新聞社を詰問することも起きている。いわば、会見の場を自身の主張を一方的に開陳する（できる）場であると理解し、政敵と認定したメディアを攻撃する機会と捉えているようにみえる。

これまで沖縄県内でも政治家や政党が、記事内容に抗議をするとともに当該社の取材を拒否したりすることはあったし、関西でも首長がメディアに対し逆質問をして、やり込めることが常習化する状況が起きて久しい。東京では政党がとりわけ選挙時に、政治的公平さを求めて放送番組内容に干渉したり、出演を取りやめたりするなどの取材・報道妨害を行うことは珍しくなかった。

しかし、公式な記者会見を自らのパフォーマンスのために利用することは、かつての「大本営発表」にも通じるものであって明らかに問題がある。ただし残念なことにネット上では「威勢がよい首長」を支持する声の方がむしろ大きいといえ、それに政治家の側が後押しされ、ますます勢いを増しているようだ。

【主催者は誰か】

最初に確認する必要があるのが、記者会見の位置付けである。基本構造は、公権力（公的機関）が市民・有権者に対しアカウンタビリティー（説明責任）を果たすための場で、読者・視聴者を代表する記者が市民の知る権利を代行する形で会見の場に臨んでいるというものだ。報道団体で

2023

ある日本新聞協会も、二〇〇二年見解で「公的機関が主催する会見を一律に否定するものではないが、運営などが公的機関の一方的判断によって左右されてしまう危険性をはらんでいます。その意味で、記者会見を記者クラブが主催するのは重要なことです」としている。

閉鎖性や非公開性、権力側との癒着など、厳しい批判の対象である「記者クラブ」の存在を前提とした議論に、違和感のある向きもあろう。ただし、対公権力との関係で圧倒的に弱い立場にある報道機関が、互角に対峙するための制度的な工夫として、ここでは考えておきたい。あくまでもポイントは、会見は取材先である公権力側と報道側との間の、対等な緊張関係のもとで行われるものでなくてはならないという点だ。

以前の九七年見解では、公的機関の記者クラブがかかわる記者会見について、「原則としてクラブ側が主催する」としていたものを、新見解では、ネット社会到来という時代状況等を踏まえ公的機関が主催する記者会見を一律に否定しないことに変更した。しかしその解説では、「当局側出席者、時期、場所、時間、回数など会見の運営に主導的にかかわり、情報公開を働きかける記者クラブの存在理由を具体的な形で内外に示す必要がある」と指摘している。

【悪しき慣習】

本来は、会見の場で政治家が一方的に自説を開陳し、質問を受け付けないとか、特定の記者（社）の出席を拒否したり質問を認めなかったりするという行為は許されるものではない。ただし残念ながら実態は、会見を実質的に政治家の側が仕切る状況が一般化している。たとえば首相の官邸会見はその典型例で、出席者の数や顔ぶれに始まり、司会を官邸が行い、事前に質問を提出させ、それに従って質問者を指名し、さらに追加質問は認めないという運用がなされている。公権力側が一方的かつ圧倒的な主導権をもって実施している実態は、最低でも「主催権は両者で共有する」が、完全に崩壊していることを示している。

そうした悪しき慣習が当然視され、地方自治体レベルの会見においても我が物顔の首長が登場することになっている。その延長線上で、「説明責任」は公権力側にあるにもかかわらず、報道側に、批判するなら理由を面と向かってこの場で言えなどと、会見の場で「報道機関の説明責任」を求めるという、逆転した事態が生まれてしまっているわけだ。

もちろん報道機関も、紙面や番組等で問題を指摘する場合に、きちんとした理由を述べることが求められるが、それは読者・視聴者に対する責任であって、政治家に対してではない。弁が立つ政治家は、会見の場で記者をやり込めることで、自分の主張を正当化しがちだが、こうした「画」を利用し有権者へのアピール効果を狙うような会見の使い方は間違っている。

少し異なる文脈だが、放送法で定められた政治的公平さの政府解釈で、公平かどうかを判断するのは政府であるとしているが、これも放送局に、違法でないことを公権力に対して説明する責任を負わせるという意味で、通底する考え方である。一般的な学説では倫理規定であるとされており、法が求めているのは「視聴者に対する約束事」であって、放送局の説明義務は公権力ではなく市民に対してのものだ。

2023

【報道機関の課題】

同様に、近年は国会答弁のなかで首相が、「私にも言論の自由がある」と言う時代ではあるが、会見パフォーマンスを行う首長も、それが自身の表現の自由の行使であると思っている節がある。しかし表現の自由は市民の権利であって、政府はあくまでもそれを保障する役割であって、個人と同じ意味での表現の自由は、政府にはない。

もちろん、公務員である教師が教授の自由として、講義で自説を述べることにはじまり、政府がワクチン接種を奨励する広報を行ったり、原発推進の政策メッセージを発信したりするような、「政府言論」は存在する。ただしこれらも無制約に認められているわけではない。政府や政治家が、中継（とりわけネット生配信）でする表現行為は、憲法で保障されている自由な表現行為とは似て非なるものであるということだ。

したがって報道機関は、会見の場面で首長に応答する義務はないし、もし説明するのであれば自身の媒体で、市民向けに説明することになる。とりわけ今日において、報道機関自身にも「見える化」が求められており、取材過程の可視化は課題だ。政治家に対してきちんと対峙し、市民代表として真っ当な質問で真実性の追及をしているか、事件・事故の取材で市民に対して横柄な態度をとっていないかなど、社会から見られていることを十二分に意識し、個々のジャーナリストが、その社会的責任を果たす必要がある。

報道過程の可視化としては、記者の名前を表記すること（署名記事）や、顔写真を掲載することなどが行われてきている。これらは新聞と読者との距離を縮めるための方策でもあるが、これも報道機関の説明責任の取り方の一つであり、まさに信頼関係の醸成のためといえるだろう。

会見における政治家のパフォーマンスを許しているのは、一般市民のネット上の喝采であろうが、もし報道機関の首長に対する遠慮があるとしたら、それは読者・視聴者の期待を裏切ることだ。あるいは会見に同席するライバル社への〝いじめ〟に対して見て見ぬふりをする報道機関に、知る権利の代行者を語る資格はなかろう。

ニュースの価値　*10.14/23*

世の中には「ニュース」が溢れている。人によってその関心は、イスラエル・パレスチナ衝突だったり、ジャニーズ性加害問題だったり、はたまた藤井聡太八冠だったりとそれぞれだが、森羅万象の出来事を誰かが取材し報じることで、私たちはその事実を知ることができるわけだ。そうした報道活動を組織的に行っている中核的存在が言論報道機関で、いまでも新聞や放送、あるいは出版が中心的な役割を担っている。

ただし、実際にどういう手段で私たちが報じられたニュースに接しているかといえば、琉球新報読者であれば新聞が中心かもしれないが、若年層では圧倒的にスマホの中のSNSを通じてということになる。そこで世の中一般に、「ニュースメディア」といった場合は、伝統的な新聞やテレビのみならず、Yahoo!やLINEといったニュースコンテンツを扱うポータルサイトやアプリが大きな地位を占める現状がある。

そうした中で、偶然揃った三つのニュースメディアの将来を占う報告書は、極めて興味深いものだ。

【アグリゲーター】

最初に紹介すべきは公正取引委員会が九月二十一日公表した「ニュースコンテンツ配信分野に関する実態調査報告書」だ。言うまでもないことだが、ニュースポータルサイトが直接取材をしてニュースを生成しているわけではなく、そのほぼすべては報道機関の記事の二次的配信だ。もちろん、その報道機関のニュースも、直接取材をしたものではなく、「こたつ記事」と揶揄されるようなテレビのコメンテーターの発言をまとめたものであったりして、「報道」という言葉がもつ意味合いが大きく変わってきている。

しかしそうした記事も含め、サイトが安い契約料（公取委は許諾料と呼ぶ）で記事を買い、それを自社サイトでコンテンツとして流すことで広告収入を得て高い収益を上げるという構造が出来上がってきた。いわば、大きな取材費をかけて集めた情報が、ニュースポータルサイトに安価に吸収され、さらにその結果、新聞や放送離れを引き起こして自分の首を絞めるという悪循環が、ここ二十年以上続いてきたことになる。

しかもニュースを集め配信するサイトの寡占化が進んでいて、インターネット上であればYahoo!が、SNS上であればLINEが大きなアクセス数を稼ぐ状況にあり、自然の摂理としてこうした記事を集めて売るニュースアグリゲーターは、社会的にも大きな存在に成長してきた。

それはまた、売る側の報道機関より買う側のポータルサイトが力関係のうえで強い状況を生み出し、報道機関の側からみると搾取されている状況が生まれているわけだ。

【優越的地位】

この状況は日本のみならず世界的潮流で、ネット情報は「タダ」という常識が定着し、そうした社会的認識がさらに報道機関がニュースを読者や視聴者に買ってもらうことを困難な状況を加速させてきた。一九九〇年代に、報道機関自らが「小銭稼ぎ」としてこうした下地を作ってしまったばかりに、二〇一〇年代に入ってネット情報の有料化を目指しても商業的にうまくいかず、多くの報道機関は衰退の一途を辿っているわけだ。

そうした中で公取委は、現行の商慣習に一定のメスを入れ、ニュースポータルサイトが「優越的地位」を利用して報道機関の記事を安く買い叩いているのではないかとの指摘を行ったわけだ。すでに海外でも、Googleの記事買い取り額の引き上げが発表されたりと、とりわけ民主主義社会における報道機関の存続を念頭に置いた政策変更や商慣習の改善が相次いでいる中、日本でもその具体的な機運が芽生えたということといえよう。報道界のまとまり具合にもよるが、契約料金の引き上げ、サイト内におけるニュースの見せ方などにおいて、一定の変化をもたらすに違いない。

【スマホ完結型】

しかしより深刻な問題は、報道機関にとってこうした改善が束の間の休息にすぎない可能性だ。

2023

その危機的状況を示すのが、二つ目に紹介する英ロイタージャーナリズム研究所から発表された「ロイター・デジタルニュースリポート２０２３」である。四十六の国・地域比較のデータの中で特に目を引くのが、日本のニュース接触の特異な状況だ。北欧諸国ではオンライン上でニュースに触れる方法として圧倒的に「直接」が多いのに対し、日本では「ニュースアグリゲーター」が六五％を超える。その傾向は特に若年層で明らかだ。

またコメントなどの能動的な参加という点でも、日本は飛び抜けて低い数字を表していて一桁台である。そうした参加度合いとも関係していようが、オンラインニュースに過去一年間でお金を払った人の割合も、日本は最低ランクで一桁台、平均の一七％から大きく下回る結果である。そうした中で、ニュースへの関心度が、ドイツ、オーストラリア、韓国などで安定しているのに対し、フランス、アメリカ、イギリスなどで軒並みこの十年で二十ポイント近く低下するなど、多くの国で危機的な状況にある中、日本はそもそも最初から低レベルであったうえに、さらにその低下傾向に歯止めがかかっていない状況だ。

こうした状況の底辺には、これまた日本の特徴として浮かび上がってくる圧倒的なスマホ依存がある。多くの国ではそれ以外のインターネットデバイスが接触方法として挙げられる中、日本ではニュースに限らず、主たる情報接触の手段がスマホであることは、肌感覚としても納得するところである。こうした状況を総合的に勘案するならば、日本の場合はそもそものニュース離れや、スマホ完結型の情報摂取環境をどう変えることができるかが、大きな鍵ともいえる。

【ＮＨＫの動向】

そこで気になるのが三つ目に紹介する、総務省の有識者検討会が八月五日に公表した「デジタル時代における放送の将来像と制度の在り方に関する取りまとめ」だ。日本最大の言論報道機関であるＮＨＫがネットに本格進出することを認める内容で、パブリックコメントも実施され近く法改正がなされる予定だ。ニュースサイトとしてどう振る舞うのかは、今後の日本社会のニュースの見せ方や情報環境に大きな影響を与えかねない。

いま、世の中では八割の人が受信料という名称で番組すなわち情報や知識へのアクセスにお金を払っている。それは日本最大のニュースサブスクを意味し、対象をネットに拡大してニュースポータルサイトとして視聴料徴収をするのであれば、それはＮＨＫ単独ではなくて総合ニュース配信サイトとしての形をとることも選択肢の一つであろう。ボーダーレスのネットの世界の中で言語バリアーが依然高い日本の報道界において、日本独自モデルのニュースの伝え方かもしれない。ＮＨＫ事業拡大を単に民業圧迫と捉えるのではない、発想転換によるニュースの再生が求められている。

〈当たり前〉を超える* *10.01/23*

女性重視・派閥均衡内閣だそうだ。閣僚の四分の一が女性であることを過去最高と持ち上げた時点で、ジェンダーバランスの解決はおぼつかない。性別にかかわらず、党要職も含め世襲議員が占める比率が高いのも相変わらずだ。こうして政治家が選挙ありきで動いていることを当然視した報道があり、それを知ったかぶりで解説する政局ジャーナリストをもてはやすテレビ番組や人事中心の紙面作りが、「政治は政局」の誤った空気感を作っている。国を代表する内閣は男女同数が当然だし、票読みではなく国民の心に目配りできる政治でなくてはならないことを、報道機関は忘れてはいないか。

そのテレビは、タレント事務所の性加害問題でも様子見どころか、いち早くタレント継続起用を打ち出し、人権ではなく視聴率を重視したようにみられている。商業放送企業体としてスポンサー次第である一方、報道機関としての姿勢をいち早く社会に示すことが求められていよう。かつてメディア・タブーは、菊（皇室）鶴（創価学会）星（米軍）と言われた時代があった。その後、電通や広告主がその座を占め、近年は西の吉本興業・東のジャニーズと称される時代が続いていた。主要放送局はいまだその呪縛にあることを、いみじくも表すことになっている。業界だけの当たり前を抜け出す機会を、自ら摘んでいるといえるだろう。

うわさでは知っていました――。ジャニーズ性加害問題での関係者の言い訳である。見当りません――。関東大震災での朝鮮人虐殺を事実上否定する政治家の言い訳で、こちらは政府の常套句だ。先日訪れた沖縄・宮古島でも、戦中の日本軍用の慰安所の存在を、証言は正式な記録ではないとして歴史の否定が続いている。事実かどうかは確認できなかったといい続けること、たとえあったとしても個人のしたことで組織の問題ではないといいくるめることで、そのうちあったかどうか諸説あるとされ、結果的に歴史は消去され上書きされていくことになる。

「書かない大記者」は政治の世界にもエンタメの世界にもいる。コロナ禍の外出自粛期間中に検事とマージャンをしたことが問題視されたが、ジャニーズ担当記者も犯罪の隠蔽も含め事務所と一体化してきた過去とどう向き合うかが問われている。

八月末に総務省から「デジタル時代における放送の将来像と制度の在り方に関する取りまとめ（第二次）」が公表され、パブリックコメントも実施された。会では、全国あまねく番組を届けるためには電波以外にネットも活用することなどが議論されたが、焦点はもっぱら、NHKが従来の放送とともにネット上で情報を流すことを本来の仕事として認めることにあった。しかし残念ながら、NHKが目指すインターネット「公共メディア」がどういうものかは分からずじまい。今の時代、ネットで情報を流すのは当たり前でしょ、ということだけが先行して、ジャーナリズムの基本である「なぜ」が問われることはなかった。

社会全体を覆う「当たり前」をいったん横に置き、そもそもなぜそうしなくてはいけないのか、目の前の常識を疑い否定することがあってはじめて、伝統的なニュースメディアの価値が改めて見直されることになるだろう。今がその覚醒のチャンスではないか。

ジャーナリストの仕事　*11.11/23*

プロフェッショナルの仕事はカッコよくて憧れの対象だ。テレビ番組でも、その種の番組が人

2023

気を博している。その中には「資格」を有するものもあれば、いわゆるギルド（専門職能集団）を形成して、その技能を受け継いでいるものも少なくない。後者の典型例は歌舞伎や落語といった伝統芸能だ。前者には図書館司書や博物館学芸員があり、国家資格が付与され、その資格を持つ者の勤務が法制度上原則とされている。

ジャーナリスト（記者）はといえば、日本の場合、何ら資格もいらないし、専門的な教育を受ける必要もない。ジャーナリストを自称すれば、だれでも語れる肩書だし、なれる職業でもある。そうした〈自由度〉がもたらす、プラス・マイナスを考えてみたい。

【記者は国家資格】

同じG７国のイタリアでは、記者は国家資格だ。ジャーナリスト協会が、法に基づき資格者のリストを管理している。記者になりたい者は最初、報道機関で見習いとして職能を積み、十八カ月経《た》つと国家試験受験資格を得る。筆記と口頭の試験を通過すると晴れてリストに掲載されるという仕組みだ。

したがって、国家資格とはいうものの、個別に誰をジャーナリストにするかについて、国（政府）が直接関与することはない。さらにいえば、法によって決められた特定の職能についてアルボ（登記簿）と呼ばれ資格者リストが作成される仕組みで、記者職もその一つということだ。報道機関はそのリストから記者を雇用する義務はないものの、例えばイタリアを代表する新聞であるラ・レプブリカ紙では、編集局は全員、記者資格を持ったジャーナリストであるという。

ちなみにジャーナリストには二種類あって、一つが国家試験を通過した記者資格を持つ約三万人の「プロフェニスタ」で報道のみを業にしている者、もう一つが「プブリティスタ」で他の仕事もでき、約七万人いる。逆に言えば、前者の記者は例えば広告に出て収入を得ることはできない。なお、市民の表現の自由の発露として、リスト掲載者以外が新聞に寄稿したり放送番組に出演したりするのは自由である。

【警察が保護】

同協会はこの制度について、法制度であるがために硬直的で時代遅れの面も否定できないとしつつ、職能意識の維持に役立っているという。また外形的にジャーナリストであることが明確であることも大切であるとする。

イタリアの場合、記者の最大の脅威は命の危険である。マフィアや右翼からの襲撃が継続しており、イタリアでは過去に三十人ほどが犠牲になっているほか、現在でも二十二人のジャーナリストが二十四時間、武装警官のボディーガード付きの生活を強いられているという。さらにそのほかにも、約二百五十人が警察の保護下で生命を守られている現状がある。

ただし同国では、そうした直接的な身体的脅威は減少傾向にあるとされ、その代わりに増加しているのが恫喝（スラップ）訴訟だという。個人を狙い撃ちした高額の損害賠償訴訟を指し、記者活動に大きなプレッシャーを与えているようだ。国際ジャーナリスト団体や国際ペンのウェブサイト上でも、憂慮する記事が見られる。

イタリアも偶然、日本と同じく憲法二十一条で表現の自由を定めているが、刑事・民事の双方での名誉毀損訴訟といった司法的脅威の前に、憲法保障が無力化しているとの危機感がある。そうしたこととも関連して、ＥＵ議会で審議中のメディア自由法に期待するものがあるようだ。

【報道倫理綱領】

もう一つの資格制度の効用が、報道倫理の側面だ。自分たちが表現の自由を守っているという意識を待たざるを得ないし、それが法の枠組みの中で求められていることになる。その裏返しとしては、虚偽や誇大な情報を流すことは許されないし、そうしたデマと闘っていく社会的責務を有することになる。

ジャーナリスト協会が制定する報道倫理綱領については、どちらのカテゴリーのジャーナリストも遵守《じゅんしゅ》が求められている。そして、綱領違反があった場合は除名（リストからの削除）措置がとられ、事実上、国内での記者の道は閉ざされることになる。

プロとアマの境界線が曖昧になり、結果としてジャーナリストへの信頼感が総体的に低下する状況は世界共通といわれている。だからこそ、社会的にもジャーナリスト自身にとっても、公共的な役割を自覚することは大切だ。そのための一つの方策として、職能を明確にすることは一定の効果が見込めそうだ。

【閉鎖的な裁判所】

十一月二日は国連「ジャーナリストが殺されないための日」（ジャーナリストへの犯罪不処罰をなくす国際デー）だ。日本では命が狙われることは一般にないものの、政治家等からの恫喝訴訟は続いているし、何より政府・政治家にも司法界にもジャーナリストに対するリスペクトが感じられない。むしろメディア（の報道）を敵視するような判決も少なくない。

そうした背景には、報道によって司法総体あるいは裁判所や個別の法廷の権威が損なわれることに対する恐怖心や敵愾心《てきがいしん》があるように思えてならない。法廷撮影の全面禁止に始まり、開廷前後の法廷内での訴訟当事者への取材を一切認めないなど、日本の頑《かたく》なな取材アクセス・ゼロ状況は、世界的にみて決して当たり前ではない。しかも、少し前までは認められていた裁判所敷地内での録画・録音・撮影も、いまは完全シャットアウトと状況は悪化している。

記者が傍聴席でパソコンを使用することも本土では一切禁止だし、多数が詰めかける事件でビデオリンクで傍聴席を増やす努力も全くする気配がない。こうした閉鎖性を当然視する裁判所の姿勢は、国連が憂える犯罪に目を瞑《つむ》る司法に通じるものがある。

自分ルールの危うさ* *11.05/23*

ハロウィーンを巡り渋谷をはじめ全国各地で規制線が張られ、移動の自由が制限されている。傍若無人の若者らの振る舞いに眉をひそめる大人たちの対抗策といえよう。車をひっくり返すなどの破廉恥行為が許されるはずはなく、雑踏による人身事故も防がなくてはなるまい。現状は、スムーズな通行や平穏な生活維持のために、現代版お祭りで人が集まることを禁止・制限することに向かいがちだ。ＤＪポリスのようなソフト警備から、より一段進んだハード警備が有力な選択肢となっている。

近年、こうした私権制限が日常生活に深く浸透した最初は、東日本大震災時の福島第一原発事故に伴う居住や立ち入りの禁止措置だ。それは今でも続くが罰則を伴う法的措置も含め、被ばくリスク回避のためのやむを得ない措置として、広く受け入れられている。さらにコロナ禍ではさまざまな自粛措置がとられ、移動も集会も営業も広範に制限を受けた。こちらは明確な法根拠がないまま実施され、しかも大きな特徴は市民がそれを後押ししたことにある。

市民的自由の制約が緊急事態においては政府の方針で簡単に実施されることへの慣れが社会に定着し、日常の一時的な移動制限くらいなら「仕方ない」「当然」との受け止めが社会の空気感だ。さらには、こうした規制を規制と思わない当事者＝若者たちがいる。そこには「ルールは自分で決める」という価値観があるからと推測され、それが故に「来るだけならいいと思った」という自己判断が全てで、結果として規制という事実を気にしない、規制に反対しないという行動様式をとっている。

その結果として、制限や規制に鈍感な社会ができあがっていくことにならないか。それは、明確に意識されないまま、じわじわと自由が縮減していくことであって、取り締まる側には好都合であっても、社会全体にとっては不幸なことだ。

こうした雰囲気を助長しているのにはメディアの姿勢も影響していよう。制限慣れをして、むしろ空気の醸成に加担しているからだ。北海道で取材中の記者が無断で大学構内に立ち入ったとして大学職員に現行犯逮捕された時も、熱海で写真撮影していた記者が無断で私有地のテラスに立ち入ったとして書類送検された時も、当該新聞・通信社は警察に謝罪し、記者の行為が違法であることを認めた。記者が通常は遠慮すべきエリアに入ることは、その取材対象が公共性・公益性がある場合「正当な業務」として法的にも認められているし、ましてや緊急性や非代替性がある場合は堂々と入ってしかるべきだ。

大学や警察といった制限する側の措置が必要以上に過剰である場合はなおさらである。にもかかわらず、取材する側が社会の「規制は当たり前」の空気に押され、どんどん自らの首を絞める状況が続いている。つい最近には、出所者の個人情報を得て取材した行為が問題視され、教えた職員が諭旨解雇されたが、取材源を守れなかったという問題は残るにせよ、当該放送局もそれを報じた新聞社も、記者や情報源の処分を当然視してしまっている。

ジャーナリズムの役割は、与えられた取材機会を最大限に活用することで、私たちの知る権利に資することにある。自ら限界を定めることは、自由を手放すことに繋がる。

続く報道圧力・二〇二三年回顧㊤　*12.09/23*

インフルエンザの蔓延もあり、東京ではまだマスク姿が目立つ日常が続いているものの、二〇二三年はノーマスク解禁から始まった一年であった。沖縄にとっては前年二二年末に敵基地攻撃能力を明記した安保三文書が閣議決定され、一段と南西配備の動きが強まり、辺野古新基地建設も完成の目途《めど》もないまま粛々と土砂の埋め立てが進むなど、ざわつく感情が続く一年であった。そうしたなか国内の表現の自由を巡っても、モヤモヤに始まりイライラ・ザワザワが続く年であった。

【モヤモヤ】

モヤモヤの第一は、メディアと権力の関係だ。三月に小西洋之議員が予算委員会で、総務省の内部文書として、放送法第四条の政治的公平に関する資料を公開した。そこでは、放送局の政治的公平さを巡る官邸の生々しい介入・圧力ぶりが明らかになった。

また同月には、内閣広報室が報道番組の出演者発言内容をウオッチしていることを認めた。ちなみに二〇年当時、しんぶん赤旗が情報公開で内閣広報室の記録文書を入手し報道しているが、常時監視の対象番組は、平日七番組＝ＴＢＳ系「ひるおび！」、日本系「ミヤネ屋」（読売テレビ制作）、日本系「スッキリ」、朝日系「羽鳥慎一モーニングショー」、フジ系「とくダネ！」、朝日系「報道ステーション」、TBS系「NEWS23」と、土日四番組＝TBS系「サンデーモーニング」、朝日系「サンデーステーション」、NHK「日曜討論」、日本系「ウェークアップ！ぷらす」（読売テレビ制作）だそうだ。

石川県知事の定例会見の中止も続いている。一月に石川テレビ放送が「取材で撮影した公務員の映像を報道目的で使うことに許諾は必要ない」と伝える文書を県知事宛てに提出したのに対し、知事は会見開催条件に社長の出席を求めた。その後、社長が辞任をするなどモヤモヤが続く。こうした背景にはメディアと政治家と距離の問題がつきまとう。G7広島サミット開催前の五月には、日本テレビ・バラエティー番組「世界一受けたい授業」に先生役として岸田首相が出演し話題になった。

【ザワザワ】

ザワザワの方は、記者会見のありようだ。首相秘書官のオフレコでのLGBT差別発言を新聞が報道し、各社後追いするも「オフレコ破り」批判が起きたのは二月の話だ。また政府が新型コロナウイルス感染症の感染法上の分類を二類相当から五類に引き下げ、ほとんどの行動等の制限を解除したものの、官邸内の取材制限が続く。首相会見は厳しく出席者数を制限するほか、一社一人一問で質問の事前提出ルールが定着している。しかもこうした悪慣習は、官邸発で自治体や民間にも広がってしまった。

年初めに政府が自治体に「災害時に安否不明者の氏名を原則家族の同意なしに公表するよう促

2023

す方針」の指針案を公表したものの、各地の災害時に際して未公表が少なくなく、さらに被害者の特定情報を伏せる動きはむしろ一般化している状況にある。

新聞の夕刊廃止が相次いだのもザワつく一つだ。一般的には速報性という特性を紙メディアがすでに失っている時代に、世界でも稀有な朝夕刊セットの販売体制を維持することの困難さは容易に想像がつく。ただしこの「縮小」が、ニュースメディアへの接触時間の減少に直結するとなれば、日本社会全体のニュース離れを象徴するものであって、残念至極だ。さらに二三年は新聞用紙価格の大幅値上げなどを受けて、新聞の値上げも続いており、新聞購読者数の減少に拍車がかかっているともいえよう。

【イライラ】

二三年も政治家の差別発言は止まらなかった。その筆頭は杉田水脈議員で、性的マイノリティーに、生活保護受給者、在日コリアン、そしてアイヌなど、いわば社会的少数者・弱者に対する侮辱・差別表現が続いた。首相は静観し、自民党は杉田氏を党環境部会長代理に起用するなど、結果として差別に政府与党が加担する状況が作られている。

二三年は関東大震災から百年目であったが、震災時の朝鮮人虐殺についても政府は「記録がない」として一貫して認めない姿勢を崩していない。それは東京都知事も同じである。まさにこれは歴史の上書き行為そのものであって、こうした歴史の改竄が目の前で行われていることを、社会全体が黙認していること自体に大きなイライラが募る。また、地上波ラジオで「(朝鮮学校は)

スパイ養成的」と発言がなされたり、テレビ朝日系列のネット番組で沖縄ヘイトといえる侮蔑表現が繰り返し流されたりするなど、いわゆるヘイトスピーチを肯定する素地が、メディア自身にあるように思われる。

なお沖縄では四月から、沖縄県差別のない社会づくり条例が部分施行されたものの、六月には沖縄・本部港塩川地区で辺野古抗議活動中の市民に対し、沖縄防衛局職員が「キチガイ」と発言した。二月の車輛往来の妨害行為を禁止する警告看板設置以来、職員による暴言が続いていたとの報告もある。

【ソワソワ】

ジャニーズの創設者・ジャニー喜多川（一九年死去）の性加害を巡り、「外部専門家による再発防止特別チーム」による調査報告書が八月に公表され、「メディアの沈黙」が指摘された。一九八八年の元所属タレントの告発本、九九年以降は週刊文春によるセクハラ疑惑報道があり、事務所が文春を提訴した裁判では〇四年にセクハラの真実性が認定されている。

今回の動きのきっかけは三月のBBCワールドニュースでの調査報道番組「J－POPの捕食者～秘められたスキャンダル」だ。四月に性被害当事者が記者会見、五月に藤島ジュリー景子社長が謝罪の動画配信、メディアに対しては文書回答したことを受け、ようやく多くのメディアが大きな扱いで報道を始めた経緯がある。報道機関各社が社内調査を公表したものの、エンターテインメント業界と放送局はじめメディア企業との間の構造的な関係に、どこまで踏み込んでいけ

2023

るか、むしろ報道側が問われている。
五月には性犯罪被害者らの保護を図るため、起訴状など刑事手続き全般で被害者の氏名・住所を匿名化できるようにする改正刑事訴訟法が成立した。四月からは改正少年法が施行され特定少年の実名報道が可能になったものの、実質的には匿名扱いが続いている。被報道者の保護を図りつつ事件の真相を報ずることの工夫と努力が引き続き求められている。

検証必要な司法判断・二〇二二年回顧㊦　*12.09/23*

引き続き、この一年間の言論・表現の自由関連の判例や法制状況を振り返る。

【明暗】

芸術作品に関する助成金交付についての初の最高裁判断だった。映画「宮本から君へ」への助成金を内定後、出演者の薬物事件を理由に不交付としたのは違法だとして、映画製作・配給会社スターサンズが日本芸術文化振興会に不交付決定の取り消しを求めた訴訟で最高裁は十一月、「不交付は著しく妥当性を欠き、違法」とし、同社の逆転勝訴が確定した。
二一年には「表現の不自由展かんさい」を巡り表現の自由の観点から施設利用を認めた司法判断が確定し、その後のイベント開催の道を開いたが、表現の自由が争われた事案で、判例により実効的な保障が積み重ねられることには大きな意義がある。

当時の安倍首相の街頭演説中にヤジを飛ばして北海道警に現場から排除された市民が損害賠償を求めた訴訟では、六月の高裁判決で一人には表現の自由の侵害を認めたものの、もう一人については危険が切迫していたとして警察官の行為は適法と判断、逆転敗訴した。この事件については、映画化もされ上映中である。

提訴会見を巡っては厳しい判決が続いている。訴訟提起に合わせ記者会見を行った原告や代理人弁護士が訴えられる事案で、裁判所は名誉毀損を認める傾向にあるからだ。それを報じた報道機関を訴えた事件は現在東京地裁で係争中であるが、裁判報道の今後を占うものになりえよう。


【光明】

司法の閉鎖性は以前から大きな課題ではあるが、五月には法廷での弁護士の録音を巡って、弁護士が手錠で拘束され退廷となり、「制裁裁判」にかけられ過料を命じられる事件が起きた。裁判所の訴訟規則では、裁判官の許可なしに録音や撮影などはできないと定められている。

現在では開廷前の報道機関による廷内撮影や、傍聴人のメモは特例的に許されているものの、ほぼ全面的に記録が禁止されている実情がある。報道人も含め傍聴人のＰＣ利用や録音などが、正面から議論されるきっかけになることを願う。

そうしたなかで一歩前進したのは、重要な裁判記録を廃棄していた問題で、最高裁は「事件記録の保存・廃棄の在り方に関する有識者委員会」の意見を踏まえ、五月に「裁判所の記録の保

2023

存・廃棄の在り方に関する調査報告書」を公表し謝罪した。十一月には最高裁裁判官会議で「事件記録等の特別保存に関する規則」を制定、国民の共有財産として永久保存するためのルールで、年明けから運用が始まることになる。

【混迷】

なんといっても今年一番のグダグダは、マイナ保険証（マイナンバーカード）義務化だ。そのための改正省令の施行が四月にあり、続けて六月には改正番号法が成立、マイナンバーカードと健康保険証の一体化や、マイナンバーの利用範囲が拡大することになった。

ポイント付与により発行枚数は急増したものの手続き上での個人情報の漏洩《ろうえい》等が相次ぎ、国家情報管理システムとしての決定的な問題を浮き彫りにしている。さらに保険証については、顔写真も暗証番号もなしでの発行を認め、仮保険証の発行も自動交付に切り替えるなど、政府のＩＤ保険証への固執が目立つ。報道量も増えているものの、重大な個人情報漏洩である事故を「作業ミス」と報ずることで矮小化が行われてはいないか。さらに言えば、この制度そのものの欠陥に踏み込む必要もあろう。

わかりづらさという点では、ステルスマーケティング（ステマ）規制がある。景品表示法が禁じる不当表示の類型に新たに指定され十月から施行された。消費者庁によると、広告と明記されていないなど一般消費者が判別することが困難なものというが、その見分け方は難しい。さらに規制対象は事業者でインフルエンサーは対象外であるなど、実効性については報道による検証が望まれる。

【疑惑】

増税か減税かわかりづらいなどと政策批判されているが、原発については回帰の方向性がはっきりした。五月にはGX（グリーントランスフォーメーション）脱炭素電源法が成立、再稼働の動きも進む。八月の東京電力福島第一原発のALPS処理汚染水海洋放出においては、「汚染水」との表記を事実上封印し、「処理水」として無害アピールによる風評被害の抑止に社会全体が動いている。新型コロナワクチンの副作用を過小評価することにも似ており、報道のチェック機能が試されている。

思想調査も相変わらずだ。吹田市教育委員会が議会からの要請で、市立小中学校長に事務連絡文書「卒業式・入学式について」を発出、君が代と校歌の歌詞の暗唱状況、国旗と校旗が掲揚された位置がわかる写真を調査した。二年前にも実施しているとの抗弁は通用しまい。

【検討】

Googleなどのプラットフォーム企業がニュース配信への対価を引き上げるニュースが続く。日本でも公正取引委員会が九月に「ニュースコンテンツ配信分野に関する実態調査報告書」を公表、「正常化」に向けての具体的な交渉が始まる見込みだ。

生成AIについての議論も一気に進む。六月に欧州議会は生成AI関連データの開示を義務付けた規制法案を採択、今月にはG7で国際的な包括ルール作りが合意され、日本でも法制化や自主的なガイドライン作りが本格することになろう。

六月には性的姿態撮影禁止法が成立し「撮影罪」が新設された。女性アスリートの盗撮などは対象から除外し「規制の検討をする」との附帯決議がなされている。同月には自民党ほかの議員立法によるLGBT解増進法も成立しているが、いずれも表現行為がかかわるだけに今後の運用が注視される。

NHKを巡っては、十月に受信料が値下げされ、十二月からはBSチャンネルが減るなどの変化があった。より根本的な「改革」は、ネットへの本格進出も含め放送法改正を経ての来年が勝負の年となるであろう。

ガーシー・元参議院議員はじめ、暴露系、迷惑系、私人逮捕系と呼ばれるユーチューバーの暴力行為等処罰法違反（常習的脅迫）等での逮捕が続いている。こうした過激動画による高額収入の道をどう断つかも、年を越しての検討課題だ。

ポストが赤いのもメディアのせい* *12.10/23*

二〇二三年は、記者会見の在り方が話題になった年だった。「マス」メディアに対する市民の厳しい目は、近年の世界的傾向であるが、日本では一九七〇年代から一貫して強まってきた。直接にニュースメディア不要論に繋がっているのが特徴だ。新聞の犯人視報道から始まった「疑問」は、テレビや写真週刊誌のスキャンダル報道を受けて八〇年代には「批判」となり、オウム事件報道を通じて九〇年代に「不信」となっていった。

対象は、新聞からテレビへ、報道から取材へ、被疑者から被害者へ、事件報道から政治報道へと広がりを見せ、メディア活動全般に対する不信感が高まっていった。二〇〇〇年代に入ると「マスゴミ」と言われるようになり「否定」に突入する。さらに一〇年代にはオワコンとして「不要」宣告を受け、今や積極的に世の中からの退場を迫られる「排斥」の時代だ。何か問題が起きると、その責任はメディアにあるとすぐに悪者扱いされる傾向にある。

もちろん、人権侵害が許されるはずはなく、報道倫理の向上が求められてきたわけであるが、一連の批判がさらなる問題を引き起こしてきてもいる。メディア自身の自信の喪失と、それを利用した公権力によるメディアの締め付けが強まったことである。結果として、行儀は良くなったものの、全体として精彩を欠くという事態を招いている。

しかし、マスメディアは過去の遺物では決してない。交流サイト（ＳＮＳ）上のニュース見出しには挙がってこない、地味で日々の生活の中の喜びや苦悩を伝える記事こそが、社会の礎となっている。国内に多くの報道顕彰活動があるが、受賞作でいえばＪＡ共済の自爆営業の実態や日本郵便の会社経費を流用した選挙活動など、地道な調査報道がいま現在も数多く行われ、それが社会を少しずつでも変えている現実がある。

世界平和統一家庭連合（旧統一教会）も米軍の有機フッ素化合物（ＰＦＡＳ《ピーファス》）汚染も、その問

2023

題に早くから着目し、継続的に取材をしてきたジャーナリストが存在し、蓄積があるからこそ、今の大きな流れが生まれた側面が強い。フリージャーナリストを含めた報道活動が、社会のひずみを正してきたことも事実だ。しかし残念ながら、私たちにはこうした「良い」メディアのことを知る機会はほとんどなく、もっぱら「悪い」メディアの行状ばかり目につくのが現状だ。

今年の菊池寛賞は、南海トラフ地震を扱った東京新聞連載の緻密な調査報道で、「地震ムラ」を見事に描いたものであった。まさに同じことは国レベルに限らず、地域でも身近な組織の中にでも巣くう課題そのものだ。開高健ノンフィクション賞はじめ文芸賞も、新聞記者や元記者が受賞するのが最近の傾向とされる。それは、新聞記者の取材力がいまだ社会の中で抜きんでていることの間接的証明であろうし、新聞がジャーナリストの教育機関としての社会的役割を果たしていることを、図らずも示していよう。

毎年、多くの報道関係者が殺害される。大半は紛争地域外であるものの、今年はパレスチナ自治区ガザでの戦闘だけでもわずか一カ月で四十人以上が犠牲となった。命の危険と隣り合わせの職業でもある。ジャーナリストが現場に立ち報じることで、私たちは事実を知ることができる。

2024

能登半島地震　問われる報道の真価　*01.12/24*

二〇二四年は、衝撃的な大災害や航空機事故から始まり、名護市辺野古の新基地建設で昨二三年末になされた代執行に基づく軟弱地盤区域への土砂投入が行われるなど、気の重い年明けだ。ここでは一日に発生した能登半島地震を巡っての震災報道について取り上げる。石川県能登地方を震央とする最大震度七を記録したもので、地元の北國新聞では「1・1大震災」と呼んでいる。

【時期による役割】

震災報道は、発災からの時間の経過に応じ役割に違いがある。一一年三月十一日の東日本大震災（以下、3・11）での報道検証などから、発災直後二〜三日間、一週間程度、一カ月程度およびその後と分けることが可能だ（拙著『3・11とメディア』トランスビュー刊、参照）。

最初は、被害の実態とりわけ全容をいち早く正確に伝える報道が中心となる。それがそのまま救出活動や支援等にも直結するからだ。とりわけ、行政機能がダウンしている可能性が高い中、最大被災地や孤立集落を割り出し、その状況を取材・報道する力は、日常的に取材ノウハウを有していて、すぐに現地に特派可能なヒトと、移動手段としてのヘリコプターや車といったモノを調達可能な、「マス」メディアである新聞社やテレビ局ならではの強みだ。こうした「瞬発力」は、今回の地震でも一定程度発揮された。

一方で、次のタイミングにおいては、メディアの力が十分に生かされていないのではないか。現在進行形の報道でよくみられる「助け合って頑張っている」との現場リポートは、被災者に我慢や絆を押し付ける結果になってはいないか。発災後の現場の頑張りに期待しそれで苦難を乗り越えるという構図が変わらず、国・自治体としての事前の体制作りが一向に進まない日本の状況を、報道も含めた社会全体が許してしまっている側面がある。誤解を恐れずに言えば、この時期に「美談」報道は不要だと考えるが、新聞もテレビも「当事者の声を拾う」という名目で、こうした報道が増えている。

【情報偏在の課題】

また、この時期の取材はメディア不信を助長する可能性が高いことを、記者自身が自覚する必要がある。救助作業中に取材ヘリが低空飛行し、その騒音で救出の邪魔をするといったことはさすがになくなったようだが、特定の避難所等への集中取材や、被災者の感情を害する行為は今回も起きがちだ。一番大変な孤立地域は取材が行けないために情報空白地帯となり、アクセスがしやすい地点へ取材が増えて発信情報が集中する、情報偏在が生じるという現象もある。これらは取材する側の意識によって変えられる課題でもある。
そして今後は、とりわけ地元紙やローカル局にとって、いかに前向きな報道をするかも課題になる。震災関連死を生まないためにも、極度の緊張感が解けた時の虚無感を克服し、立ち直りに向け住民の生活に根差した報道が期待されることになる。新聞で言えばこれまでも一般に、全国紙が凄惨さや被害の大きさを強調したり、節目ごとの記念日報道になったりしがちなのに対し、地元メディアほど安心を与え気持ちを明るくする報道がなされてきた傾向がある。どこまで意識的かは別として大切なことだろう。

【SNSでのデマ】

3・11との決定的な違いはSNSの普及・定着である。それはデマの拡散という点で負の要素にもなる。今回の場合、初期段階で広範に広がり問題視されたものとして二つ挙げられる。都市伝説の類いで今回の地震が人工的に起こされたものであるというものと、虚偽の救出要請とその拡散である。このいずれにおいても、一部の意図的（場合によっては悪意を持った）書き込みが発端になるわけだが、その際の要因の一つはアクセス数稼ぎの過激な書き込みという、いわばビジネス的側面だ。

一方でのメリットは、3・11ではGoogleの安否情報サイトなどが話題になったが、今回もYahoo!とLINEが共同で「災害マップ」をいち早く公開し、しかも他のメディアとのコラボレーションを呼び掛けつつ、情報を付加し続けている。被災地域住民からの当事者情報をベースにしている仕組みで、フェイク情報遮断の方法としてアナログ的ではあるが効果を発揮しそうである。

NHKも、取材情報をネット上に生かし、一週間後の七日にはライフライン情報を地図上にマッピングした「能登半島地震　避難所・給水所マップ」を開設している。ただし報道機関としては、こうした住民にとって必要不可欠の生活情報の伝達とともに、なぜライフラインが届かないのかという詰まりの箇所と原因をいち早く発見し、解決を提言することが重要だ。読者・視聴者は「救出が進まない、救援物資が届かない」だけではなく「なぜ、ないのか」の報道を期待する。

また、こうした天災の場合は特に被害者名などの公共基礎情報を社会で共有することが不可欠だ。今後の犠牲者報道においても、昨今の被害者匿名の風潮とどう向き合うかが問われる。

【番組編成に違い】

在京のテレビ放送は、通常番組から順次、緊急特別放送に切り替え、予定されていた正月特別番組は放送を中止した。また一部のCMも放送自粛が行われた。北陸地方にネット局がないテレビ東京でも報道特番が行われたが、約四十分後には通常編成に復帰、これに対しネット上では「感謝」という反応が見られたりもした。ほかの局でも大津波警報が解除された午後九時以降特番を終了した中、TBSは日付が変わる翌二日未明まで報道特番を継続、NHKは二日の午後九時から通常番組に戻した。

その特番の中では、NHKが3・11の教訓から、女性アナウンサーによる強い語調での津波避

2024

難の呼び掛けが目立った。民放も含め英語字幕の併用や、「テレビを見ていないで逃げる」よう呼び掛けるなど、津波避難に対する呼び掛けは徹底していた。一方で、3・11で問題となった現場の状況が見えない報道（東京のスタジオからの情報中心になる報道内容）の解消は今回も課題として残った。

どの局も、固定のお天気カメラ（定点カメラ）などを活用して海岸線や中心街の状況を伝えたものの、現場の映像が入ってくるには時間を要した。民放が輪島市や珠洲市の映像やヘリの映像を流す中、NHKの初動の遅さが気になった。昨今の取材体制見直しの中でローカルエリアの人員縮小や拠点局への集中によって、地元取材を担う力が弱体化していないか慎重な検証が必要だ。

現在、テレビとりわけ公共放送の価値として災害報道が挙げられることが多いが、石川県の一部地域では中継局の非常用電源が途絶え、テレビ・ラジオが視聴できない状態も発生し、一部は現在でも不通だ。携帯電話も使用できないなど、通信・放送が遮断される中で、どのように情報を収集し届けるか、まさに公共的な役割を果たすメディアの真価が問われている。

忘れて、本当にいいんですか* *01.14/24*

トイレトレーラー（移動設置型トイレ）が、能登半島地震の被災地に到着し活用され始めた。お笑いコンビ「サンドウィッチマン」が宮城県気仙沼市に寄贈した車両の話が美談として報じられているが、むしろ全国二十の自治体にしか所有されていないことがニュースではないか（災害派遣トイレネットワーク参加の自治体数）。購入費用の八百万円が工面できないため自治体への普及が進まないと聞くと、日本の場合最も身近なリスクである自然災害でさえ、「次」を想定することなく目の前の危機が去ると忘れられ、備えが進まない実態が浮かび上がる。それを変える第一歩は、美談で終わらせるのではなく、課題の摘出・問題解決の提言に繋げる報道をすることだ。

忘れるのを待っているかのような状況もある。すっかり報道されなくなった新型コロナウイルス。ワクチンの副反応による健康被害は四万件近く報告されているものの、それ自体が氷山の一角という指摘もある。「予防接種健康被害救済制度」による死亡例の認定がようやく四百件を超えたが、ワクチンの安全性を評価するための「副反応疑い報告制度」で「因果関係あり」との認定は、わずか二件にとどまる（報告死者数二千百二十二人）。申請数や認定が滞る要因は申請手続きの煩雑さと困難さにあるとされ、過去の予防接種被害の苦い経験から、世界でも有数の健康被害救済制度が整備されたにもかかわらず、その法の趣旨に反した運用がなされている可能性が高い。しかも、被害状況の情報開示を厚生労働省が控えるよう指示もしている。これも報道を含め社会全体が、現行制度の背景や法の趣旨を伝えきれないことによる帰結ではないか。

こうした行政の不作為や立法時の趣旨を曲解する事例が続くのが、日本の最近の状況だ。米軍普天間飛行場（沖縄県宜野湾市）の名護市辺野古移設を巡り、政府は沖縄県の対話を求める姿勢を一貫して黙殺し代執行に踏みきり、年明け早々から新基地建設に向け石材の投入を開始した。国と地方自治体の関係を平等にし、住民自治を実現しようとした法の趣旨は無視され、司法もまた政府の姿勢に追随する事態が続いている。沖縄の住民投票で示された民意は感情論にすぎないとされる一方、新基地建設の工期や工事費は政府の根拠薄弱な数字が肯定されるなど、目のつむり方がアンバランスだ。

米軍絡みになると途端に思考停止になるのは、輸送機オスプレイを巡っても同様だ。昨二三年十一月に起きた鹿児島県屋久島沖での墜落事故の際も、沖縄の時の厳しい批判があったにもかかわらず米軍の指示通り「不時着」と発表し、米軍の発表が「墜落」と変更されると言い換える主体性のなさを露呈した。世界各地に配備されている約五百機のオスプレイの飛行を米軍は全面的に停止しているが、日本政府は正式に飛行停止を要請しなかった。他国は導入予定がなく新規生産も日本向け輸出分のみと報じられており、同種のヘリを他国が開発製造しているという話もない。いわば事実上の欠陥機認定を受けている中で、日本が余り物を買わされている疑惑が渦巻くが、正面からNOをいうことはないままだ。

そろそろ忘れるのはやめて、きちんと向き合うことが政府にも報道にも求められている。企業献金の脱法行為が続く現状も同根だ。

安全保障と私権制限　*02.09/24*

国会では連日、政治とカネをめぐっての議論が続いているが、一方で着々と今国会提出の法案準備が進んでいる。ここでは、思想表現の自由にかかわる法制度を中心に、新法に繋がるこの二十年間で形成されてきた〈国のかたち〉を追ってみたい。

【私権制限】

始まりは、安倍晋三政権下の緊急事態法制と秘密保護法制の整備からだ。この二つは、有事＝戦争下には必要不可欠な法制度と考えられている。前者が二〇〇三年制定の武力攻撃事態法（武力攻撃事態等における我が国の平和と独立並びに国及び国民の安全の確保に関する法律）と〇四年の国民保護法（武力攻撃事態等における国民の保護のための措置に関する法律）だ。

これらのポイントは、緊急事態においては行政に権限を集中させ、同時に私権（市民の基本的人権）を制限できることを定めていることにある。移動・集会の自由や私有財産が制限されることが書かれているものの、当時は切迫した現実感はなかったが、店の営業はできなくなり、県を超えた移動が制約を受けるなど、あっというまに「自粛」の渦に巻き込まれることを、コロナ禍で知ることになる。この根拠となったコロナ特措法（新型インフルエンザ等対策特別措置法）も、緊急事態法の一つだ。

さらに、取材・報道制限があるのも特徴だ。指定公共機関の制度で、報道機関は緊急事態宣言下において国や自治体に協力することなどが求められるわけだ。法的義務がなくても国の指示に従うさまは、コロナ以外にもう一つ私たちが経験した緊急事態宣言である、福島第一原発事故の直後、三十キロ圏内からの避難勧告を受け、全報道機関が政府の指示通りに市民がまだ実際に住んでいる地区から退避した事実を忘れることはできない。この根拠となった緊急事態法は、一九九九年の原子力特措法（原子力災害対策特別措置法）である。

【情報隠し】

前述の有事法制は一六年にバージョンアップされ、政府が「切れ目のない安全保障法制」と称した平和安全法制となり、前後して集団的自衛権の行使を容認、武器輸出禁止三原則を緩和した防衛装備移転三原則が決まった。これらとほぼ同時の一三年に制定されたのが、冒頭に述べた秘密保護法制としての特定秘密保護法（特定秘密の保護に関する法律）だ。

〇一年に施行された日本の情報公開制度は、とりわけ一〇年代に入ってから、運用上の骨抜きが進んでいるが、これに加え「保護」という名の情報隠しが法制化されたことになる。防衛、外交、スパイ、テロなど四分野の安全保障情報を、政府の判断で「特定秘密」に指定することで、市民は未来永劫《えいごう》知る術《すべ》を失うことになった。しかも緊急と秘密の二つの法制度には、表現の自由に関する「配慮」条項が存在する。それまでにも報道の自由をおもんぱかる法律はあった。たとえば個人情報保護法や探偵業法だが、これらは取材の自由を守るため法の適用から報道機関を除外する制度を組み入れていたわけだ。

しかし二〇〇〇年以降の法制度は、ずばり取材・報道を制限する条文を設け、その運用に際しては政府の判断で手加減しますという断り書きを入れるものだ。配慮のベクトルが全く別で、自由を守るためとのうわべは同じでも、法条文自体が制限を目的とするものであることは動かない。

こうした取材・報道制限はその後、堰《せき》を切ったように続くことになる。一六年のドローン規制法（重要施設の周辺地域の上空における小型無人機等の飛行の禁止に関する法律）や二一年の土地利用規制法（重要施設周辺及び国境離島等における土地等の利用状況の調査及び利用の規制等に関する法律）がその代表例だ。どちらも国家安全保障のための法整備である。

等がついている法律は、制定後に政府解釈で自由に運用が拡張されるので注意が必要といわれるが、後者は法律名の中だけで三つも「等」があり、予想通りその後は、対象範囲が毎年のように拡大され続け、しかもその運用基準も曖昧なままだ。しかも先述の武器輸出方針の緩和同様に、運用の変更はことごとく密室の政府決定であって、国会で議論されることはほぼない。この政府による対象の自由な拡張や変更は、イコール恣意的な私権の制限そのものだ。

【沖縄と地続き】

そのうえで今国会に上程予定の二つの法案に注目したい。一つは、二二年に制定された経済安保法（経済施策を一体的に講ずることによる安全保障の確保の推進に関する法律）の運用のための新法である、経済安保秘密保護法（重要経済安保情報の保護及び活用に関する法律）案だ。政府は、漏洩すると安全保障に支障があると思えば重要経済安保情報に指定し、犯罪・懲戒歴や経歴などを調査したうえ、民間企業の従業員等が当該情報を扱うことができるようにするもので、罰則には拘禁刑も設けられる。

岸田文雄首相は一月末の経済安保推進会議で、「特定秘密保護法とシームレスに運用していく」

と述べ、セキュリティークリアランス（適性評価）導入と経済安保の情報保全に対応するよう、特定秘密保護法の運用基準の見直しを指示した。これは、いまでも曖昧な特定秘密保護法の対象分野を、事実上大きく、場合によっては無限定に拡大するものだ。しかも保護法ではその対象は原則公務員であったが、新法では広く民間人が対象となり、政府が必要と思えばすべての市民の身辺調査が法制度上可能になりかねない。

ここでもお決まりの配慮条文が入る予定で、法自らが表現規制立法であることを証明している。なお、経済安保法制定時に対象分野として十四が想定されており、その一つは放送だ。機密情報保秘のためのセキュリティークリアランス制度といえば聞こえはいいが、これはジャーナリストの身体検査を国が行うことを意味する。

そしてこれと密接な関係にあるのが、もう一つの注目法案である日本学術会議法の改正案だ。菅義偉政権での任命拒否で大きな注目を集めたが、軍事研究を進めたい政府の、事実上の会議解体のための制度変更であるとみられている。経済安保法では、先端技術をめぐる研究の自由がどこまで担保されるかが焦点になったが、学術会議が一九五〇年に「戦争を目的とする科学の研究は絶対にこれを行わない」旨を定め、さらに二〇一七年の声明でも軍事研究を事実上認めないことを確認しているからだ。

沖縄で進む辺野古新基地をめぐる代執行手続きも自衛隊の南西配備も、これらの法制度とすべて地続きで、「戦える国づくり」のための完成形が近づいている。その犠牲になるのが誰かは、ウクライナやガザを見ても明らかだが、取材・報道の自由もまた標的の一つとなっている。

知らぬがホトケ* *02.18/24*

日本の情報公開制度は、政治汚職と公害による健康被害が原点だ。政治家財産のフローとストックを透明化するため、政治資金規正法や国会議員資産公開法ができた。命と健康に関する企業情報を絶対公開とするのは、日本独特の制度設計である。にもかかわらず、政治家も政治コメンテーターも「選挙にはカネがかかるのが常識」という刷り込みによって、法の骨抜きを進めてきた。

能登半島地震における北陸電力志賀原発のトラブルも小出しの発表だし、東京電力福島第一原発の汚染水処理も不透明さがつきまとう。健康に直結する情報にもかかわらず、いつの間にか原発は聖域になってしまった。総元締の原子力規制委員会でも突っ込んだ議論は少なく、委員長会見では質問制限も起きたとされる。このように気付くと立法時から一変してしまっている事例は、より生活の身近でも起こっている。

58→219→399→583

これは政府が重要土地等調査法と呼ぶ土地利用規制法により、規制の対象となる区域の数（候補を含む）で、二〇二二年施行後わずか一年ほどで十倍に激増している（実際の区域・場所の数は細分されていてさらに多い）。この法律は安全保障上の観点から、自衛隊・米軍・原発などの

2024

重要施設の周囲約一キロと、国境の離島を対象区域に指定するものだ。

指定された区域では、国が関係者の個人情報の提供を求める調査の実施や、施設の機能を損ねると判断すれば罰則付きの中止命令が可能で、例えば原発や基地の反対運動が制約される可能性が否定されていない。このうち特別注視区域は計百四十八ヵ所あり、ここでは土地の売買も許可が必要となる。指定箇所の一割強は沖縄県内で、嘉手納基地周辺の町では全域が該当し、自分の土地の売買すらも自由にできない状況だ。

区域の指定は、内閣府の土地等利用状況審議会にかけられ告示で施行される仕組みだ。事務局提案が審議会で覆ったケースはなく、まさに政府が思うがままプライバシーや私有財産といった基本的人権の制約が進む。しかもそのしわ寄せは、基地が集中する沖縄に強く及ぶ。同審議会には在京放送局報道責任者も加わっているが、報道された形跡はない。

こうした日々の生活を中央の論理で、いとも簡単に変更するものとして、同じく重要施設をターゲットとした一六年制定のドローン規制法がある。指定区域の約三百メートルは飛行禁止とされ、四百二十三施設が指定されているものの、当初は含まれていなかった基地施設が米軍の要望等で次々と追加されてきた。

この指定は、施設の管轄によって首相のほか総務・防衛・外務・国交大臣等が個別に行うことができ、事実上の歯止めがない。さらには運用において、区域周辺の飛行ですら申請をしてもなかなか認められない現状がある。その結果、例えば沖縄・辺野古新基地建設の進み具合は沖合の遠景でしか捉えることができなくなり、工事の実態や海の様子が分からない状況になってしまった。

立法時の趣旨を勝手にねじ曲げ、当初の説明を大きく逸脱・拡張する政府の運用は、国民を欺き民主主義社会のルールを無力化させる行為だ。これらは総じて市民の知る権利を空虚なものとし、知らなかったでは済まされないだけに、私たちは愚直にあらがっていく必要がある。

政治資金の透明化　*03.08/24*

自民党派閥の政治資金パーティー裏金事件を受け、派閥は表面上解散の方向で、政治倫理審査会が開かれ反省の声が聞かれ、一般会計予算は予定通り年度内成立が確定し、すでに「政治とカネ」の問題は終わったかのような様相を示している。しかし、そもそもの政治資金の「違法」少なくとも「脱法的」な取り扱いは、何一つ解明もされていないし、是正の動きもない。しかも首相は、政治資金の透明化が表現の自由に反する可能性にまで言及した。なぜそういった理屈が成り立つのか、そして透明化のためにはどうすればよいのか、考えてみたい。

【ヤミ資金】

今回の裏金事件を巡る国会審議で、岸田文雄首相は「政治活動の自由と国民の知る権利のバランスの中で、真摯に議論に向き合いたい」(一月二十九日衆参両院予算委員会の集中審議での答弁)という。政策活動費が法で認められた「公認の裏金」になっているとの指摘に対し、「バラ

2024

ンスを考えることが、日本の民主主義のうえで重要だ」と反論した。

政治資金規正法は政治家個人への寄付を禁じる一方で、政策活動費の名目で政党から政治家個人に行う寄付は例外的に認めている。使途報告は不要のため、不透明さがつきまとううえ、党が年末や夏に、各議員が管理する党支部などに配る餅代、氷代という名称で、社会的にもその事態を黙認してきた側面が強い。

そうした不透明なカネの流れ自体、問題とされるべきだが、今回の事例はより悪質で、派閥の政治団体が政治資金パーティーで得た収入を記載せず、裏金として議員に還流していた。元来の政策活動費と想定していた範囲を逸脱しており、しかもその大半は選挙資金として使われ、「選挙はカネがかかる」といういわば幻想を作り出している元凶になっていたわけだ。この言い訳を許すと、領収書がいらないヤミ資金であったにもかかわらず、政治資金の透明化の要求という私たちの知る権利が、政治家の活動を阻害していることになってしまう。

【表現の自由】

政治活動の自由と知る権利を対立概念のようにとらえがちだが、実はどちらも憲法二十一条の表現の自由から導かれるものだ。表現の自由は歴史的には、権力を監視するプレスの自由（出版の自由）から始まっているが、行政が巨大化・複雑化したりメディアもまた権力化したりする中で、情報主権者として国民が直接、政府情報にアクセスする権利を認めることで、実効的に表現の自由を保障するために、知る権利が生まれた。

一方で、首相が答弁の根拠としている八幡製鉄政治献金事件の最高裁判決は、憲法上、会社のような法人・団体も、公共の福祉に反しない限り、政治資金の寄付の自由を有するとした（一九七〇年）。これに似た考え方は日本だけでなく米国にも存在し、政治支出は言論の一形態であって修正憲法一条（表現の自由条項）によって保護されるとの連邦裁判決がある（二〇一〇年）。さらに一四年には、一人当たりの献金総額の上限設定にも違憲判決が出て、選挙資金規正法が事実上骨抜きになるとの指摘も強い。それでも米国は、憲法に保障されるべき政治的表現の自由を守ることに力点を置いているといえるだろう。

しかしここでは二つの点で注意が必要だ。一つは、弊害の除去努力をしているか、である。日本の最高裁判決でも、自由によって金権政治や政府腐敗が生まれる可能性を指摘し、そのような弊害に対処する方法（立法）の必要性を指摘している。それが判決の中でいう「公共の福祉」理由による制限の正当性であろう。そしてもう一つが、監視による透明性の確保である。米国の場合は自由を保障する一方で、第三者による監視の制度を徹底することによって、献金と支出の透明化を実行している。いわば「公開」の完全義務化による透明性の担保である。

いずれも基本的人権である、報道の自由と被報道者の人権（プライバシー）という二項対立によって、一方的に取材・報道の自由という表現の自由が制約される構図に追い込まれるのと同様、政治活動の自由というマジックワードによって表現の自由が貶《おとし》められることは看過できない。しかも、表現の自由の原点である権力監視の観点からも、黒いカネの流れの解明という中核的な知る権利＝表現の自由の問題において、バランスの問題に置き換えること自体が誤りでもある。

【法改正で解消を】

そのうえで、より具体的な現行政治資金規正法の問題点を挙げておきたい。いまの制度のままであると、政治献金を量的・質的に規制したとしても、その実態を私たちが知ることは叶わない可能性が高い。政治資金の不透明さの解消にはならない理由としては、(1)政治資金収支報告書が総務省、都道府県に分散管理・公表されていて、総体としてのカネの流れが把握できない、(2)PDFファイルでの公表のため、検索ができずバラバラの情報のままである、(3)約六万近く存在する政治団体の横断的な情報確認が事実上不可能である、(4)政治団体と政治家の紐づけがないため、結局誰のカネなのかが特定できない、(5)政府・自治体による公表までに最長二十一カ月を要し、時効三年（三十六カ月）の時間的制約の中で問題があっても告発ができない、などがあるからだ。

しかしこれらの問題は、ちょっとした法改正で簡単に解消できる。政治資金収支報告書を完全デジタル化し、データベース化することだ。これによって、第三者の監視がしやすくなるし、デジタルデータによる提出を義務付ければ、行政事務の簡素化にも貢献し公開のタイミングも間違いなく早まるだろう。地域の医療従事者のデジタル対応の困難さを黙殺してマイナ保険証の義務化を法制化した政府が、管理責任者の高齢化を理由にデジタル化が無理と言い続ける姿勢は理解できない。また、政治団体と政治家の紐づけを嫌がるのも、単に抜け道を確保したいがためとしか考えられない。

もちろん、使途を明らかにしなくてよい政党から政治家個人への寄付を禁止することや、政治資金パーティーが実質企業献金化していることから集金パーティーを全面禁止することも必要だろう。しかしまずは、「火の玉となって自民党の先頭に立ち取り組む」（二三年十二月十三日記者会見）覚悟を行動で示すのであれば、デジタル時代にあった法改正によって、まさに知る権利とのバランスをとってもらいたい。

過去があって今がある＊　*03.24/24*

三月十一日、福島でキャンドルナイトに参加した。点灯は、東京電力福島第一原発事故でメルトダウンが起こり、現在なお続いている政府の原子力緊急事態宣言が発出された午後七時三分。東日本大震災から十三年たった当日も、福島第一原発からはアルプス処理汚染水が海洋に放出され、除染で発生するなどした汚染土を埋めるために原発周辺に設置された中間貯蔵施設には大型ダンプが行き来していた。一転、夜になると周囲の街は真っ暗で人影はない。

その前週には、北陸電力が報道陣に、能登半島地震で被害を受けた志賀原発（石川県志賀町）構内への立ち入りを初めて認めた。安全をアピールするのに二カ月を要したことになる。現地に行くと、周辺道路は隆起や地割れを応急処置した箇所が数多くあり、原発推進の町長が「これまで通り安全性をアピールはできない」旨を発言した状況がよくわかる。一方、各地で進行中の原発訴訟において、活断層の危険性や避難路の非現実性についての司法判断は否定的で、「想定外」

の被害が続く実態との乖離はさらに広がっている。

こうした溝が生まれる要因には、地元と他地区、住民と中央行政や司法の間に認識のギャップがあり、報道のありように起因するものも少なくない。志賀原発でいえば、震災直前まで電力会社、行政、経済界、地元報道機関が一致して再稼働を推進してきたわけで、安全神話の刷り込みを払拭するには相当なエネルギーが必要だ。同じ構図は、福島の海洋放出で今起きている。この構造こそが、未曽有の原発事故を防げなかった理由でもある。

報道によるイメージ作りはさまざまな局面で起こりうる。政治倫理審査会もその一つで、その場に誰が出るのか何を話すのかに一喜一憂する状況が作り出される中、肝心の違法あるいは脱法的な資金調達や使途については曖昧なまま、政治資金規正法はじめ法整備の話は何一つ進んでいない。発言に責任を伴わない審査会を隠れみのにして争点隠しを行いたい政権党の思惑に、メディアが結果的に乗ってしまってはいないか。

その陰で実質審議はほとんどなされぬまま予算案は通過し、さまざまな法案がひっそり審議入りし、重大な政策変更の閣議決定も議論がないままだ。その一つが重要経済安保情報保護法（経済安保秘密保護法）案。経済界の後押しで二〇二二年にできた法制度の補塡で、政府が秘密指定すれば未来永劫国民の目から隠し通せる国家秘密情報は、民間分野にまで大きく広がり、そうした情報に接する一般企業の社員も含めた民間人が広く政府による身辺調査の対象になる。特定秘密保護法とセットで運用されることになるが、さかのぼるならば秘密保護体制は一九八〇年代半ばに最初に法案化され、その後ほぼ十年おきに形を変えつつ制定の機運が盛り上がり、十年前に成立に至った経緯がある。
大きな盛り上がりを見せる米大リーグの日本人選手の活躍も、九五年の野茂英雄ほか先駆者たちの活躍が下地にあるに違いない。実際、テレビ番組や新聞紙面でこうした「過去」を振り返る場面が数多くみられる。そうであれば、戦後の原発の歴史も、国家安全保障の政策や法制度の変遷も、ことあるごとに振り返り、なぜ今に至ったのかを検証することが必要だ。問題が解決しないのには、過去に目をつぶる文化がある。

放送百年の節目　*04.12/24*

この一年間は〈放送〉にとって大きな節目だ。二〇二五年三月二十二日は日本で放送が始まってから百年。大正末期に誕生したラジオから戦後のテレビ、そしてデジタル化が進み、インターネットとの融合が現実のものとなった。今国会に上程された放送法改正案は、NHKのネット事業を必須業務とすることで、公共放送が電波でも通信（ネット）でも流れる時代を名実ともに迎えることになる。

【NHKネットへ】
二三年十月に総務省の有識者会議「デジタル時代における放送の将来像と制度の在り方に関す

る検討会」は、NHKによるネットでの番組配信をテレビ放送と同じ「必須（本来）業務」に格上げする報告書を発表。テレビを持たずにスマートフォンなどで番組視聴する利用者には「相当の費用負担」を求めることも盛り込まれた。この間、パブリックコメントも実施され、その中には昨年交代した前会長（とみられる）の現執行部批判のコメントがあり、業界内では話題になったりもした。

さらに「日本放送協会のインターネット活用業務の競争評価に関する準備会合」が継続中で、競争評価プロセスが示されている。ネット活用事業については、民放連や新聞協会を含む関係者で構成する検証会議の結果を電波監理審議会に諮問して事業を行っていくというものだ。

なお、前述の報告書が出された後も、同会議の中核的分科会である「公共放送ワーキンググループ」などでは議論が継続されている（二四年二月には第二次取りまとめ発表）。その過程でNHKは、ネット上のコンテンツを放送に対する「理解増進情報」としてのサービス提供だとの考え方を事実上、撤回した。「テキスト情報をネットでは流さない」ことを約束し、民業圧迫と批判を強めていた新聞界と「手打ち」をした格好だ。

実際この四月には、ネットでのオリジナルコンテンツで一定の人気があった「政治マガジン」「事件記者取材 note」など、政治・社会・国際・科学・スポーツ各分野の記者コラムなどのテキストニュースサイトの更新を一斉に停止。売りものだったネットワーク報道部の活動を一気に縮小する動きを見せている。

【情報の価値】

この間、二三年からは受信料の一割値下げが始まり、地上契約が月千百円、衛星契約が月千九百五十円になったが（沖縄はさらに安い）、これにより一千億円程度の減収になることが確定、予算規模は六千億円台前半に落ち込む。

一方で、十二月には衛星二波が統合され「NHK　BS」になり、4K、8Kチャンネルと合わせて計三波体制になったほか、ラジオについても教育チャンネルがなくなった。さらに地方局の組織や人員の縮小も進み、もはや地元メディアと互角に取材競争はできないとの危惧の声も聞かれる。予算の大幅削減の中、ネットへの進出で支出が増加する分をチャンネル減や取材経費減で賄うという構図がはっきりしてきた。

受信料から放送事業の発展を振り返ってみると、ラジオに始まり、白黒テレビ契約にカラー料金をプラス、衛星料金を別建て徴収と、伝送路・画質・チャンネル数増加と付加価値を付けることでテレビの魅力を高め、事業を拡大してきた。

しかし、デジタル化で画質は上がっても、ハイビジョンや4Kになっても、それによる受信料引き上げは実現してこなかった。そして今回も、ネット料金は受信料とは別モノであることが強調され、放送総体の魅力をアップするというよりは、安い受信料もどき料金を設定して、テレビ非接触層を取り込みたいという希望的観測が垣間見える。

確かに〈料金の壁〉を解消することは必要ではあろう。日本社会総体の貧困化が進む中、情報に対する生活支出の枠が増えないとすれば、今や若者に限らず多くの一般ユーザーにとって「必

2024

需品」である動画配信サイトが千円足らずの中、それより高額のＮＨＫ受信料をさらに別に払うことへの抵抗感は小さくない。もっといえば、YouTubeなどのＳＮＳはタダだ。ついでながら、新聞代が三千円を超えることは論外ということになりかねない（在京紙はさらに千円高い）。

【ニュース価値】

こうしてみるとＮＨＫのみならず、新聞を含めた伝統的なサブスク型のニュース報道機関にいま求められているのは、いかに情報に価値があるかの社会的理解を一致協力して求めていくことだろう。冒頭に触れたように、法改正でＮＨＫは遠慮なくネットで放送できるようになるが、それは自由を得たと喜んでいられる状況とは言えまい。むしろ「ネットで何をするか」よりも、「ネットを本来業務にする」ことだけが目的化した戦いを、二年以上にわたって繰り広げていたことの時間と労力の浪費を、総務省と共に報道界全体で反省する必要がある。

確かに、ネット上のオリジナルテキスト情報で、ただでさえ有料化の道が険しい新聞社のパイを奪うことを、今更することはない。記事を書きたいのならば、新聞社と共同取材・共同出稿をする途《みち》もあり得るし、番組化もできるだろう。番組にするのはハードルが高いので、気軽にネット配信をして、可視化されるアクセス数をみて満足することを繰り返していても、社会の情報に対する価値の向上には繋がらない。

あえて言えば、情報はタダの空気感を後押しする結果にもなる。それは新聞や民放の衰退にも繋がるし、何よりＮＨＫ受信料の支払いも低下していく要因になるだろう。もちろんテキストベースでも、スマホ向けの斬新な表現手法を生み出し、そのノウハウを民間（民放や新聞、あるいはフリージャーナリスト）に公開していくようなことをするなら大歓迎だ。

同じ土俵であったり、隙間を狙っていたりしては、全体のニュースコンテンツの需要は低下する一方である。何より、数あるメディアの中で最も公共性を有する、法で守られた公共放送たるＮＨＫには、日本社会の民主主義を発展させる法的・社会的義務がある。

放送百年そして新聞百六十年に向け、ＮＨＫのみならずニュースコンテンツをどうしていくかは、いま私たちに突き付けられている大きなテーマである。このまま市場に任せた場合、企業としては消滅しないにせよ、報道機関としての役割・機能は大きく低下する可能性がある。こうした市場原理に大きな影響を与えるのがＮＨＫビジネスのありようであって、実は目前の放送法改正の真の命題は、ここにある。

「配慮」という欺瞞＊　*04.28/24*

「この法律の適用に当たっては、これを拡張して解釈して、国民の基本的人権を不当に侵害するようなことがあってはならず、国民の知る権利の保障に資する報道又は取材の自由に十分に配慮しなければならない」「出版又は報道の業務に従事する者の取材行為については、専ら公益を図る目的を有し、かつ、法令違反又は著しく不当な方法によるものと認められない限りは、これを

2024

正当な業務による行為とするものとする」

少し長いが、あえて条文全文を記した。近年、この種の「配慮」条項と呼ばれるものが多発している。本来、表現の自由は憲法で保障されており、その下位の存在の法律でわざわざ大切さを念押しする必要はない。にもかかわらず、こうした断り書きを入れざるを得ないのは、それだけ当該の法律が表現活動にとって危険な存在であるかを示していることになる。

冒頭の条文は、今国会で審議中の重要経済安保情報の保護及び活用に関する法律（経済安保秘密保護法）案二十一条であるが（追記＝法では二十二条となった）、全く同じ文が、二〇一三年の特定秘密保護法二十二条にある。最初に登場するのは〇三年の武力攻撃事態対処法（一五年に安保関連法に改組）の三条で「最大限に尊重」とうたう。続いて、一七年の組織的犯罪処罰（共謀罪）法六条の二は「適正の確保に十分に配慮」だ。なお「国民の権利を不当に侵害しないように留意」する規定は、軽犯罪法以下いくつかの法律にみられる。

ただし、表現行為に焦点を当てるようになったのは、日本が有事法制を本格的に整備し始めた二〇〇〇年代に入ってからの明確な傾向と言える。とりわけ緊急事態法制と秘密保護法制では、ジャーナリズム活動によって政府の不都合な事実が暴露されることを、未然に防ぎたいという気持ちが法条文にも表れている。その一方で、国会審議等での批判に対応して、「配慮するから心配に及ばない」としてきたわけだ。

さらに、条文で注目すべきは「不当でないものを正当とする」という取材行為の免責条項だ。何も言っていないに等しい一文で、法としての明確性や限定性が欠落している。その上、違法ではなくても不当であれば違法とみなす、ということの危険性を指摘しておきたい。いわば警察＝政府と、その意向に従う司法が、恣意的に記者の取材行為を「ふさわしくない」方法であると判断すれば、その結果としての報道を止めることができる仕組みだからだ。

確かに、ジャーナリストが突然逮捕される事案は起きていない。ただし、この条文が生まれたきっかけは、沖縄返還時に日米間で密約があることを示す秘密電文を、外務省職員から入手し報道した新聞記者の取材手法が、道義的に許されないという理由から裁判で有罪になったことだ。この時の最高裁決定がそのまま法律化されてきたわけだが、時の政権の意向で報道が制限される可能性があることを如実に示している。

以前から国会には、審議時間が二十時間を超えたら「審議は尽くした」とする慣行があるようだ。二二年の経済安保法も、それに続く今回の経済安保秘密保護法案もそうした最短コースの形式的な審議をたどっている。名目上の配慮でごまかして、立法化を推進する経済界や政府に「配慮」しているように見えるのが極めて残念だ。

選挙時の〈表現の自由〉 *05.10/24*

選挙時の〈表現の自由〉が社会的な問題になる事案が増えている。選挙期間中の表現活動は、公職選挙法等の法律によって厳しく規定されているが、その大目的は公正な選挙の実現にあり、民主主義社会の存立の根幹にかかわる問題だからだ。それゆえに、十全な自由保障が担保されなければならないとともに、一方ではその自由を厳しく制限することも行われている。その仕組みと現実に起こっていることの矛盾を改めて確認しておきたい。

【妨害や差別】

直近の二四年の衆院補選では、東京十五区（江東区）で「つばさの党」立候補補者が、他の候補者の街頭演説中にマイクを使って大声を張り上げる、選挙カーのクラクションを鳴らし演説が聞こえないようにする、執拗に追い掛け回すなどを行い、選挙妨害ではないかとの批判があった。警視庁は陣営に選挙の自由妨害罪に抵触する可能性があるとして警告を出したものの、本人は政治活動の自由の範囲として次回以降も続ける意向を示している。

遡《さかのぼ》って一九年参院選では、札幌市で演説中の安倍晋三首相（当時）にヤジを飛ばした市民二人が、警察官に現場から排除され、警察の行為の正当性をめぐり裁判が続いている。一審では、ヤジの内容は公共的・政治的事項に関する表現で、警察官の行為によって表現の自由が侵害されたと認めた。これに対し二審では、うち一人については警察官の行為は適法として請求を棄却した。

また、近年の選挙には在特会（在日特権を許さない市民の会）の流れをくむ日本第一党が立候補者を出し、排外主義的な主張を行う事象も続いている。選挙活動と称して公然と差別的言動を繰り返しており、一六年の都知事選では在日韓国人攻撃を、二〇年の都知事選では外国人への生活保護費支給停止を、二一年の衆院選では中国批判を繰り返した。法務省人権擁護局は一九年三月十二日付内部通達で、選挙運動で行われた差別的言動について「直ちに違法性が否定されるものではない」との見解を示している。

【自民の申し入れ】

一方で当選後に政治家自身が罪に問われることもあった。二三年四月の江東区長選では、動画投稿サイトYouTubeほか複数のインターネット有料広告を流した区長は辞職し、公職選挙法違反で公判中だ。この有料広告に関与したとして自民党衆院議員も執行猶予付き有罪判決が確定し、現役二人の政治家が捕まったことになる。なお、同時に行われた区議選で日本維新の会の区議もインターネット広告を流していたことがわかっている。

さらにいえば、街頭演説中に相手方を罵倒するのは前述のような事例に限らず、当時の安倍首相も一七年の都議選の最終日に選挙カーの上から、「憎悪や誹謗中傷からは、何も生まれない！」「こんな人たちに、私たちは負けるわけにはいかないんです」と、やめろコールの群衆に対抗した。さらにはこの対応を、直後の記者会見で菅義偉官房長官（当時、のちに首相）は、「きわめて常識的な発言」と評価した。

当時の状況を思い起こすと、一四年十一月の衆院選直前には、自民党が在京テレビ局に「公平中立な番組作り」を求める申し入れをし、安保関連法の成立をはさみ一六年二月には、選挙報道が政治的公平に欠けるとした政府統一見解を発表している。まさに、政権への批判を許さないとの強い牽制が次々と示されていた時期であった。

【煽り型候補者】

公職選挙法上、選挙期間中の表現の自由の主役は三人で、候補者=選挙活動、政党=政治活動、報道機関=選挙報道が規定されている。もともとは、候補者は資金の多寡に依《よ》らない平等な選挙戦をするため、活動を原則禁止とするかわりに、政見放送や選挙広告を無償化（政府が全額負担）することで、有権者にとっての投票情報を情報空間に供給している。同時に、報道の自由を認めることで、より多様で多面的な情報が社会に流布されるよう設計されていた。

これに小選挙区制導入に合わせて、別途、政党枠を新設して、しかもほぼ無制限な表現の自由を保障した。このことによって当初想定していた選挙期間中の情報流通モデルは大きく歪《ゆが》んでしまったといえよう。その政党の自由な振る舞いに触発されたかのように、候補者の自制が効かなくなり、言論の自由の履き違え現象がみられるようになってきたともいえよう。

しかも世の中では、嘲笑や論破型、断定・断言型の言動がテレビやSNSでもてはやされ、対話や議論よりも相手を威圧することに一部の共感が生まれていった。その結果、国政選挙でもNHK党や参政党などにみられるような煽り型の候補者に人気が集まり、議席を獲得するまでになっている。

法に守られた政党と、その政党によって作られた空気に乗った候補者の、自由過ぎる言動は多様で自由な言論公共空間をつくることなく、むしろ歪《いびつ》な情報空間を形成し有益な投票行動を遠ざけている状況が続いているとみられる。

【インターネット】

こうしたなかで忘れられた存在が有権者だ。先の三人の主役に入っていないことからもわかる通り、公職選挙法上、私たち市民は選挙期間中の表現活動の蚊帳の外である。確かに、一三年のインターネット選挙運動解禁によって候補者のネット利用がほぼ自由となり、その間接的な効果として、それまでリアル社会で選挙にかかわる表現活動が認められていなかった市民が、ネット上で「選挙活動」の一環として一定の表現行為ができるようになった。

しかしあくまでも「おまけ」の位置づけが変わらないために、ヤジが厳しく制限されたり、さらにいえば選挙の際の有効な判断材料である議員の国会（地方議会）における投票行動もオープンにされないし、いま政治問題になっている政治資金の流れについても、できる限り複雑にし市民の目から遠ざけ誤魔化すことを主眼にしたような法の作りと運用がなされ続けている。これはまさに、市民の知る権利を欺くということで、表現の自由そのものの問題である。

低い投票率を有名人を使った行政キャンペーンによって打開しようとするのではなく、このような一貫した市民不在の選挙時の表現の自由の仕組みを変えることが、まず考えられるべきだ。有権者を主役にする視点からは、政党に優遇しすぎた自由保障の仕組みも、自由な言論を謳歌する一部の候補者の言動が本来の候補者情報の入手を阻害していることも明白である。また、報道機関が多様で豊かな投票行動を促進する情報をきちんと私たちに伝えてくれないのでは、法で自由を守っている意味はなくなる。

2024

社会全体で、だれのための選挙かを見つめ直すときにきている。

ネットの健全性　*06.14/24*

六月十日、総務省の有識者会議がインターネット上の嘘情報への対応策をまとめた。すでに様々なネットルールが生まれ、自主的な通報制度や対応策も取られてきてはいるものの、最近ではなりすまし広告による詐欺被害も話題になるなど、新たな包括的施策が求められている。そこで総務省では、昨二三年の十一月に同会議を発足させ、急ピッチでデジタル空間のルール作りを進めてきたわけだ。

一般に、偽・誤情報対策に関する有識者会議と呼ばれることが多い「デジタル空間の情報流通の健全性確保に関する有識者検討会」であるが、デジタル健全化検討会と呼ぶのが相応しかろう。実はこの〈偽・誤情報対策〉と〈健全化〉の違いがこの問題を考えるときの肝である。

【健全な情報空間】

今回示された「取りまとめ骨子（案）」の焦点は、SNSや検索サービスなどのプラットフォーム（PF）事業者に対する「責務」である。具体的な中身を、少し前に提示された論点整理からみていくことにしたい（「デジタル空間における情報流通の健全性確保の在り方に関する検討会ワーキンググループにおけるこれまでの検討状況」五月三十日、検討会ワーキンググループ事務局)。

検討会では、「情報流通の健全性をめぐる課題一般」と「広告収入を基盤としたビジネスモデルに起因する課題」に大別して議論を進めているが、ここではPFの「コンテンツモデレーション」(投稿の監視や削除など)に絞って考えてみよう。

そもそも、民産学官(これに報も加わることになると思われる)が協力・連携し、社会の情報の担い手が全て一緒になって、デジタル空間における「情報流通の健全性」を実現するという枠組み自体の居心地がよくない。猥雑だったり行儀が悪い情報(やその発信者)も含めての、「豊かな情報空間」が求められるのであって、決して行儀のよさが求められているわけではなかろう。

現在のデジタル情報空間の中での「偽情報の氾濫」が好ましいものではないとの前提意識は共有するものの、だからといってそれをマルチステークホルダー全体で官民一緒になって浄化しようというのはいかがなものか。「健全な民主主義の発展」というような理念として掲げるのはまだしも、政府審議会等で具体的に表現内容の健全さを求めることはやめた方がよかろう。

【官製自主規制】

現在すでにインターネット上の情報流通に関しては、「官製自主規制」ともいうべき政府(警察庁、総務省、法務省など)と民間団体の協力体制のもとでの「共同規制」が幅広く行われている。今回の規制もこうした既存組織の延長線上が想定されるとともに、現在は民間ベースのファ

2024

クトチェック制度なども取り込む考えとみられる。自主規制の成功の秘訣は、その領域の網羅性や拘束性（強制力）があることや、その運営団体の独立性や正統性、透明性が担保されていることであるが、前者の二つを満たすために行政の関与度合いを強めるほどに、後者の三条件は危うくなるという矛盾した関係性があるだけに、相当に難しい綱引きが必要になる。

論点整理ではたとえば、災害発生時等に政府がＰＦ上の情報流通に介入することを想定している。前例としてはすでに３・11があるが、当時発出された総務省総合通信基盤局「東日本大震災に係るインターネット上の流言飛語への適切な対応に関する電気通信事業者関係団体に対する要請」（二〇一一年四月六日付）はどう総括したのだろうか。

さらに当時は、総務省「東北地方太平洋地震による災害に係る情報提供に関する日本放送協会及び社団法人日本民間放送連盟に対する要請」（二〇一一年四月一日付）も出されており（拙著『３・11とメディア』トランスビュー刊、参照）、政府は、インターネット情報に限らず社会に流通する情報すべてを対象とした、全面的な情報コントロールを企図することになるだろう。ちなみに当該要請は、微に入り細に入りの内容であって、いわば政府の認めた情報以外を「偽情報」と色分けする可能性を否定できないものであることを、改めて確認しておく必要がある。

そもそも日本は、表現の自由の保障の中でも、情報流通過程の制限に関しては極めて鷹揚で、今日においてすら幅広な流通制限が許容されている。しかもその多くは内容中立性規制とされる外形的な判断基準（時・所・方法）に基づくものであるが、その実は厳しい内容規制そのものである場合も少なくない。それにさらに「緊急事態」を理由として包括的でかつ、行政主導での強力で一律的直截的な規制が行われることは、単に言論統制の危険があるという抽象的な危険性にとどまらないものである。

【モデレーション】

モデレーション手法として規制対象の限定化が議論されているが、どこまでいってもグレーゾーンが残るのが表現規制の難しいところである。さらに九〇年代の人権侵害規制の議論（国内人権救済機構の設置法案など）のなかで、主たる人権侵害事例として政治家へのつきまとい事例や名誉毀損事例が挙げられた経緯を考えると（拙著『言論の自由』ミネルヴァ書房刊、参照）、実際の法制化やその後の運用段階で「悪用」される可能性を排除できない。

また、コロナワクチンの例にみられるとおり、ワクチンの副反応に言及しただけで動画配信サイトからの一方的な削除やアカウント凍結などの厳しい自主規制が行われたことからも、政府方針と異なる情報が偽情報と認定される可能性は極めて高い。戦時慰安婦などの歴史的記述ですら、似たような事案が報告されている。論点整理でも引き続き議論が必要とされている「違法でない偽・誤情報」に対する取扱いこそが、こうした問題解決のカギになりそうだ。

一方で、二〇二四年夏に公表される予定の検討会のとりまとめは、諸外国の実情を含め現状の分析とともに、幅広く関係団体のヒアリングも実施し、ネット秩序の構築を考えるうえでの現時点での貴重な素材になりえよう。モデレーション基準の策定・公表や窓口の整備、一定期間内での判断・通知など、今後の制度設計における選択肢も示している。法的義務か自主規制かは横に

2024

置いたとしても、ＰＦに措置の実施を求める場合に、人員や予算措置などの対応態勢も含めた社会的監視がその実効性に直結すると思われ、通信の秘密を含む表現の自由を保障しつつ、ＰＦに相応の社会的責任を求めることは必須だ。

ネット上の自由を守りつつ、どうやってフェイク情報を排除して人権を守り民主主義を維持するのかの課題を、皆で議論して前に進めていきたい。

誰のためのプライバシー保護か* *06.02/24*

子どもは社会で大切に守るべき存在だ。ましてやプライバシーはとても大切で、しかも性犯罪の被害者であるならばなおさらである。そのため、学校で教師による性的な犯罪が起きても、校名や氏名が分かると児童生徒が特定される可能性があるとして、被害者保護の観点から犯罪事実そのものを伏せる傾向が強い。それは悪戯という曖昧な言葉で語られていた時代からの習慣だという。

その延長線上で、教師が訴追され刑事事件になった場合、裁判自体を「なかったこと」にするような動きがある。二〇二四年に明らかになった横浜市教育委員会が職員を動員して一般人が傍聴できないよう「ブロック」していたことはその典型例だ。名目としては子どもの保護をうたっているが、公務扱いで交通費まで支払って傍聴席の占有を指示していたとされ、実際に傍聴席は

「関係者」で埋め尽くされていたという。

複数の記者が疑問に思い問い合わせて発覚し、市教委は謝罪に追い込まれ、外部の弁護士らが検証するようだ。しかし、メディアの中でも動員をやむを得ないとする声が出るなど、すっきりしない。それというのも、市教委の被害者保護という言葉を字句通り受け取れないからだ。

今回の事案でも裁判は完全な「匿名審理」で、被害者のみならず加害者も全て実名を伏せられたままである。そもそもこの種の事案の場合、教育委員会は教師の懲戒処分の具体的な事実さえも公表しないことが少なからずあるとされ、さらに刑事裁判になっても事件そのものを隠すことで、真相を闇の中に葬りかねない。その結果、同じ教師が問題を起こしても、特定の学校で発生している可能性も、チェックできない事態が生まれることになる。

被害者側にとっても、学校がわが子の被害を防止できなかったことに加え、その学校側が組織的に事件そのものをなかったことにしようとしているという意味で、二重の被害を受けているといってもよい状況だ。市教委は、当事者からの依頼によるものと説明しているが、児童生徒のプライバシー保護を建前にした「教師の犯罪」の隠蔽ではないのか。

憲法八十二条は裁判の公開を定めており、何人も裁判を傍聴する権利を有する。一般人の傍聴の機会を行政機関が阻害するのは、憲法で定められた公開原則に反する言語道断の行為だ。裁判は、事件の情報を社会全体で共有し、考える契機となるもので、原因の究明や、同種事案の抑止に繋がる。横浜市教委はこうした意義を理解しているとは思えない。

そもそも人を番号化し匿名にすることによってリアリティーが失われた法廷は、事件を社会で共有化することが難しい。それは事件の真相を追及することにも大きな障壁が生まれ、記録として歴史に残すことも困難だ。結果として人々の記憶にも残らないし、再犯の抑止効果も薄いのではなかろうか。さらに、日本では起訴状が公開されないなど、捜査情報を含む行政文書の非公開度合いが極めて高い社会である。そうした隠蔽体質を、報道がかろうじて穴を開け、監視し続けている側面が強い。

匿名は誰のためのものか、それぞれの立場で守るべきものは何か――。原点に立ち返る必要があろう。他の自治体でも行われていたという話も聞こえる中、形式的な匿名化は危うく、人権を守るためにもならない。

取材源秘匿と公益通報　*07.12/24*

鹿児島県警は報道機関に対し令状をもって強制捜査を行い、取材関連資料を押収した。その後、押収したパソコンに保存されていた内部告発文書をもとに直前まで現職幹部だった警察官を逮捕した。六月になって事態が明らかになり、一部のメディアが報じているものの、大手報道機関の中には黙殺するところもある。

【最悪の事態】

事件が起きたのは四月八日、福岡にあるニュースサイト「HUNTER」（ハンター）の事務所に強制捜査が入り、中願寺純則代表の携帯電話や業務に使用していたパソコン等が押収された。その結果、「闇をあばいてください。」と題された、鹿児島県警が隠蔽した事件を内部告発した文書を県警が入手し、一か月半後に当該告発者が国家公務員法違反（秘密漏洩）容疑で逮捕、起訴される事態となった。まさに、公権力の強制捜査によって取材源（情報源）が明らかになり、内部告発者が逮捕されるという最悪の事態である。

取材源の秘匿はジャーナリストの最高位の倫理とされており、報道界の横断的団体である日本新聞協会と日本民間放送連盟も、「いかなる犠牲を払っても堅守すべきジャーナリズムの鉄則」とする（二〇〇六年声明）。さらに最高裁が、取材源の秘密を職務上知り得た秘密に当たると認め、「取材の自由を確保するために必要なものとして、重要な社会的価値を有する」とした（〇六年十月三日NHK記者証言拒否事件最高裁判決）。ジャーナリストは、医者、弁護士、宗教人とともに、特別な職責を担っていることが明らかになったわけだ。

【被取材者の信頼】

ただしその後も、ジャーナリストが強制捜査を受けたり、取材関係資料が押収されることがなかったわけではない。〇七年には奈良で起きた少年事件を扱った単行本『僕がパパを殺すことに決めた』をめぐり、掲載された供述調書の出所として鑑定医が逮捕・有罪となったが、同時に作家である草薙厚子も奈良地検の強制捜査を受けた（不起訴処分）。さらに一四年にはＩＳイスラム国への参加準備に関与したとして、フリージャーナリストの常岡浩介が刑法の私戦予備陰謀で家宅捜索を受けた（一九年に書類送検、不起訴処分）。

　こうした作家やジャーナリストに対する強制捜査自体が、さまざまな取材で知りえた情報を強制的に公権力が入手するものであり、取材の自由を損ねるものであって許されない行為だ。そのうえであえていえば、今回の鹿児島県警は、それが当初から目的であったか否かは別としても、押収資料をもとに情報源を特定したという点で、これまで捜査機関がかろうじて守っていた一線を超えた。

　同じことは取材関連資料の押収という点でもいえる。確かにこれまでも、放送局のテレビフィルムの提出という点で、警察・検察・裁判所の押収令状や提出命令等に従い、放映済みに限らず未編集テープなどの取材資料をやむなく提出してきた歴史がある。未編集の撮影素材であっても報道目的限定の取材の結果であって、目的外使用である捜査資料に利用されることは、被取材・報道者と撮影者・報道機関の信頼関係を大きく損なうものであって許されない。

　それでもなお、それらと取材源が明らかになる取材メモとでは、大きな差があるといわざるを得ない。そうしたことからも、いかに今回の強制捜査とそれに伴う押収が異例なものであったかということであり、同時にそうした令状を発行した司法の判断は誤りであったといわざるを得まい。


【正当な内部告発】

　もう一つの問題が、内部告発者を守れなかったことだ。この点で警察は一貫して内部告発と認めていないが、そもそも当事者が判断すること自体が誤りだ。〇四年に制定された公益通報者保護法では、外部通報先として「その者に対し通報対象事実を通報することがその発生又はこれによる被害の拡大を防止するために必要であると認められる者」を規定しており、具体的には報道機関や消費者団体をさすとの解釈が確定している（消費者庁などの解説）。

それからすると、当該警察官が北海道在住のジャーナリストに告発（情報提供）したことは、法に沿った正当な行為であって、公益通報そのものである。そして受け取ったジャーナリストが情報共有した先が、今回強制捜査を受けたニュースメディア（報道機関）であって、最初の通報先同等であるとみなされる。日本の場合は内部告発を裏切り者視したり、二二年に受け皿整備のために法改正がされたにもかかわらず、まったく履行が進んでいないなど、社会全体で公益通報が制度として十分に認知されていない現状がある。

その残念な反映が、通報先のガサ入れや通報者の炙り出しということになろう。沖縄県南城市の市長ハラスメント疑惑において、責任追及をする議員を議会で懲戒したり、告発者開示を記者に求めるのも同様の意識があるとみられる。

【「報道機関」差別】

そのうえで冒頭に触れた、大手メディア扱いの躊躇ぶりの要因の一つは、ハンターが「報道機関」ではないという理屈だ。実はこうした差別感は行政側にもありそうだ。前述の例でも作家には強制捜査に入っても版元の講談社は捜査を免れたし、〇五年の中国潜水艦事故の記事に関し、

2024

情報源の陸自自衛官は家宅捜査を受けても読売新聞はお咎《とが》めなしだった。

自分たちは別格で大丈夫との思いが、もし大手メディア側にあるとすれば、それは驕《おご》りであってむしろ知る権利を蔑《ないがし》ろにし、市民との信頼関係を危うくするものだ。民主主義社会全体にとって表現の自由が狭まる可能性がある脅威に対しては、きちんと共闘をする必要がある。ましてや表現の自由の護《まも》り手である報道機関の重要な役割だ。

それでも守らなければならないもの* 07.07/24

今日は東京都知事選の投開票日。五十六人に及ぶ候補者の政策よりポスター掲示板に注目が集まった選挙期間だった。転売、わいせつ、肖像権侵害と話題に事欠かない状況は、全十一時間に及ぶ政見放送でさらにカオスな事態を招いた。「掲示板も放送もなくせばよい」との声が聞こえているが、果たしてそれでよいのか。

そもそも選挙期間中の表現の自由は、候補者の選挙活動について厳しく制限し、代わりに多様で自由な選挙報道によって、有権者に有益な情報を社会に流通させる設計になっている。候補者にとって無料のテレビ・ラジオの政見放送や新聞の選挙広告は、資金量の多寡によらず平等な情報発信を可能にする貴重な手段だ。紙ポスターの指定掲示がなければもっと荒れた選挙戦になっていたであろう。確かに、志のある候補者とまっとうなマスメディアを前提にした制度であるから、立候補目的や報道実態が法の趣旨と異なる事態が続けば制度の変更が必要だ。しかし、試行錯誤が民主主義の常であって、すぐに正義を振りかざすことには躊躇があった方がよい。

背景には、衆院補選も含め脱法・触法行為をする者が、自由や権利を主張している実態がある。表現の自由とりわけ政治言論の自由の基本は、権力者への批判の自由であって、とりわけ弱い者や虐げられている者の声が社会に届くことが大切だ。にもかかわらず、声の大きな者による弱い者いじめや自己顕示、さらには収益目的が横行し、言論の自由とは似て非なる結果となっている。自由の振り回し方を知っている人が勝ってしまう実態は、論破や炎上商法とも共通している残念な状況だ。

日本の憲法・法律は「気密性」が低いとされる。いわば曖昧さが特徴で、それゆえにいいかげん、ほどよいあんばいの行政運営によって市民生活が守られてきた経緯がある。しかしここ二十年余、政府がその解釈の幅を悪用し解釈改憲を進め、行政による恣意的な運用が進んでいる。しかもその際に「迷ったら楽な方」を選択する悪弊もはびこっている。隠すことで楽をする手法は、都知事選有力候補者においても制限的な記者会見の実行として共通している。こうして公権力が楽な方を選択し続けることで、どんどん批判の自由は社会から失われていくことになる。

本来公務員は、難しい利害調整を率先して行い、それによって国や住民の利益を守ることが社会的責務であり、実行してきたはずだ。しかし直近の事例を見ても、鹿児島県警も大阪高検も犯罪行為の隠蔽を組織的に行ってきたことが明らかになった。沖縄における米兵犯罪が国から県に報告されていなかったり、事実を把握した県警も公表してこなかった。当局は当事者のプライバ

2024

シー保護を理由にしているが、隠蔽は被害の予防にも加害者の処罰にも繋がらず、単に自身が、楽する・得するためのものではないか。

このように身勝手に自由を振り回したり、楽をして保身を図る者が続出すると、どうしてもより厳格な規律を求める方向に議論は進みがちだ。しかしその結果、私たちが大事にしてきた「余白」を失うことには最大限の注意が必要だ。しかも表現の自由は必ず弱いところから侵食される。簡単に「自由」を手放すと取り戻すのは至難の業だ。気づいた時には手遅れ、が歴史の教訓である。

能動的サイバー防御　*08.09/24*

有事という言葉で語られてきた他国との武力衝突が、明確に「戦争」という用語に置き換わり、国家安全保障という名の戦うための国づくりが進んでいる。沖縄戦の最中《さなか》から一貫して続く米軍による基地の自由利用はますます固定化しているし、これに加え自衛隊の南西配備と称される人的物的拡充が止まらない。当然、日米間の軍事連携はいっそうわかりやすいかたちで示され、その結果、島全体が他国への攻撃拠点であり攻撃対象となりつつある。

こうしたわかりやすい武力の増強を支える、周辺の制度整備も急ピッチで進む。しかも小さく生んで大きく育てるという言い方が文字通りあてはまるかたちで、政令委任等による「だまし討ち」的運用によって基地運用のしやすい社会環境が作られてきた。これは裏を返せば、市民の自由や権利が規制され続けているということだ。

【画餅の第三者委】

その象徴例は、二一年制定の土地利用規制法や一六年制定のドローン規制法だ。土地利用を制限する地域指定には、法が定めた審議会での了承が必要で、これが歯止めになるはずだが、当該指定を受ける自治体として沖縄県が疑義を呈しても、議論ではスルーされ、政府案が変更されたことは議事録で確認した限り過去に一度もない。

第三者委員会がまったく機能していない一例で、昨今の法律でよく独立性を持った機関を作ることで歯止めとなるという論法が使われるが（直近では政治資金規正法の運用監視でも、法改正の条件として第三者委員会方式が採用されている）、それが画餅であることは明白だ。

そしてさらに政府では、「能動的サイバー防御（アクティブ・サイバー・ディフェンス＝ＡＣＤ）」のための新法制定に向け具体的な検討が進んでいる。国民生活に不可欠なインフラを守るためには、憲法で明記されている通信の秘密を制限してでも、通信事業者経由で収集した情報をもとに監視体制を強化することが必要だとの認識だ。九月にも取りまとめを予定している内閣官房に設置された「サイバー安全保障分野での対応能力の向上に向けた有識者会議」には、憲法学者や前・日本新聞協会会長などのメンバーが揃う。そこでは、公共の福祉のためには通信の秘密が必要かつ合理的な制限を受けることに大きな異論は出ていない模様だ。

【広範に情報収集】

しかし、サイバー攻撃対処のための情報収集は、現在極めて限定的に実施されている通信傍受とは規模も深度も別次元の広範なものになると想定されている。さらに攻撃者を突きとめるには、端末のパソコンなどでの操作に関する記録も含め、データの通信や管理の要となるサーバーを持つ事業者から、膨大な情報の提供を受けることが必要だ。

おそらくここでも、通信の秘密に配慮する旨が規定されるなど、法では人権バランスをとる形式を踏むものの、実際の運用は通信事業者に協力という名の提出命令義務を課し、広範な監視活動が実行されることになると危惧される。

なぜそれほどまでに憂える必要があるかは、二〇〇〇年代に入って続々と成立した「配慮」を謳う法律群を並べてみるとわかる。

〇三年　武力攻撃事態対処法三条五項

〇四年　国民保護法五条一項

一三年　特定秘密保護法二十二条

一七年　改正組織的犯罪処罰法＝共謀罪法六条の二

二四年　経済情報秘密保護法二十二条

しかもこれらの共通点は、すべて国家安全保障を目的に、表現の自由（取材・報道の自由）を制約するものであるという点だ。

【「原則」と「等」】

政府はすでに内閣法制局チェックも終えていると報じられており、そこで確認された収集条件として、⑴目的の正当性、⑵行為の必然性（その行為以外に手段がないこと）、⑶手段の相当性（必要最小限にとどめること）のほか、⑷内容の限定性（メールの中身や件名といったプライバシーにはかかわらない付随情報＝メタデータにとどめること）などがあげられているという。

これらは表現規制の時の一般ルールとほぼ同じで、まさに総論としての原則を述べたに過ぎないものだ。実際、すでにこれら条件は「原則」であるという声が聞こえるほか、「等」で拡張解釈の幅を担保することが想定されており、十分な歯止めになるような条件とは言い難い。

しかも審議会は議事要旨のみで（政府は発言者名を伏せた議事録との認識）、相変わらず重要な会議ほど正確な記録を残さない体質が発揮されており、自衛隊にみられるように国家機密の管理も杜撰なうえに、こうした秘密体質の国が恣意的な判断で国民監視が自由にできる法制度を作ることの危険は否定しえない。

ちょうどいま、総務省では偽・誤情報対策が急ピッチで話し合われており、ネット空間の「情報流通の健全化」のための制度構築を目指して、官製ファクトチェックシステムなどが構想されている。日常の生活が不安になったり、平穏や安全を求めた場合、どうしても国にその解決を求めてしまうし、その結果より強力な「規制」を受け入れがちだ。ネット空間の怪しい動きを平時から常時監視していれば犯罪を未然に防止できる確率は上がるに違いない。しかしそれは、だれもが国家に通信内容を監視されることを意味する。

政府内の検討では、通信内容の提供は受けないとしているが、あくまでスタート時点の話であって、通信傍受法（盗聴法）も当初の運用条件が大きく緩和され運用されているのが現実だ。そもそも二〇〇〇年代に入って続々制定される表現の自由規制立法の流れをさらに加速させることが、日本社会の基盤を大きく変えてしまいかねない。公権力に委ねるとは、市民的自由を手放すと同義であることを改めて確認し、憲法原則をいかに実効的に守るのかに心を砕くことが求められている。

スポーツジャーナリズムの神髄* *08.11/24*

連日連夜、メディアはオリンピックのニュースであふれている。以前から五輪期間中は、重要な他のニュースが押しやられるという批判があり、確かに二四年の夏は八月定番の戦争特集も少ないし、パレスチナ自治区ガザの情勢を巡る緊迫も大きな扱いにはならずじまいだ。国際オリンピック委員会（IOC）が国連とともに呼びかける「五輪休戦」の期間が始まっても、ウクライナやガザを巡っての戦闘行為は収まるどころか激化しているようにすら見える。これに対し、最大スポンサーに忖度してかIOCは無言を貫くし、それに言及するメディアは限定的だ。

さらにテレビをはじめ各媒体が広告集稿に苦慮するのは、マスコミ離れのためでなく報道の質によってはいないか。各媒体ともに、人も資金も大きな負荷をかけているにもかかわらず、さして代わり映えがしないのは選挙報道に似ている。テレビ各局は、なぜ細切れ持ち回りで選手を仮設スタジオに呼び、ほぼ同じ質問を繰り返すのか。まさに開票特番の立候補者インタビューと同じ様相だ。東京都知事選の際には石丸伸二・元安芸高田市長の受け答えが批判されていたが、短時間での紋切り型の質問に一次的な課題があることは否定できない。

芸能報道が芸能事務所と、政治報道が政治家との「近すぎる関係」が問題となるように、スポーツ報道は当然ながらアスリートさらにはスポーツ団体との一体化が指摘され続けている。日本オリンピック委員会（JOC）は二〇一九年以降理事会を非公開に変更、その理由は「本音で話すため」という一昔前の論理だ。JOC記者会はその都度公開の申し入れをしているものの、押し切られ続けている。都知事や首相の会見で、記者会見が厳しく制限されているのを記者クラブが容認しているのと同じように、一番近い記者が厳しく対峙することを回避している結果だ。そのため、東京五輪の検証も中途半端で、うやむやなままだ。

オリンピックニュースはアスリートのヒューマンドキュメント中心で、美談で飾らねばならないという思い込みが、柔道女子の号泣を多くのスポーツ紙がトップ記事に据えることに繋がっていよう。むしろ代表選考プロセスが、結果的に当該個人を追い詰めている側面はないのか、冷静な批判・検証をすることがジャーナリズムの役割だ。有名人としての大谷翔平選手のプライベートを追いかける日本のメディアと、スポーツ賭博を調査報道で追及する米国のスポーツチャンネルの差をどう埋めていくのかが課題だろう。

もちろん定番のスポーツ報道は、オリンピックに限ってのことではない。夏の風物詩、高校野球でも同じだ。「亡き祖母の思いを……」というストーリーを探し出すことを、新人一線記者に有形無形に課し、固定的なエモーショナル・スポーツ報道が完成している。その結果、熱戦に水を差すような批判めいた報道は押し込められ、感動を誘う「ニッポン頑張れ」コールに満ちた旧来型の番組や紙面が作られることになる。

多様な構成の社会において、こうした報道が読者・視聴者から遠い存在になっていることに、一番冷静にならなければならないニュースルームが、一番ナショナリズムに染まって国威発揚をあおっていることはないか。日本のメディアの危うい DNA が見え隠れする瞬間だ。

公益性とプライバシー　*09.13/24*

米兵犯罪の隠蔽が相次いで明らかになっている。九月五日にも別の事件が新たに表面化し、六月に社会問題化した前に発生した事件について、政府は知っていながら口をつぐんでいたことになる。であれば、まだ明らかになっていない事案があるのではと疑う。沖縄以外に、青森、東京、神奈川、山口、福岡、長崎で、少なくとも二〇二一年以降、地元自治体に情報共有されておらず、県警・地検や政府が事件を公表してこなかったことが判明した。ではいったい、二一年を境にどのような方針転換が「中央」でなされたのか。

初報の六月当初は、県議選を念頭に置いての政権党に対する忖度が働いたとの見方も強く、いまだその見方は否定できないものの、より政府や警察組織の根深い問題が見えてきた。さらにこうした「不都合な真実」に目を背ける傾向は、政府の側だけではなく報道界にも存在する場合があり、これが政府の隠蔽を後押ししている側面もある。

【一般ルール】

止まない犯罪の根底に、不平等で憲法を超えた存在になっている日米地位協定があることは誰もが認めるところだ。協定十六条は、軍関係者に「日本国の法令を尊重」するようには求めてはいるものの、いわばお願いベースで、「不処罰の風潮」が米国側のみならず日本側にすら蔓延している。憲法で保障されている国民の人権を守るためには、沖縄県も繰り返し求めている対等の関係にするための抜本改正が必要なことは言うまでもないが、「尊重を順守に」変えることで意識変革を求めることくらいは、最低限すぐにできよう。

ただし全国に広がる犯罪隠蔽の実態は、単に米兵だからというだけではなく、一心同体の米国を含む政府関係者の犯罪、とりわけ性犯罪を公表しないという一般ルールに帰着をする面もありそうだ。それを露呈したのが、五月に明らかになった横浜市教委の教員性犯罪隠しだ。市教委は事件化したのちも処分時において公表せず、さらに公判廷において職員を動員して傍聴席を占有、一般傍聴者をブロックしてまで事実を隠蔽しようとしていた。

こうした扱いは他の自治体と連携をしていたともされており、決して特異な事例ではなかったことがうかがわれる。実際、教員性犯罪については教育委員会として公表しないことが全国的に一般化しているとされる。その時の理由は総じて「被害者のプライバシーを守るため」であって、教員名や勤務校を明らかにすることで被害者が特定されるからと説明されてきた。この理由づけは、米兵犯罪と共通するものといえる。

【権力犯罪】

確かに被害者を守ることはとても大切だ。横浜市教委も被害者側からの要請を受けてのことであったと弁明している通り、当事者にとって一切事件について世の中に知られたくないという気持ちはもっともなことだ。しかし一方で、事件を社会で共有化することで、累犯を未然に防ぎ、事件発生の構造的な欠陥が明らかになり、制度改革に繋がることにもなろう。

とりわけ教員や軍の犯罪は明確な権力犯罪でもあり、単に加害者個人の問題にとどまらない。さらに沖縄をはじめ基地の街における米兵犯罪は、まさに日本の法制度の欠陥が招いた結果という側面もあるうえ、とりわけ沖縄県内の基地犯罪は極めて大きな社会的関心事である。その意味で、これ以上ないほどの公益性・公共性が高い事案であり、きちんとした情報開示が最も優先される事案であるといえるだろう。

そうしたなかで政府や県警、あるいは教育委員会といった行政機関が、身内や米軍の犯罪を「不都合な真実」として隠蔽するルールを確立して、まさに統一的に運用してきた結果が、今日の事件に繋がっている。現場記者の機転で、米兵や教員の犯罪が「偶然」明らかになったものの、それがなかったら、この悪慣習はまだまだ続いていたことになる。

念のために確認するならば、こうした事件の存在を社会で共有するためには報道が必須であり、事実を報じることを前提として、いかに当事者の人権（プライバシー）を守るかが問われることになる。もちろん、氏名を報じないことも含め、とりわけ性犯罪において被害者が特定されない方策をとることは、報道をする者の最低限の責務だ。

冒頭に触れた事案で県警は、新しいルールに則り書類送検段階で県に通達したという。しかしそもそも、沖縄駐留米兵による性犯罪という、通常事件に比して少なくとも公共性・公益性が低いとは思われない事案で、地位協定上の取り扱いで身柄拘束ができないという理由から、書類送検まで秘匿すること自体に問題がないのか。「卑屈」という表現を使いたくなる対応である。

【取材・報道批判】

ただし難しいのは、この報道価値の順番付けに異議を唱える声が法曹関係者に強い現実がある。すなわち、被害者がＮＯであれば原則、取材・報道はすべきではないとの声だ。二三年十二月十四日に日本弁護士連合会は「報道機関に対し、犯罪被害者等の尊厳及びプライバシーを尊重して、その置かれている状況や意向に十分配慮することを求める意見書」を発表、いわゆる犯罪報道を厳しく糾弾した。そこでは、集団的過熱取材が発生し、犯罪被害者等の私生活の平穏が脅かされる事態が生じるなど、報道機関による取材・報道が深刻な二次被害を生んでいるとする。そして、こうした憲法で保障されているプライバシー権を蹂躙する事態がいまだ継続しているとともに、ネットの発達により、報道被害はより深刻かつ重大になっていると主張する。

同意見書も「犯罪被害者等が公人の場合等、犯罪被害者等の意向に反してでも報道すべき場合もある」と注釈をつけつつも、「犯罪被害者等の権利利益保護への意識の高まりと報道機関の姿勢の乖離」があり、このままでは市民からの信頼性を損なう危険があると警告する。こうした声を背景に、政府・行政機関の事件の未公表が進んでいるということが否定できない。

確かに、直近の能登半島地震の取材においても、避難所において一部報道機関の心無い振る舞いがあったことが報告されている。これらはまさに報道側の不都合な真実に他ならない。しかし残念ながら、こうした問題に真摯に対応した形跡はなく、その場をやり過ごすことでじわじわと市民からの嫌悪感はたまっているのではないか。

こうした状況を、ある意味で行政は「利用」して、情報の隠蔽を図っているともいえよう。それは私たちの知る権利を大きく毀損するものであることを考えれば、この悪循環を断ち切る第一歩は、むしろ報道機関の側から踏み出す方が早道ではないか。いずれにせよ「不都合な真実」に背を向けることでの最大の被害者は、市民だ。

ホイッスルは止まれの合図* *09.15/24*

ホイッスルブロワーは警笛を吹く人の意味で、内部告発者を指す用語だ。国際的にも広く法制化され、日本でも内部通報と内部告発を公益通報という手続きにまとめて整理し、通報した労働者を保護している。公益を図るための、組織内の内部通報と外部への内部告発を制度上で確保することで、組織における不祥事による社会全体への被害拡大を防ぐことを目的とする。二〇〇四年に公益通報者保護法として整備されたものの、その後も社会的理解も進展がみられないばかりか、「後退」と思われる事例まで散見される状況だ。

二二年には法改正によって企業等での窓口整備が義務化されたものの、施行後一年の民間調査によれば、従業員三百一人から千人の事業者の四割以上、従業員千人超の大企業でさえ三割が対応しておらず、違法状態にあるという。こうしたグズグズの状況が示しているように、行政機関も含め公益通報者保護の意識がほとんどないことが明らかだ。

その結果、大きなニュースになっている兵庫県知事のハラスメント疑いでも、鹿児島県警の犯罪隠蔽や沖縄県南城市長のセクハラ疑いでも、覚悟をもって行った通報を受け取った行政側が公益通報と認めず（ゆえに課せられている守秘義務も顧みず）、逆に外部に対する情報漏洩《えい》で公務員法違反であるとか、プライバシー侵害・名誉毀損であるとして、当人をすぐに処分することで告発内容を「なかったこと」にする動きが続く。

さらに告発を受けた側が設置した調査委員会が、告発内容を否定したり、関係者への箝《かん》口令として使うなど、これまた被告発者側が優位に立つための情報統制の手段になっている。これらはひとえに、行政だけでなく議会も含め公権力全体が公益通報を認めないという意思で統一されていることを意味している。

さらに問題なのは通報先の曖昧な位置づけだ。法では二条で規定の内部通報窓口のほか「その

2024

者に対し当該通報対象事実を通報することがその発生もしくはこれによる被害の拡大を防止するために必要であると認められる者に通報すること」を認めている。政府作成の逐条解説では「多数の者に対して事実を知らせる報道機関（報道を業として行う個人を含む）」が例示されているほか、関係省庁のウェブサイトでは「周辺の人」までもはいるとされている。

にもかかわらず、鹿児島県警の例では告発文書の送付先報道機関に強制捜査を行い情報漏洩容疑で取り調べるなど、通報先としての認識がみられない。また大手メディアも、報道機関として認めない扱いを続けるなど曖昧な扱いだ。第一通報先からの情報共有先はどこまで保護されるか、報道機関に対し告発者情報の開示を求めることは許されるのかといった課題も明らかになった。

直近の事例だけでも、組織内窓口の独立性がどこまで担保される必要があるのか、一次的に公益通報かどうかを誰が判断するのか、少なくとも組織者が判断し、公益通報者もしくは通報先への懲戒・処分は許されるかなども迅速な解決が必要だ。サッカーでも笛が吹かれればプレーはいったん止める。告発された側が笛が鳴ってからさらに相手選手の足を踏みつけているのが現状で、こうしたルール違反の悪質行為を厳しく指摘するのは報道の役割だ。

ハイパーローカルメディア　*10.11/24*

沖縄本島のメディア状況とりわけ新聞の購読（発行）環境は、日本の一般的な状況とは異なるものの、多くの地域では他国と異なり、新聞と放送の分野においてはっきりとした三層構造（別表）ができあがっている。それが当該地域における複数メディアの存在となり、行政をはじめとする公権力監視を実行する基盤になっているからだ。

すでに二十年以上前から「ニュース砂漠」という言葉が語られ始め、米国における実証研究では、地元新聞廃刊後はその州で政府の汚職が進むといった実例が報告されている。そこで改めて、日本のメディア構造を確認しつつ、「ニュース番外地」を救うと着目される「ハイパーローカル・ニュースメディア」にスポットをあててみたい。

【戦後の三層構造】

冒頭に示した通り、戦後の日本は特異なマスメディア状況を維持し続けており、新聞では通例、東京を要とした全国紙（在京紙とも呼ばれる）と県域を発行エリアとした県紙（一部は複数県をカバーする新聞もある。例えば中日新聞は、愛知・名古屋を中心とした中京圏のほか、北陸を発行エリアとする北陸中日と日刊県民福井、東京圏をエリアとする東京新聞を擁する）がある。戦中の検閲制度の名残である一県一紙体制が、戦後すぐの復興期を挟んで確立し、ほとんどすべての県では主要な地方紙が存在する。

一方で放送では、全国をカバーする公共放送・NHKに対し、県ごとの民放があり県内には一般に二〜五のローカル局が存在する。これは政府がコントロールする放送免許に従ったもので、法制化されたものである。キー局と呼ばれる東京圏の主要放送局として、日本テレビ・TBS・

テレビ朝日・フジテレビ・テレビ東京があり、これらの局を中核として、大阪や名古屋の局を中心にネットワークが組まれ、疑似的な全国放送をしているわけだ（沖縄には日本テレビとテレビ東京系列の地方局はない）

ここでの大きなポイントは、新聞の場合は戦前・戦中の発行・編集態勢をそのまま継続する形で戦後体制が確立し、一方で放送の場合はとりわけ地上波放送においては戦後すぐの放送法の制定と放送政策によって、NHKと民放の二元体制はじめ現在の放送形態が形成された点である。したがって当然ともいえる帰結として、沖縄戦とその後の米軍施政下によって「断絶」が生まれた沖縄県下においては、戦中の新聞発行態勢は継続しえなかったわけだし、同様に、本土の戦後放送体制は沖縄には適用されず、他県とは違う状況が生まれたことになる。

	新聞（紙）メディア	放送（テレビ・ラジオ）メディア
ナショナル（全国）	在京紙（朝日・読売・毎日・産経・日経）	NHK＝全国放送
ローカル（地方）	県紙（琉球新報、沖縄タイムスほか）	民放テレビ放送、民放AM・FMラジオ放送＝県域放送
コミュニティ（地域）	地域紙（宮古毎日新聞、宮古新報ほか）	FMコミュニティ・ラジオ放送、地域ケーブル放送＝コミュニティ放送

【マスの存在】

そしてもう一つのメディア特性は、「マス」の存在だ。いまや新聞やテレビが、一家に一紙とか一台と言われた「世帯メディア」かどうか疑わしいものの、それでも新聞の宅配制度が現存し、チューナー付きの大型据え置きテレビが量販店の主要商品であることからすると、世帯対比で数字を見る意味はあるだろう。今年発表された政府の最新統計によると、世帯数は二三年にピークを迎え五千七百七十三万世帯と推計している。人口減少にもかかわらず世帯数が増え続けているのは、世帯の単独化が進んでいるためで、平均世帯人員が約三人だった一九九〇年には、世帯数は約四千万だった。

それを考えると、NHK受信料支払世帯は二三年度末で三千五百八十万件で、支払免除を除いた受信契約対象世帯数の八割にのぼり、極めて高率だ。家でテレビ受像機を通して地上波テレビ放送を見ている数が、全世帯のおよそ半分との推計も妥当なものではないか。

一方で、現在の新聞総発行部数はおよそ二千五百万部とみられており（日本新聞協会の二三年推計では一般紙二千六百六十七万部）、全国紙と地方紙のそれぞれの合計がおおよそ半分ずつである。これを受信料計算の母数と比較すると、世帯の半分程度は新聞を購読している計算になる。このことはいまだ日本では、テレビや新聞が日常生活のなかに存在するアイテムであることの証左であり、ニュース接触ができる情報環境にあると言い換えが可能だ。

こうしたマスが継続存在しているニュース環境は、世界の中で唯一といってよい状況であって、この日本のユニークさを民主主義社会の発展に強みとして生かすことが必要だろう。

【ハイパーの意味】

ただし、全体として新聞離れやテレビ離れという形で、「ニュース離れ」が進んでいることは否めない。しかもその大きな要因の一つは、媒体への信頼度が大きく低下していることとされる。これとも深く関係するが、必要な情報がマスからは得られないという理由も調査では上位を占める。地域の新聞やテレビといったニュース媒体が物理的になくなった以外にも、メディアは存在しても実質的に情報入手ができない「ニュース砂漠」状態が生じているということだ。

そうした状況の中で、ニュースの空白を埋めているのが「ハイパーローカル」な「ニュースメディア」である。冒頭の表ではコミュニティに区分けが可能なメディアで、新聞やケーブル等のテレビ放送のほか、ウェブメディアとしての活動が盛んである。メディアに取り上げられるなど筆者が偶然知ったサイトだけでも、「屋久島ポスト」「NEWS KOCHI」「ニュース「奈良の声」」「Watchdog」「NEWSつくば」「TOHOKU360」など数多い。

これらの多くは、調査報道によって大手の新聞や放送が扱わない、あるいは深堀りができていない題材を、より住民視点で追及することに特徴がある。あえていえば鹿児島県警による強制捜査を受けたことで全国区で有名になった「HUNTER」（ニュースサイト ハンター）も、マスの報道空白を埋めるメディアという意味では同じ類系ともいえよう。これに、地域で確固たる存在を確立してきた地域の新聞やケーブル局も含めて、いかに地元の行政監視を含めた〈ニュース〉を届ける情報環境を維持するかが、より重要な社会課題となっている。それのためにも伝統的な三層構造をベースに置きつつ、さらにニュースを多角的重層的に伝えるハイパーローカルメディアを、市民社会としてどう後押しできるかを考える必要があるだろう。

抽象を具体化することの意味* *10.20/24*

ハトが平和のシンボルであることは、おそらく誰もが知っている。四つ葉のクローバーをくわえた白いハトをプリントしたTシャツを着ることで、平和を希求する内なる思いを他者に表現したり、運動に繋げたりする効果もあるだろう。しかし民族紛争による住民虐殺を克服するには、もっと具体的な努力が必要だ。先日訪れた旧ユーゴスラビアの国々で、その一端に触れることができた。

ボスニア・ヘルツェゴビナの首都サラエボは、街のそこここに一九八四年開催の五輪マークが残っているが、それ以上に目立つのは九〇年代前半の内戦の戦禍だ。今でも社会主義国時代のアパート群が立ち並び、その多くは銃弾の痕がそのままで、普段の生活がその上で営まれている。焼け焦げた建物もまだそのままだ。街が奇麗になることを望みつつも、こうした戦争の傷痕をきちんと残すことが必要と、住民でもある現地ガイドは語っていた。

そうした中で民族融和の一つの象徴が、日本でもよく知られているイビチャ・オシム氏だ。旧ユーゴ・サッカー界の融和に尽力し、サラエボの通りの名にもなっている。日本代表監督としての言動は、オシム語録として語り継がれており、オリンピック記念公園の麓にある集団墓地に埋葬されている。今日の同国ではイスラム、セルビア正教、カトリックなど宗派別に墓地は厳格に分かれ、共同墓地は珍しい。訪れた墓地では異なる宗派の区画が隣り合わせで存在し、彼の墓の

2024

区画にはさまざまな宗派の墓が混在していた。ちなみにガイドの女性はボスニャク人だが、翌日会ったパートナーはセルビア出身で、日本でも活躍し同国のヒーローであるサッカー選手「ピクシー（ドラガン・ストイコビッチ氏）」のファンだった。

サラエボ中心部には「人道に対する罪と虐殺に関する博物館」があり、当時の原資料が所狭しと展示されていた。とりわけ、当時の映像はいったん座ると席を立てない緊迫した場面の連続で、歴史をきちんと伝え続けるという強い意志が伝わってきた。ちょうどサラエボ市内で開催されていた「スレブレニツァの虐殺・特別展」は、畳二畳分ほどあろう大判写真が五十枚ほど並ぶ会場に圧倒された。詳細な日本語オーディオガイド付きで、二時間聞いても全体の三分の一がやっとだ。一万人近くが犠牲となった最も痛ましい集団住民虐殺とされる事件を、どうしても後世に語り継がねばならないといった、静かな怒りをひしひしと感じるものであった。

国際人道法は現実に存在する戦闘・戦争を前に、許されない行為をカテゴリー分けすることで、「最悪」を回避する知恵を絞ってきている。しかし、そうした法理論もイスラエルやロシアには全く無力だ。さらには、ガザの住民虐殺を正当化するイスラエルの国旗をブランデンブルク門に掲げるドイツは、過去を学ぶことにかけて優等生としてモデルにしてきた国だ。それだけ歴史を学び、加害や被害を克服することは難しい。

シンボルと具体的事実の提示を組み合わせ、怒りは持っても憎しみを残さない方法で、歴史の実相を語り継ぎ加害者の自省を求め続ける——。その姿勢は私たちがアジア・太平洋戦争を伝える上で、学ぶ点が多い。「平和」や「非戦」をキャッチコピーに終わらせないことが大切だ。

庁舎内の録音・録画　禁止措置の危うさ　*11.08/24*

関東ローカルの話で恐縮だが、東京都知事選の小池百合子に続き、衆議院神奈川選挙区の山際大志郎も「ステルス作戦」が功を奏したか、議席を確保した（小選挙区で第三位ながら比例復活）。いずれも選挙期間中に徹底してメディアを避けることで、都合の悪い質問をされることを未然に防止した形だ。

政治家が報道機関から取材を受ける受けないは、自分たちに裁量権があり、取材拒否はメディアからの「攻撃」に対し、自らを守るための正当な手段だとの思いがあるようだ。しかもこうした事態を、社会全体が容認する空気があることも事実で、結果として政治家側もより強気になり取材はサービスという感覚になっている節がある。

【取材の自由】

情報収集段階の〈取材の自由〉が、発表段階の〈報道の自由〉に比して、一段低い保障の程度であると裁判では示されてはいるものの、憲法で厚く保障された表現の自由の一形態であることは揺るがない。しかも政治家は、市民に対する説明責任があり、それは政治的・道義的な義務でもある。さらに選挙に際しては、有権者に十分な選択情報を示すことが求められており、これま

2024

た単なるサービスではなく、制度上求められている候補者の責務である。

情報公開法の「政府の有する諸活動を国民に説明する責務が全うされるようにするとともに、国民の的確な理解と批判の下にある公正で民主的な行政の推進に資する」（一条）ためと記された法の趣旨は、当然に、行政のトップに座る政治家にも適用されるものだ。さらにいえば、政治家をはじめとする公務員から職務上知り得た秘密を聞き出す取材行為は、形式的には公務員法の情報漏洩の教唆等に該当する違法な行為であるにもかかわらず、制度上、罪に問わないことが認められている（違法性阻却）。

なぜなら、取材行為の公共性・公益性に鑑み、刑法に定める「正当な業務による行為」（三十五条）とみなされ、前述の通り罰せられることがない仕組みが定着しているからだ。これも裏返せば、報道目的で取材する記者に対して、政治家は話すことが制度保障されているのであって、それは社会にとって必要な情報を開示する責務があることに他ならない。

【カスハラ対策】

にもかかわらず、こうした公務員の責務に反する事態が広がっている。奈良県香芝市議会では、川田裕議長が奈良新聞の取材を制限、九月二日の本会議において写真撮影を認めなかった。理由を尋ねた同紙の記者に対しては、「写真を使ったら訴える」と発言したと報じられている。この件では幸いにも批判の声が広がり、同月二十五日には議長に対する議員辞職勧告決議が賛成多数で可決された。

しかしこうした、写真撮影や録音の禁止は、行政機関において急速に拡大している。YouTube動画配信目的での撮影・投稿行為は、一〇年代にすでにみられ裁判にもなっていたが、二〇年代に入りルール改訂による撮影禁止措置が取られるようになった。二四年に入ってからも益田市や宇都宮市、そして足利市や朝霧市が同年十一月からと、相次いで庁舎管理規則に基づく市民ら来庁者による撮影、録音、録画、放送を禁止する措置を開始した（東京都特別区でも二四年に入ってから、新宿、杉並で禁止措置が取られている）。理由は一致して、市役所の窓口などで、職員が市民らから理不尽な仕打ちを受ける「カスタマーハラスメント（カスハラ）」の防止対策である。

報道によると、対応する職員や居合わせた来庁者のプライバシーや肖像権の保護が目的だとされている。実際に、インターネット上で職員の映像や氏名が公開されたり、実名で中傷されたりする動画が確認できる。SNSでのいわば「さらし行為」や動画投稿者による実況配信などを警戒した対応であるといえ、各市とも投稿そのものではなく、庁舎管理上の対策として撮影、録音自体を禁止行為に追加している。

各市とも、行政側による録音についてはカスハラの証拠保存の手段として位置付け、実行しているものの、来庁者の録音は個人が特定される可能性や他の来庁者のプライバシーが侵害される可能性を挙げ、禁止することを正当化しているようだ。

【管理権で制限】

今日、民間サービスにおいても電話応答の場合に録音することが定着しており、しかも当該

2024

サービスを受ける際には選択の余地なく録音されることに、強い違和感を有するが、それが行政機関となると話は別だ。行政側は一般に防犯カメラ等での録画を行っていることが多く、対応窓口でも録音を実施していることを否定していない。にもかかわらず、一方の市民の側のみ禁止をすることのアンバランスさは、行政対応の問題をきちんと検証する場合においても大きな支障になるであろう。

確かに公務職場をはじめとする、カスハラ対策の必要性はあろう。東京都でも全国初めてのカスハラ条例が制定されたばかりだ（二五年四月施行）。しかし一方で、生活保護認定などでの行政側の違法・不適切対応があるなかで、一方的に市民側の権利を制限する措置であることは、恣意的な行政運用であって問題があろう（そもそも、行政組織の内部規律である庁舎管理規則で住民の権利や自由を拘束できるかという問題もある）。

しかも、こうした禁止措置は当然、一般の取材行為にも影響が及ぶ。行政側は、迷惑行為防止のためであって、公務に支障がなければ担当課の判断で除外可能としているものの、「原則禁止」が持つ意味は重い。報道機関の録画・録音を、行政側の都合で拒否できる可能性を否定できず、取材の自由を制限するものにほかならないからだ。

さらにいえば沖縄県内でも、庁舎内に自由に立ち入っていた記者の行動を制限する動きがある。過去には、経産省や横浜市で執務室への入室を一切禁止し、記者との接触は面談室に限定する動きがあったが、一度「一線」を超えると際限なく楽な方に流れる傾向にある。当然、行政にとって楽なのは取材を受けないことである。しかも、こうした状況が何年か続くと、それが当たり前になって、公務員が取材を受けるということを、「面倒なこと」「迷惑なこと」として認識することになりがちだ。

だからこそ、カスハラを理由とした包括的な撮影・録画禁止という公権力対応は、極めて危うい。

最後の砦は誰か* 11.24/24

東京都知事選、自民党総裁選、衆院選、兵庫県知事選に、米大統領選と選挙活動や選挙報道に関し、いろいろな議論が巻き起こった。ユーチューブやＴｉｋＴｏｋ《ティックトック》の切り抜き動画、Ｘ（旧ツイッター）による拡散が「石丸現象」「玉木躍進」「斎藤再選」に繋がったとされる。ただし、ユーチューバー・立花孝志は二〇一〇年代半ばから交流サイト（ＳＮＳ）を駆使して選挙を戦い、実際に議席の獲得に至っている。ネット言説が投票行動に影響を与えた最初は、一八年の沖縄県名護市長選であろう。

投票時の参考メディア一位が「ＳＮＳや動画サイト」になり、新しい〈権威〉が誕生したとされるが、意図的に新聞やテレビといった伝統メディアを対抗軸に据え、支持を伸ばすことも起きている。新聞やテレビを信頼しない人が、批判されている候補者報道を受け、確証バイアスでより強固な支持者となるパターンだ。この前提には、一九七〇年代から一貫して強まり今日の排斥感情にまで高まっている、既存メディアに対する否定や敵対感も存在する。

選挙に限らずネット空間には多くの偽・誤情報が出回るが、選挙期間中に有権者たる市民が自由に意見を表明し、情報を交換できる「場」はリアルでは存在せず、法律上許されているのはインターネットのしかもSNS上だけだ。選挙規定上、表現活動の主役には、候補者、マスメディア、政党の三つしか設定しておらず、本来、選挙の一番の主役であるはずの市民は、構造上、蚊帳の外に置かれていることになる。そうした中で、ただでさえ自由の幅が小さい選挙活動や、市民唯一の活動の場のネットを規制することになれば、窮屈な選挙期間中の言論公共空間は一層スカスカでつまらないものになるだろう。

国会も政府も、政治家も市民も制度改革が必要だという。そうであれば、今こそ悪弊一掃の千載一遇のチャンスだ。公職選挙法や放送法が定める「公正」や「政治的公平さ」が、量的平等を求めているという政府の一方的な解釈に、報道機関が従うことをやめることこそ、現在の課題を一気に解決する近道だろう。現行法制度はもともと、報道の自由を保障することで、豊かな情報環境が提供されることを期待している。

量的アンバランスを恐れず、選挙期間中にこそ、候補者に関する過去の政治活動・思想信条、政治資金の集め方や使途、支持母体等の検証を徹底して行い、言うべきことを言うという基本動作をすることが大切だ。質問ゼロ回答や討論会欠席の候補者にあわせて報道を自制するのではなく、不誠実な政治姿勢を有権者に伝えることこそ、法が求める質的公正な報道にほかならない。

沖縄では、地元紙が一八年の知事選から実施済みのファクトチェックがある。新聞や放送局が豊富な取材力を活用し、たとえ特定候補者にとってマイナスになる場合も躊躇《ちゅうちょ》なく指摘することだ。そのためには情勢判断に傾斜した取材や報道の「ひずみ」を正すことも必要だろう。

政治家自身がエンタメ化を標榜する時代にあって、報道が面白さやわかりやすさを優先するのではなく、真面目にきちんと報じる、といった当たり前のジャーナリズム活動の実践が求められる。言論の自由の砦の役割を、今こそ示す時だ。

選挙報道とSNS　*12.18/24*

二〇二四年の「表現の自由」を振り返ると、年明けすぐの一月二十九日に群馬の森公園に建立されていた「朝鮮人追悼の碑」撤去に始まり、川口市域ではクルド人に対する執拗なヘイトが繰り返される中で年の瀬を迎えている。この一年間、新たな立法政策として経済安保秘密保護法が施行され、取材の自由を脅かす報道機関への強制捜査や取材関連資料押収もあった。

並行して、公益通報者保護制度のあり方も大きな議論となった。また、冤罪事件における報道の責任や、総務省で進むネット規制議論も、新聞はじめジャーナリズムが自分の立ち位置を確認することが求められている。

しかしやはり、社会的なインパクトとしては、石丸現象・玉木躍進・斎藤再選にみられるSNSの選挙への影響や、つばさの党や立花孝志率いるNHK党ほかの選挙戦の攪乱《かくらん》であろう。すでに選挙期間中の表現行為については以前にまとめているところから、選挙報道とSNS選挙戦についてここでは振り返っておきたい。

【報道の自由の保障】

最初に、選挙期間中のマスメディアは報道の自由が保障されていることについて、あえて法条文を示すことで明らかにしておきたい。公職選挙法では、紙媒体については百四十八条で、「この法律に定めるところの選挙運動の制限に関する規定は、新聞紙又は雑誌が、選挙に関し、報道及び評論を掲載するの自由を妨げるものではない。但し、虚偽の事項を記載し又は事実を歪曲して記載する等表現の自由を濫用して選挙の公正を害してはならない」とする。

同様に放送媒体については百五十一条の三で、「この法律に定めるところの選挙運動の制限に関する規定は、日本放送協会又は基幹放送事業者が行なう選挙に関する報道又は評論について放送法の規定に従い放送番組を編集する自由を妨げるものではない。ただし、虚偽の事項を放送し又は事実をゆがめて放送する等表現の自由を濫用して選挙の公正を害してはならない」と定める。（基幹放送事業者とは、主として地上波民放局のテレビやラジオが該当する）

にもかかわらずテレビや新聞がやたらに報道を自制しているのは、後段にある「公正」という言葉に強く引っ張られているからに他ならない。放送の場合はこれに放送法四条の「政治的に公平であること」も重なる。この公正や政治的公平が、「量的平等」を求めるものだとの政府（総務省）及び政党（主として自民党）の一方的な解釈により、特定の候補者や政策を批判することは、量的バランスを崩すという理由で問題があるとされ、結果的に候補者の選挙演説を表層的になぞるだけの「つまらない」報道になってしまっている。

　求められている政治的公正さは数量平等ではなく「質的公正」を求めるものであるし、現在の数量不平等≒偏向≒政権批判という考え方は、法解釈から決して生まれないものだ。質的公正さとはまさに、特定党派に肩入れせず、市民目線でいまの政治で置き去りにされている層（人）を救い上げることに他ならない。しかもこうした政治的公正さの呪縛は、放送局内で一般に選挙期間中に流布される上司からのお達しの類いで権威化され、また読者・視聴者からの偏向報道クレーム対応を回避したいがための事なかれ報道に繋がっている蓋然性《がいぜんせい》が高い。

【問題の所在】

　二四年中にあった東京都知事選、衆議院選挙、そして兵庫県知事選挙を通じ、「ネットの方が面白い」「テレビ（や新聞）は信頼できない」「選挙コンテンツは儲かる」の三つが明確になった。選挙に一定の関心がある層も大手メディアの報道は既視感満載で、ネットの方がより詳しいしよくわかると思い、一般に政治への無関心層は、マスメディアは嘘ばかりで、ネットがすべてで分かりやすいとし、選挙情報はネットからとの新習慣が浸透した選挙であった。その結果、インターネット上での言説が、リアルな投票行動に明確に影響を与えるようになったわけだ。

　ただしここで注意が必要なのは、切り取り動画も含むユーチューブ等のネット情報は、基本「選挙活動」の領域であって、「選挙報道」ではないということだ。このことは、有権者が選挙活動情報のみで投票するという事態を生んでいることになり、しかもそのネット情報は、候補者本人ではなくビジネスコンテンツとして流通しているもので、偽・誤情報が含まれている可能性が高い。

こうした中で、法が当初想定した資金量の多寡を考慮して、選挙活動（候補者の表現の自由）を制約的に定め、そのかわりに選挙報道（メディアの表現の自由）を幅広に認めることで、選挙期間中に自由で豊かな情報が流通し、有権者にとって有益な投票が実行されるというモデルが破綻し、実際は自由と制約の関係が完全に逆転してしまっている。

【ネット解禁】

インターネット上の選挙活動が認められたのは十年前にさかのぼる。法に縛られるのは法を作る議員であるという構造から、公職選挙法は現職議員、しかもベテラン勢の意見が反映されがちになる。そうなると、一般にネットに詳しくない古参議員は導入に後ろ向きなることから、長い間、棚ざらしにされた中での改正であった。

百四十二条の三で「選挙運動のために使用する文書図画は、ウェブサイト等を利用する方法により、頒布することができる」、続く百四十二条の四で「電子メールを利用する方法により、選挙運動のために使用する文書図画を頒布することができる」と定めるものの、SNSには触れられていない不十分なものだ。また同時に、百四十二条の七では「選挙に関しインターネット等を利用する者は、公職の候補者に対して悪質な誹謗中傷をする等表現の自由を濫用して選挙の公正を害することがないよう、インターネット等の適正な利用に努めなければならない」と、適正利用を求めてもいる。

いま選挙期間中に起きているネット上での課題は、ヘイトスピーチ状況とも共通点があるように思われる。在日コリアン差別も、冒頭で挙げたクルド人攻撃も、ヘイトする側が面白がって遊びのごとくやっている側面が指摘されて久しい。しかも、ヘイト現場を撮影した動画がネット上で話題になり、アクセス数稼ぎに一役買っている。まさにビジネスとしての差別行為と言える状況だ。選挙においても、候補者からの発信よりも、こうした面白動画とも呼べるような切り取りが大きなアクセス数を呼び、それが候補者動画に連動している状況がある。

選挙は民主主義の基盤である。それが「遊び」によって壊される状況を看過できないし、選挙報道こそが民主主義の維持装置である。選挙活動情報に左右されない的確な判断材料の提供をどうしていくことが有効か、全国の新聞・テレビの現場の皆さんと考えていきたい。

秘匿される公共基本情報* *12.29/24*

元日の能登半島地震での偽救助要請投稿、なりすまし広告詐欺、闇バイトの秘匿性アプリ、クルド人等への差別言動や選挙戦でのネットの積極利用と、交流サイト（ＳＮＳ）が常に「主役」であり続けた一年だった。そこでいつも課題となるのは「匿名性」だ。

しかしこの問題、公判廷や事件・事故の報道の現場においても、現れ方は一見真逆であるものの通底した課題を抱えている。日本では、犯罪被害者が秘匿性を強く望み、警察の実名発表やメディアの実名報道が厳しく批判される実態がある。とりわけ、二〇〇四年の犯罪被害者等基本法以降は匿名発表が強く求められ、実名を主張する報道機関は悪者扱いだ。本来、犠牲者を悼み生きていた証しを社会全体で共有し、被害の実態をより強く訴える上でも、数字や記号ではなく名前が持つ意味は大きいはずである。

にもかかわらず、日本の場合は名前を出すことに強い忌避感があり、社会のスタンダード（標準）になってしまっている。その理由としては、事件や事故に遭った場合、被害者にも落ち度があるとの思いが社会全体にいまだ強く残っており、当事者本人や周辺もそうした感情にさいなまれる中、名前を出すことでより厳しく責められることになるという恐怖心や懐疑心があるとされる。

こうした空気感をつくってきた要因には報道があり、かつての電力会社社員殺害事件に始まり、とりわけ女性が被害者の場合にセンセーショナルな覗《のぞ》き見報道が起きやすく、ネット上でのさらしの対象になるなど二次被害を招く状況もある。

日本では匿名社会化が急速に進んでいるが、これもメディアが深く関係している。例えばテレビでは、ニュースでもバラエティー番組でもモザイク処理が数多く行われている。現場近くのインタビューもほとんどが「顔なし」だ。これらもまた、匿名原則を象徴的に表している。さらに言えば、普段の報道も名前を明示しないものが多い。新聞でもよく見かける「〇〇筋」表記も、情報源をぼかした一種の匿名報道である。

為政者への批判や内部告発など、身の安全を必要とするときには匿名が社会的に価値のある場合もあるだろう。しかしネット上の「自由な発信」は弱い者に闇から矢を放つもので、似て非なる行為だ。そこでは事実かどうかは全く問われないばかりか、むしろフェイクな極論であるほど注目を集め拡散されやすい。昔からラジオネームやペンネームは存在するが、匿名情報が紹介される前にはゲートキーパー（門番）がいて、世の中に出すべきではない情報を事前にチェックされていた。だが、ＳＮＳに「歯止め」は存在しない。

二〇二五年は戦後八十年、阪神大震災から三十年の節目となる。戦争や震災での犠牲者は一人一人の名前を碑に刻印し、慰霊している。被害者やその関係者に匿名を強いるような社会状況は、人の尊厳を守り、リスペクトすることとは逆の作用を生んでいないか。

名前を語ることで人を貶《おとし》めるのではなく、名前を大事にすることで社会を良くすることが求められている。そのためにはまず、日々の報道スタイルを転換し、「顔出し実名」が公共的な基本情報であることを、記事や番組で具体的に証明していってほしい。

2024

附

いま、なぜジャーナリズム教育か
ジャーナリズムの拠点を構築するために

【ジャーナリズムの危機】

二〇一九年初頭現在、日本の〈言論〉状況は危機的だ。すべての議論や検証の基本である公文書の改竄、隠蔽、破棄はとどまるところを知らず、長年にわたる国家統計の杜撰な処理も次々と明らかになっている。いまや国会の議論自体が虚構の上に行われているといってもよい事態だ。にもかかわらず、こうしたいわば国家犯罪におおよそだれも責任が問われることなく、政治家はさらにこの底なし沼をすっぽりと覆い隠さんとするばかりに、重要な会議の議事録は採るに及ばずと閣議決定し、自らの強弁を言論の自由として正当化する毎日である。

一方で、表現する側も問題山積だ。炎上画像・動画テロと称されるような悪ふざけの投稿がSNS上で拡散し社会問題化したり、在日コリアンや沖縄に対するヘイトスピーチも、攻撃対象を変えながら収まる気配がない。かつての悪戯は出来心であったり、迷惑行為の部類であったが、いまや確信犯であり犯罪類似行為そのものであることが決定的に異なる。差別言動に対する閾値あるいは精神的結界が大きく下がり、言論の自由と自由な言論の違いが全く顧みられない事態になっているといえよう。

インターネットによって多様な価値観の世界中と繋がっているはずが、現実には気の合う狭い範囲の仲間との表層的な繋がりのなかで自己を正当化し、異論を排することに熱心だ。こうした状況は一般市民のなかにも、さらには政治の世界のなかでも起こっていて、本来であれば謝罪や反省をすべき加害者側が、逆ギレして暴力を振るったり、質問者を罵倒したり見下すことで、議論を一方的に封殺することが一般化しつつある。そうしたなかで声が大きな者に対する〝忖度〟が、市民社会で、行政組織のなかで、そしてメディア内部でさえ蔓延しているということになる。

メディアと市民の関係も大きく変化してきた。とりわけ七〇年代以降、その否定色を一段と強めて今日に至っている。こうしたメディアを取り巻く状況にあって、言論の自由の制度保障とジャーナリズム活動がほぼ軌を一にして、揺らぎ弱体化し続けてきているわけだ。

もちろん、技術の進歩を否定するものではないし、インターネットをはじめとするデジタル化が市民社会にもたらした恩恵はあまたある。しかし一方で、これまでアナログのマスメディア、とりわけ紙メディアが支えていた社会全体の教養あるいは緩やかな合意の形成のための言論公共空間は、確実に縮小しつつあるのが二〇一九年の「いま」ということになろう。

【ジャーナリズムにフォーカス】

だからといってマスメディアは過去の遺物なのか。紙を中核とする出版文化は消え去っていってよいものなのか。市民全員がネットを通じて簡単に表現者たり得る時代に、プロのジャーナリストの存在とは何なのか。そこから生み出されるジャーナリズムは日本社会において必要とされているのか。すでに広く浸透しているメディア・リテラシーは十分に機能しているのか――まさにその答えが、大学に「ジャーナリズム学科」を作ることであった。

近代日本でいえば、言論報道活動の中核であった新聞にはおよそ百五十年の歴史があり、はるかそれ以前から、社会的機能として「伝達する」あるいは「記録する」というメディアは歴然と存在していた。よく例に引かれるアルタミラ洞窟の壁画にしろ、中世キリスト教会の讃美歌やステンドグラスにしろ、そして軍部独裁国家における映画やラジオでも、民主主義国家におけるテレビやインターネットでも、そこには必ずメディアが存在し、情報や知識を伝えてきたのである。

この社会に欠くべからざるメディアの役割、コミュニケーションの機能は、いまここで確認するまでもなく戦前から多くの大学で学びの一領域とされてきた。とりわけ近年においては、文系・理系を問わず全国で百を優に超えるメディア系学部学科が存在し（コミュニケーション、メディア、表現、情報といった名称を学科目に冠するもの）、さらに関連科目群を有する学部学科であれば二百をも超えるという（過去には『総合ジャーナリズム研究』や『新聞研究』で、主として文系のマスコミ・ジャーナリズム関連の講座の一覧が掲載されてきた）。

具体的には東京圏だけでも、歴史ある上智大学文学部新聞学科をはじめ、戦後設立された日本大学法学部新聞学科、研究所組織をベースにしている慶應義塾大学、早稲田大学、東京大学、社会学部系列にある法政大学、立教大学、東洋大学、東海大学など、様々な形態でジャーナリズム教育は実践されてきた。かつては、新聞＝報道＝ジャーナリズムであり、出版を含めた紙メディアを中核に、テレビ・ラジオを含めた言論報道活動が主要な教育・研究領域であった時期も見られるが、むしろ近年ではより広範なメディア研究が主流になってきている。

こうしたメディア論の広がりの一方で、伝統的なジャーナリズム研究が活性化しているかといえば、必ずしも肯定できない事態が進行している。『出版ニュース』の休刊自体がその象徴であるが、『新聞経営』『総合ジャーナリズム研究』がすでに姿を消し、『民放』も月刊から隔月刊になり、フジテレビから刊行されていた『アウラ』もすでにない。よく総合月刊誌がなくなり、論壇が消えるという話が言われるが、その少し前を行く形でメディア研究誌・批評誌が社会から後退を余儀なくされているのである。まさにこれこそが、ジャーナリズム希薄化の一現象であり、それは民主主義社会の危機であるという認識が必要ではないだろうか。

海外では、イギリスやアメリカをはじめ、多くの国で大学学部レベルのジャーナリズム学士(Bachelor of Journalism)が一般的ななかで、日本においては新聞学、メディア学、情報学、コミュニケーション学などがあるものの、まだまだジャーナリズム学は希少だ。それは、社会に学問としてのジャーナリズム学が確立していないとともに、市民社会自体にジャーナリズムそのものが根づいていないことの反映と言えるかもしれない。

それゆえに、専修大学では「ジャーナリズム学士」(正確には「学士(ジャーナリズム学)」)を付与することとし、改めてジャーナリズムにフォーカスをし直したことに大きな意味がある。少し大仰にいうならば、民主主義社会の維持発展のためにまずはその土台を固める必要があり、その一つの足がかりが日本社会におけるジャーナリズム(あるいはジャーナリズム教育)の定着ではないかということになる。

メディアとは伝送路であり、そのネットワークが情報環境を作る。ジャーナリズムは、そうしたメディア上で展開されるものであって、正しい情報、社会が知っておくべき情報を選び、伝える、人間による主体的作業である。こうしたジャーナリズムの所作をきちんと理解することによって、気楽なリツイートによってデマを拡散させるのではなく、正しさを見抜く力を自らの意思で身につけ、実践しようと思う人材が育っていくことを期待しているわけだ。

【スタンダードを目指す】

以下に、こうした思想の実現のためのジャーナリズム学科の教育プログラムを紹介したい。専修大学には約五十年のメディア教育の歴史があり、当初の「マスコミ・ジャーナリズム講座」の時代から直近の「人文・ジャーナリズム学科」までの経験と実績を踏まえての新カリキュラムといえる。「専修J」と称するジャーナリズム系専門科目のみで、四年間に用意された科目数は百七、これを専任教員十五人で支えることになる（もちろん優秀な兼任講師の力を借りている）。

本学科特徴の第一は「現場感」である。これは、理論と実務の融合ともいえるし、産学協同と呼んでもよいかもしれない。その肝は、「いま」を常に意識し、社会に対する広い関心をもつこと、多様な価値観を学び豊かな想像力を育むこと、そしてこうした「知」を自らの力で消化・整理し、自らの言葉でコミュニケートできる力を獲得することを目指している。それがまさに、今日のフィルターバブルを超え、社会の分断を解消する王道に違いないし、ジャーナリズム学が、いまを生き、いまを知るための学問であることと繋がっている。

たとえば、「〇〇ジャーナリズム論」と称するメディア関連企業との協力講座を十二科目開設する。具体的には、毎日新聞＝国際、読売新聞＝政治、中日新聞＝スポーツ、講談社＝雑誌、日本写真家協会＝フォト（写真）などがある。ここではたとえば、国際報道それ自体を学ぶだけではなく、その前提となる当該国の歴史・文化・社会状況を概観し、それらをどう伝え、あるいは伝えられずにきたのかを学ぶといった仕掛けとなっている。

第二は「デジタル適応」である。先に人間臭さの重要性を説いたものの、今日において有効な表現手法として、インターネットを含む情報のデジタル処理は必須である。それは新聞でもテレビでも、そして出版においても例外はない。そうした中で、いわゆるエンジニアとかデザイナーと呼ばれる職種をカバーできる人材が、ジャーナリズムの世界はもちろん、社会一般に強く求められている。

そのために、学科学生の全員に四十五週（一年半）のデジタル処理・表現技術の習得のためのPC実習を必修化している。具体的に言えば、すべての学生が例外なくイラストレーター等を駆使して最適な手法によって二次元や三次元での情報表現を可能になるレベルまで底上げするとともに、表現クリエーター・ディレクターの養成をめざしたい。専門的なウェブデザインや映像表現技法や、関連する理論科目も含め「メディアプロデュース」系科目群を構成する。

第三は「アーカイブ」である。学部レベルではおそらく本邦初のアーカイブ専門科目を十三科目擁し（「情報文化アーカイブ」系科目群）、実習・ゼミも開講する。本稿冒頭で述べたように、まさに今日の日本社会の最大の問題の一つは、紛れもなくアーカイブの貧困さであるが、こうした専門技能を有する人材が決定的に欠けているし、そもそもその認識が社会全体に希薄だ。そのためには、専門のアーキビストを養成するとともに、一人でも多くアーカイブの必要性・重要性を理解した学生を輩出していくほかはない。

すなわち、従来の資格課程としての図書館司書、博物館学芸員も引き続き強く意識するし、こうした職種が日本の文化・教養を下支えすることは間違いないものの、さらにこれらを超えたアーキビストをいかに増やしていくかが大きな課題と考える。日々生み出される情報を文化資源と捉え、的確に収集・整理・管理・活用する（まさに社会全体で共有する）という作業は、民主主義社会の基礎であるとともに、出版の社会的意義とほとんどそのままオーバーラップするものでもある。

そして第四が「特化」である。これまでのメディア系教育は、いわば広げて縛る手法を採用してきた。メディア環境全体を扱うため幅広にならざるを得なかったわけだ。これに対し、もっとも中核的なキーワードであるジャーナリズムに特化させることによって、いわば結んで開く手法を採用している。もちろん、体系全体としては歴史を意識、理論を大切にはしているが、あくまでも、正しい役に立つ情報を選び取り伝えるための科目に可能な限り絞り込んでいる。それはたとえば、調査報道論、インタビュー論、メディア批評などの「ジャーナリズム」系科目群からみてとれるだろう。

さらに第五が「スポーツ」である。「スポーツインテリジェンス」系科目群には、スポーツを情報の観点から科学する環境を揃えた。ここでは劇的に進展するスポーツ分野での情報活用に着目し、データの収集・分析や活用、コーチング等について学ぶことができる。こうしたスポーツ情報に特化する形で、専門科目を二十科目展開する例は極めて珍しかろう。

そして最後の第六が「体験」である。学生は現場に行き、触れることで覚醒する。それはこれまでの教育プログラムで、沖縄で集中講義をし、東日本大震災以降は被災地を訪れることで、大きく学生が成長してきたことからも明らかである。したがってこれらのプログラムを継続・強化し、沖縄ジャーナリズム論、戦争ジャーナリズム論のほか、出版・新聞・放送・映画・ネット・印刷・流通・図書館・博物館等の各種メディア機関約四十社との連携のもと、独自のインターンシップを開講する。

【ジャーナリズム・リテラシーの普及をめざす】

これらのカリキュラムによって、どれだけのジャーナリストを社会に送り出すつもりか、との問いがすでに寄せられている。実学というよりも、具体的な就職先を重視する昨今の風潮にも影響されてのことだ。幸いにも現実には、全学科において順調にプロ・ジャーナリストが育ってくれ、多くの卒業生がすでに新聞・放送・出版・ネットの現場で報道・制作活動に従事するほか、広告・営業を含めたメディア関係の就職率は過半を超えるかの状況にある。

もちろん、こうしたプロ・ジャーナリストの養成は引き続き重要なジャーナリズム教育の柱であることは間違いない。同時に、一般企業への従事者も含め広義のジャーナリスティックな思想・思考・行動規範を身につけた者が、現在のデータ改竄や内部チェックが機能しない状況を変えることに繋がるものと考えている。さらに言えば、社会の構成員として、情報の真偽を見極め、多様な価値観を理解し、社会の広い分野に関心を持ち、想像力を働かせて物事の判断をできる市民を一人でも多く輩出することこそが、本学科の最大の社会的役割である。まさに、「賢い市民」が次の時代を作っていくことになると信じるからである。

いま、プロ・ジャーナリストの世界において、従来のオン・ザ・ジョブ・トレーニングは見直しの時期にある。ノンフィクションライターに象徴的なように、そもそも鍛えるための場である媒体自体が消滅してきている。あるいは、表現の自由やメディア倫理の基礎がないまま、ネット上に発信することによる日常的な問題が、結果的にジャーナリズムの弱体化に輪をかけている。そうであるならばせめて、これらの基礎を体系的に学ぶ場を大学教育において実現するほかあるまい。しかも、従来のメディア教育の場においては、えてしてメディア批判が先行し、書籍離れ、新聞やテレビ嫌いを増殖する役割を不幸にも担ってきたともいえる側面がある。これらのアンチテーゼとして、まずはジャーナリズムの魅力、面白さ、可能性を存分に理解し、体感してもらうことが大切だ。

だからこそ、可能な限りの実社会との連携を強めることが必要だ。その一つの実践が、「現代ジャーナリズム研究機構」の設置である。学科開設に合わせるかたちで二〇一八年十月にスタートさせ、今後は学内外のジャーナリズム教育・研究の拠点となることを期待している。そのためにも、すでに長い経験や実績を積んでいる大学や研究機関の教えを請いつつ、可能な限りの連携を強めていきたい。

あわせて、メディア企業との協同もより具体化していく予定である。その最初の形が「現代人物アーカイブズ」の運営である。すでに報道発表した通り、一八年十月に講談社から八万点近い現代人物のデータベース資料を一式寄贈いただいた。引き続き記者・編集者といったプロ・ジャーナリストの編集支援としての活用のほか、学内教育における取材手法の実践やアーカイブ活用を計画している。

さらに学部に先行して、神田キャンパスには大学院課程も設置済みで、二〇一九年三月には最初の卒業生を送り出す。伝統的な本の街・神田という地の利を生かし、今後は各メディア機関のリカレント教育の場としての貢献など、ジャーナリズムの強化・定着のためにやらねばならない課題は山積している。あるいは、産業としてのメディア企業の維持・発展のための産学共同研究や実践も必要だ。しかもこれらは、もはや一刻の猶予を許されない状況に直面している。

それゆえに、「いまなぜ」ではなく「いまだからこそ」ジャーナリズム教育が求められているると考えるし、奇しくもジャーナリズム学科の誕生は時代の必然であったと考えたい。そして、カタカナ「ジャーナリズム」が日本語として定着するときこそ、日本に成熟した民主主義社会が確立するときだと思うのである。その意味で、本学科の養成目標である「情報スペシャリスト」が、特別な専門技能をもった人（スペシャリスト）でなくなることを願うわけであるが、血の通ったジャーナリズム・リテラシーが本学の教育・研究活動を通じて広がっていくことを願わずにはいられない。それがそのまま、出版文化の維持・発展にも繋がっていくことと思う。

ジャーナリズムの拠点を構築するために

いまの日本で、「ジャーナリズム」という言葉に、どれだけの人が反応するだろうか。

おそらく多くの人は、この単語は知っているし、具体的なかたちとして、これまでであれば新聞・雑誌や放送の取材・報道活動を何となくイメージするものの、その意味や意義を明確に答えられる人は少ないのではないか。むしろ、その存在感は日本国内において決して高くないともいえよう。社会一般の見方として、「上から目線で偉そう」、「押し付けがましい」といったマイナス評価も少なくないし、一方では「横並びで深堀りがない」、「必要性を感じない」という層も多いという実感がある。

その結果、伝統的メディアといわれジャーナリズム活動を担ってきた言論報道機関は、社会的影響力を相対的に軒並み失ってきている。メディア接触状況をみても、各種調査の数字は、一般市民の新聞離れ、テレビ離れを明確に示している。さらにいえば、小中高校に子どもが通う世帯はもちろん、教師や大学教員の側でも、もはや新聞を定期購読する人は少数派と思われるし、家にテレビがない者も珍しくない。企業経営者や政治家、官僚といったいわゆる社会のリーダー層においてすら、たとえば首相が国会で新聞を読まないことを推奨したり、SNSがニュースの情報源であると公言したりする状況にある。

本稿はこうした実相を前に、このままジャーナリズムの消滅を待つのではなく、むしろ積極的に社会の認識を変え、まっとうなジャーナリズム活動を日本社会に根付かせ、民主主義社会の維持・発展に寄与するために何ができるかを問うものだ。そのための挑戦を紹介しつつ、その前提の現状をいくつかの事例を通して情報共有することにしたい。

【表現の自由の後退】

現在のジャーナリズム弱体化の要因の一番には、活動の基盤となる法制度、すなわち表現の自由が揺らいでいることが挙げられる。

いうまでもなく、取材や報道の拠って立つところは憲法でも保障されている「表現の自由」であって、情報の収集過程にあたる取材行為、そして発表過程における報道行為が、とりわけ公権力からの束縛を受けることなく自由に行なえることが求められる。あるいは読者・視聴者の「知る権利」の代行者として、必要な情報を入手し報じるということが、一定程度、法社会的に保障されていることが、十全なジャーナリズム活動を支える必要条件だ。

しかし残念ながらここ四半世紀、二〇〇〇年代に入ってからの雲行きは相当に怪しい。なぜなら、取材や報道をいつでも制限できるような新たな法の仕組みが矢継ぎ早にできあがってきているからだ。この具体的な法律のありようは別稿（「揺れるジャーナリズム　軋む表現の自由」『放送法と権力』（田畑書店、二〇二四年十一月発行、電子版）に所収）で詳述しているのでここでは割愛するが、こうした法改正と並行して進む運用実態の変化を指摘しておきたい。
最初に三枚の写真を見ていただきたい。これらは偶然、二〇一九年から二〇二〇年にかけての
わずか一年間に撮影したものだ。
一枚目は二〇二〇年三月、東日本大震災に伴う東京電力福島第一原子力発電所の爆発によって

立ち入りが制限されている福島の状況だ。常磐線・夜ノ森駅改札を抜けると目の前の住宅街の入口が封鎖されていた（現在は撤去済み。ただし大熊町・浪江町など、まだ立ち入りが制限されている地域は少なくない）。

メルトダウン（炉心溶融）の発生で自動発出された緊急事態宣言は、二〇一一年から十四年が経過しようとしている今も継続中であって、宣言の根拠法は、現在全部で十存在する緊急事態法制の一つである原子力特措法である。さらにこれと連動する別法などによって、居住、移動の自由といった憲法で保障された基本的人権としての住民の権利が、完全に剝奪されている。明確で直接的な法に基づく権利制限ということになる。もちろん、移動の自由が制限されている関係で（立ち入りが法で禁止されているため）、自由な取材も全面的に制限を受けることになる。

二枚目は、法に基づく自粛の例だ。同じく緊急事態宣言に基づくものだが、このコロナ・パンデミックにともなう新型インフル特措法に基づく緊急事態宣言は極めて曖昧模糊としたものだった。そもそも発出のタイミングや理由自体が極めて政治的であり、恣意的な判断に基づく人為的なものであった一方で、その訴求範囲は無限定に広く、境界線がはっきりしなかったために必要以上の自制や自粛、あるいは忖度を生む結果となった。

写真は、二〇二〇年四月の最初の宣言後のお昼時、新宿駅東口・アルタ前の風景であるが、いつもは人や車でごった返す都心から人影が消えた。もちろん、見えないウイルスに対する恐怖心から本能的に家に籠った側面も強いが、明確な法根拠もないまま広範な営業規制を受け入れ、遠出も制限され集会もイベントもできなくなった。取材現場でも、感染防止を旗印に、議会の傍聴が制限され、記者会見が中止になったり、出席人数が制約を受けたりするなどの事例が相次いだ。
そして三枚目は、少しマニアックだが、二〇一九年夏の国際芸術祭「あいちトリエンナーレ2019」の一コマだ。「表現の不自由展」の展示内容に抗議し、展示を取りやめるよう求める「電凸」（クレーム電話。「電話による突撃」の意）が発生し、脅迫によって同展示はわずか三日間で中止に追い込まれた。閉幕間際の二〇一九年十月に条件付き再開がなされ、写真はその時の会場の様子である。

こうした、自身の主張と異なるイベント等の表現行為に対する物理的な嫌がらせは、以前からあったもので、古くはいまから六十年前の一九六一年、嶋中事件として知られる『中央公論』掲載の小説が「不敬」であるとして、版元社長宅を襲った殺傷事件が有名である。今回も、天皇の扱いが抗議活動の一つの要因であったが、今日の頻発する嫌がらせや妨害行為は、政府方針と異なる歴史観や政府批判の言動に対する攻撃であることが大きな特徴といえる（具体的事例は例えば、拙著『愚かな風』田畑書店、二〇二〇年参照）。

ここで明らかなのは、法によるもの、法に基づく行政運用、そして自主規制、さらには市民の中から生まれる規制圧力が同時進行し、その結果として加速度的に自由の幅が狭まっているさまだ。しかも、東日本大震災、そしてコロナ・パンデミックは、個々人の自由や権利の制限を、広範にしかもおおよそ無批判に受け入れる空気を社会に作り、それが完全に定着している状況にある。

コロナ禍における公権力による個人の権利制限を、当時のドイツではアンゲラ・メルケル首相が「一時的にお預かりするもので、感染拡大が収まればすぐにお返しする」と言ったが、日本は真逆で、「これを機に全部、政府がいただきます」といった状況になったわけだ。

【取材の自由の縮減】

こうした事態は、「コロナ後」においても続いており、国の安全や日々の生活の平穏さを確保するためなら、自由を差し出すことに抵抗感がなくなっている。そしてこれがジャーナリズム活動に暗い影を及ぼしている。

その象徴的な事例の一つが、記者会見だ。すでに「コロナ前」から政府官邸の官房長官会見では、特定記者をターゲットとした質問制限が常態化し、会見制限を告知する通知書が官邸の記者クラブに掲出され問題となった。

当該新聞社からは抗議がなされるなどしたものの、こうした制限はなくなるどころかより強化され、しかもこれにコロナ禍が重なることで、同じ官邸で開催される首相会見においては、「コロナ中」には出席できる記者の数が大幅に制限され、常駐社といわれる大手の新聞・通信社から各一人のみの会見となった。これに対しては拡大を求める声が何度か上がったものの、記者クラブ加盟社の中に制限を歓迎する社があることから、一致した抗議には至らなかった経緯もある。

さらにこうした状況は「コロナ後」も続き、一社一人一回一問で「更問い」といわれる追加質問による追及は禁止された。そもそも記者会見は、記者クラブの主催、もしくは開催場所所轄官庁（たとえば官邸といった行政機関）との共催であって、一方的に行政側が出席メンバーを決めることや、質問を制限すること自体に問題がある。それは政治家の側に、「会見はサービス」との考え方が蔓延していることを意味している。

本来であれば、情報公開法の立法趣旨からしても、官邸など行政側には法的な説明責任義務があり、首相や官房長官などには少なくとも政治家としての有権者に対する責務から一定の取材応諾義務があると考えるのが適当である。ジャーナリズム活動が、市民の知る権利を代行するものだと考えるならば、なおさらである。少なくとも政治家の倫理的責任として、メディア選別は許されるはずはなく、取材を求める報道機関に対しては分け隔てなく取材の機会を与え、真摯に対応することが求められていよう。

にもかかわらず、二〇二四年十一月には沖縄県南城市で、不祥事を追及される古謝景春市長が地元新聞記者の質問を無視することが起きた。二〇二四年夏の東京都知事選に出馬し人気を博した石丸伸二は、前職の安芸高田市長時代、市政運営に批判的な地元紙現地支局長の質問に一切答えない事態が続いていた。これに対し市長はその動画をYouTubeにアップすることで、自身の行為を正当化し、支持者を増やし、ネット上での一定の評価を得ることに成功している。

こうした政治家のパフォーマンス、政治のエンタメ化を許しているのは、会見の場における個々の報道機関の「覚悟」が足らなかったためではないか。そうだとすれば、それは読者・視聴者の期待を裏切ってきたということに他ならない。あるいは、会見に同席するライバル社への「いじめ」を見て見ぬふりをする記者（報道機関）は、知る権利の代行者を語る資格はなく、ジャーナリストとはいえない。

このような会見の空洞化は二〇二四年だけの問題ではない。石川県・馳浩知事も二〇二三年一月、自身を批判的に扱った公開映画のワンシーンの扱いを理由に、制作した地元放送局の社長が会見に出てくることを条件とし、定例会見自体を取りやめた（因果関係は不明だが、その後突然、社長が辞任した）。また、会見ではないが、二〇二四年九月に奈良県香芝市議会では、川田裕議長が自身の議会運営に批判的な地元紙に対し、本会議の写真撮影を禁止し、職員が撮影を制止する行為も発生している。

こうした撮影禁止措置は、いまや行政機関では常態化しており、職員への「カスハラ」防止のためとして、庁内での写真や録音を禁止する自治体が急増中である。現時点で、直接ジャーナリズム活動が制約された事案は報告されていないものの、いつでも現場判断で撮影禁止ができてしまう状況ができあがりつつあるということになる（このほか、特定少年事件の逆送起訴時の氏名発表における地検の恣意性など、問題事例は数多い）。

そして、取材の自由の縮減を示すもう一つが、取材行為を「違法」と判断する、あるいは軽視する事例が続いていることだ。取材活動を理由に当該記者が逮捕、書類送検された事例と、報道機関が強制捜査を受けた事件をここでは挙げておきたい。

前者は、二〇二一年六月、旭川医科大学で取材中の北海道新聞記者が現行犯逮捕され、その後、長時間にわたって警察に留置された事件だ。記者は、学内で開催されていた会議を取材する目的で構内に立ち入り、部屋に面する廊下で会議の様子を録音していたところを大学職員に取り押さえられ、警察に通報されたという。もう一つは、二〇二一年七月の熱海市伊豆山土石流災害に際し、共同通信記者が、不在だった民家のベランダから現場を撮影したところ、後日、書類送検された事案だ。

取材行為が、形式的に違法や不当な行為に該当する場合があることはむしろ当然のことでもある。代表例は、政治家や警察・検察から、職務上知り得た秘密を聞き出す行為で、これは当該公務員からするとれっきとした情報漏洩であるし、記者は教唆（そそのかし行為）に該当し、いずれも公務員法違反となる。しかしこれらの行為は刑法で定めのある「正当な業務行為」（三十五条）として理解され、違法性が阻却され、罪に問われることがない、というのが長年の法慣習である。医者が外科手術をしても傷害罪に問われないのと同じだ。

同様に、記者が取材行為の一環として、立入禁止区域に立ち入ることは一定程度許容されてきている。その侵害程度が大きい場合は別としても、旭川の事例のように病院を併設する医大の敷地で自由な立ち入りが日常的に可能な場所であったり、土石流の現場で広範に指定された緩やかな立入禁止区域で二次災害の危険性がない場所であったりすることを勘案すると、どちらもあえて罪に問う必然性は低く、ましてや現行犯逮捕までして身柄を拘束する意味合いは極めて低い事案である。

また、前記の公務員の事例でいえば、情報漏洩したことが組織にわかると処分を受ける可能性もあり、当然、記者の側は「取材源の秘匿」を厳重に守ることによって、情報源との信頼関係を構築し、結果として読者・視聴者の知る権利に応えるべく必要な情報を入手する努力を継続することになる。

にもかかわらず、二〇二四年四月に鹿児島県警によるニュースメディアに対する強制捜査、取材情報が入ったパソコンの押収は、真っ向から取材の自由を否定する行為であった。実際、この押収によって得た情報をもとに、県警は情報源を割り出し、内部告発者を逮捕した可能性が高く、二重三重に県警の捜査は取材の自由を否定する暴挙であったわけだ。

こうした制限が「起きやすくなってしまった」状況を、もとに戻すことは極めて難しい。それはまさに、最初に述べたように日本の市民社会全体が制限を受け入れる空気に包まれているからだ。まずは市民的自由の大切さをきちんと理解すること、さらにはとりわけジャーナリズム活動が民主主義社会のためには必要不可欠で、その自由や権利が市民のそれよりも上乗せされて認められることが市民社会として合意される必要がある。

【自信を失い失速する既存メディア】

先に述べた「表現の自由の後退」は、東日本大震災とコロナ・パンデミックという日本社会を揺るがす大きな出来事が強く作用して、〈不自由社会〉の階段を一気に駆け上がったものだ。ただし、もう少し長いスパンで見ると、そうした予兆は二〇〇〇年前後に生まれていた。実際、新規規制立法の流れは二〇〇〇年代初頭から始まっている。さらにその流れが二〇一二年に始まる第二次安倍政権と重なり、強まっていった。この流れの底流には親・政権と反・政権という、（メディア自体も含む）社会の分断による、批判的報道を行なう新聞社・放送局に対する政権支持層からの厳しい「偏向」批判があった。

こうした批判の背景には、より広い一般的なメディア批判の強まりがある。一九七〇年代より顕在化した、十年ごとにステップアップする、一貫した報道批判の高まりである。当初は事件報道とりわけ被疑者の犯人視報道に対する批判に始まったものであったが、それは「疑問→批判→不信→否定→不要」と進み、二〇二〇年代に入り社会からメディアはすぐに退席すべきとの「排斥」段階に入っている（詳しくは、拙著『ジャーナリズムの倫理』勁草書房、二〇二一年）。

すなわち、メディア批判という社会全体を覆う底流があり、それを利用した二〇〇〇年代以降の政権の立法政策が存在し、これを後押しする声の大きな市民の動きに乗じて、さらに行政が攻勢を強め、これに呼応する市民社会がいっそうのメディア批判を行なうという「負のスパイラル」が完成したことになる。これだけでも十分なところに、二〇一一年（原発事故）と二〇二〇年（パンデミック）の不幸な出来事によって不自由を進んで受け入れる土壌が生まれ、さらに強気になった行政の法運用が、今日の痛々しい「取材の自由の縮減」現象を引き起こしているという構図である。

本来であればこれに抗することがジャーナリズムの役割に他ならない、はずである。しかしメディア選別による分断によってメディア側の足並みは乱れ、むしろ一部のメディアは進んで取材制限を受け入れる事態にもなっている。先に言及した記者会見制限に一致して反対できない記者クラブは、その最たる一例である。あるいは現場を見捨てるような経営陣の判断も、さらに事態を悪くしている。

北海道新聞記者の逮捕にあって、同社は逮捕後すぐに記者に違法行為があったと謝罪し、正当な業務であるという主張はしなかった。共同通信も同様である。推測するに、形式的な違法行為があったことは疑いようがない事実であって、これに対し当該行為を正当化するだけの「自信」がなかったということに尽きるのではないか。実際、もし「お詫び」ではなく「反論」をしていたら、両社とも袋叩きにあったことは容易に想像される。なぜなら当時、ネットでは両社の記者活動に対する批判が渦巻いていたからだ。

すでに日本社会において、冷静にジャーナリズムの必要性を説き、その一環の取材・報道活動が、時に形式的な違法行為であっても免責されるということを、意見表明する余地さえ残されていないということである。それは、冒頭のジャーナリズム弱体化要因の問いに対する二つ目の解でもあるが、政治家も含め市民社会全体のジャーナリズムに対する根深い軽視もしくは敵視があるということだ。

そして、こうした状況は報道の現場もしくは経営に対し直接間接にマイナスの影響を与えており、日々のジャーナリズム活動の、いわゆる「元気のなさ」に直結することになる。もちろんそれは現場の記者にも伝播しており、闘う記者は減少し、事なかれの取材・報道活動が蔓延する結果を生む。もちろん、いまでも数多くの優秀なジャーナリストは存在し、素晴らしい記事や番組が日々送り出されている。その一端は、多くの報道顕彰活動の受賞作品からも一目瞭然だ。

しかし、報道界全体を覆う空気が暗く淀んだものになれば、その中の宝石は見過ごされがちになる。何より、ジャーナリズムの結晶のような鋭い記事・報道がなくなっていき、総体として面白くない記事や番組が増えれば、当然、読者や視聴者はその場から立ち去っていく。まっとうなジャーナリズム活動に触れる機会自体がなくなっていくことになり、たまにそうした報道が社会に重要な問題提起をしても、振り向かれなくなってしまうことになる。

また、朱に交われば赤くなるという、使い古されたことわざを引用せざるを得ない状況もある。すなわち、やる気のなさは急速に周辺に伝播するということだ。そうしたなかで、闘う気概を持つジャーナリストは居場所を失っていくことになる。フリーランスの立場でも書く機会が確保されていればよいが、そうした「場」自体が失われているのも悲しい事実だ。例えば調査報道によってルポルタージュやノンフィクション作品を発表する場として存在していた雑誌群は、その数を急速に減らした。

週刊誌でいえば、新聞社系週刊誌は朝日や読売が撤退し、いまや『サンデー毎日』がかろうじて孤高を守っている状況で、短文記事を中心とする『AERA』（朝日新聞）はあるものの、外部調査報道を支える媒体ではない。また出版社系も、かつてはライターの活動を一手に支えていた総合週刊誌の『現代』（講談社）や『ポスト』（小学館）、『文春』や『新潮』が、こうした調査報道を掲載していくだけの余裕を失っている。

月刊誌でも二〇〇四年の『噂の真相』の休刊を皮切りに、二〇〇〇年代には『現代』『月刊プレイボーイ』『諸君！』が次々となくなり、一九年には『新潮45＋』が幕を閉じた。まさに一気に消滅したといってよい状況だ。残ったのは、『文藝春秋』『中央公論』『潮』『Voice』のほか『Hanada』『Will』『月刊日本』などで、リベラル系と色分けできるような総合雑誌は『世界』だけになる状況が生まれた。こうした論壇誌の減少は、単にジャーナリズム活動の場がなくなるというだけにとどまらず、言論の多様性自体が失われることを意味し、すでに多くの指摘がある通り、この点で『地平』の創刊が意味を持つことになる。

話をもう一度、新聞や放送の現場に戻すと、それでも変化の兆しがないわけではない。いまだに「ジャーナリズムでネタはとってこられない」という言葉が新人記者に投げかけられたり、警察取材や高校野球でしか記者のイロハは学べないと信じている一定の層が新聞社内などの管理職層にいることは否定できない。しかし一方で、地方紙を中心に、ジャーナリズムの基礎をしっかり学ぶことを採用に際してマイナスに評価しなくなり、むしろジャーナリズム活動を理解したうえで、一般的な風評でいうレガシーメディアをあえて職場に選ぶことを肯定的に捉えるように変わってきている（地方紙の状況については例えば、拙著『沖縄報道〜日本のジャーナリズムの現在』ちくま新書、二〇一八年）。

【起爆剤としてのジャーナリズム教育】

だからこそ、いまが「ジャーナリズム」を報道界自体が、そして社会全体が正しく理解し、真に定着させるにふさわしい時期であるし、そして、それは最後のチャンスであると考える。ＡＩが発達し、なんでも任せられる時代の到来が期待されているものの、一方でインターネット上の偽・誤情報の見分け方は、一人ひとりのリテラシーに委ねられるという当たり前の結論に落ち着きつつある。そこでいうリテラシーは、従来のメディアリテラシーや情報リテラシーとは一味違う「ジャーナリズム・リテラシー」に他ならない。

もう一つの重要なポイントは、きちんとジャーナリズムの基礎を学ぶことが、取材や報道の現場での問題対処に役立つはずだからだ。公権力側からの規制圧力は、一義的に現場との力関係で跳ね返せる場合も少なくない。あるいは、社内を説得して不合理な規制圧力と闘うには多少の基礎知識も必要だ。しかしこれらは、従来のＯＪＴ（職場内での訓練）の記者教育では不十分であり、しかもその反動で多くの放送局・新聞社・通信社で「コンプライアンス」という名の法令遵守を強いることによる厳しい自制を求める動きが進んでいる。

しかし、ジャーナリズム活動にとって必要なことは、法をこわごわ守ることではなく、自主自律の報道倫理を下支えとして自信をもって取材し報じることであり、それが表現の自由を実践するジャーナリストの本筋である。いかに法を超えて優位な取材・報道ができるか、その選択肢を一つでも増やすこともまたジャーナリズム教育の成果の見せどころである。こうした攻めのジャーナリズム活動を再構築していくには、新しいジャーナリズム手法の開発や建設的な批判が不可欠で、大学および大学院のジャーナリズム教育や研究が大きな貢献をすることになろう。

すなわち、これまでのリテラシーは多くの情報を収集できる能力、それらをうまく整理し発表する能力の習得に力が注がれてきた。さらにいえば教育現場の指導も、より上手に機器を操作し、自分が見たい情報に行きつくことを重視していたといえよう。しかしそれがフィルターバブルを生み、結果的に自分の好む情報に囲まれ、心地よく周囲一メートルの情報空間を形成することになったわけだ。それが現在の分断社会を生んできていることは、いうまでもない。

小学生からタブレット使用がデフォルトとなり、むしろ iPad 等のモバイルは、言葉を覚える前にアニメ等の動画を見、遊び道具として触る、最も身近なメディアとなっている。そしてその後の学校教育においても「情報」単元として、機器をうまく使いこなすための技の習得に注力されている。実際、デジタルネイティブ世代は、これら技術的使いこなしの能力も、ネット空間の可能性と危険性予知能力も、教員以上に肌感覚で理解していよう。しかしこれらの教育課程においても、「ジャーナリズム」が紹介されることはなく、一般的な「メディア」というくくりの中で教えられることになる。

媒体あるいは伝送路としてのメディアが理解されることはあっても、その機能や役割がきちんと習得されているかは疑わしい。同じことは残念ながら大学教育においても該当し、多くのメディア系科目で新聞や放送を扱う際には、人権侵害メディアであるとか、レガシーメディアは役割を終えたといった取り扱いが多い。あるいは、ジャーナリズム活動を否定的に扱う教員が多かったり、そもそも新聞を読まずテレビを見ない教員がメディア科目を担当していたりする場合が、残念ながらほとんどだ。

こうした状況を超えることは、これまでのリテラシーあるいはメディア教育では不十分である。まさにジャーナリズム教育の出番であって、本当であれば大学からではなく、小中高でも実践できることが望ましい。しかしここでないものねだりをしていても仕方なく、まずは、大学レベルにおいて、正面からジャーナリズム教育を実践することが、言論報道の現場を刺激し、それが社会を変えることに繋がると考える。それが現時点において数少ない、民主主義社会を維持させる道だとも思うからである。ある意味では、前述『地平』創刊と相通じるものがあるとも思う。

そうしたなか、専修大学は二〇一〇年にジャーナリズム学科（前身の人文・ジャーナリズム学科を含む）をスタートさせ、来る二〇二五年に大学院ジャーナリズム学専攻を開設する。あえて大仰に言えば、日本社会における民主主義社会の更なる強靭化と発達に貢献する、日常レベルと学術レベルを架橋する知の再構築を目指しての挑戦である。

すでに日本国内には二〇〇を超えるメディア系の学部・学科・大学院が存在するとされるが、ジャーナリズム教育に特化し「ジャーナリズム」名を冠した学科・大学院は、いずれも日本で唯一である。専修大学のジャーナリズム教育（「専修J」）は、これまで〈ジャーナリズム〉を再定義し、本格的な教育・研究を実践してきた。それは、広い社会的関心、多様な価値観への想像力、そして、議論の場作りに貢献し、広く合意の取れた目標の実現を目指す行動力を身につけた学生を社会に送り出すことにある。

その教育カリキュラムは、科目名で見ていただくことで具体的なイメージを持ってもらえるはずだ。

・基礎科目＝ジャーナリズム論、テキストメディア論、パブリックメディア論、ジャーナリズムの思想史、メディア・コミュニケーション史、言論法（ジャーナリズム法制）、ジャーナリズムの倫理、情報表現実習（基礎、応用、展開）

・基幹科目＝ウェブジャーナリズム論、新聞学、放送学、出版学、広告学、技術とメディア、市民とメディア、娯楽とメディア、宗教とメディア、難民とメディア、教育とメディア、言葉とメディア（日本ペンクラブとの協力講座）

・展開科目＝国際ジャーナリズム論（毎日新聞との協力講座）、政治ジャーナリズム論（読売新聞）、経済ジャーナリズム論（日本経済新聞）、科学ジャーナリズム論（現・科学とメディア、朝日新聞）、スポーツジャーナリズム論（東京中日スポーツ）、フォトジャーナリズム論（日本写真家協会）、沖縄ジャーナリズム論（沖縄タイムス）、戦争ジャーナリズム論（東京新聞）、映像ジャーナリズム論（東海テレビ、テレビ新広島、きろくびと）、雑誌ジャーナリズム論（講談社、大宅壮一文庫）、メディアコンテンツ制作（日活、NEXTEP）

・応用科目＝インタビュー論、調査報道論、憲法とジャーナリズム、メディア批評、事件・災害とジャーナリズム、現代社会とジャーナリズム、ジャーナリズムとメディア、世論調査、広報・PR論、電子出版論、アニメ産業論、マンガ論、メディア技術の基礎、グラフィックデザイン、ウェブデザイン、映像表現技法、映像特殊実習、シナリオライティング実習、ライティング、ジャーナリズム実習（映像制作技法）

これだけの専門科目をジャーナリズム系科目だけで有している学科は日本国内では唯一である。戦争・沖縄科目は、それぞれ広島や長崎、沖縄での現地実習を核とする実習科目で、毎年合計五十人ほどの学生が、米軍基地や抗議活動を実際に視察し話を聴く一週間を過ごすことになる。

さらにこれとは別に「アーカイブ」系科目がある。担当教員には、図書館情報学、博物館資料学の専門教員を擁するほか、二〇二五年四月からは情報公開クリアリングハウスの三木由希子を専任教員として迎え、情報公開・公文書管理の専門科目を担当する。このことにより、LMA

（図書館・博物館・文書館）連携を大学教育の場で実践する内容となり、こうした取り組みもまた、ジャーナリズムを活性化させる仕掛けの一つで、海外では実践例があるものの日本では初めてのものだ。これに、身体情報、心理情報、情報戦略からなる「スポーツインテリジェンス」系科目が加わる。

そして二〇二五年四月からは、この学部に接続する大学院を開講することになる。これまで、プロジャーナリストと良き市民（賢い市民）の輩出に注力してきた専修Jが、教育の拠点にプラスして研究の拠点としても活動の幅を広げることになる。現役ジャーナリストはじめ社会人を含めた有為な人材が加わることになろう。

これによって、これまでにないジャーナリズム学の研究の場として、多様な構成員間で化学反応が起き、新たなジャーナリズムの復興を実現していくことを期待していただきたい。研究拠点としてはすでに現代ジャーナリズム研究機構が始動しており、ウェブサイト（journalism.jp）を通じての情報発信や、一般向けイベントを数多く開催してきている。いかなるジャーナリズムが、ジャーナリスト教育が必要なのかの答えは、いまここにある。

【初出】
琉球新報
2020年10月10日～2024年12月18日「メディア時評」
（毎月1回連載）

東京新聞（*の項）
2020年11月17日～2021年3月16日「見張り塔から」
（隔月連載）
2021年7月11日～2024年12月24日「時代を読む」
（5週に1回連載）

いま、なぜジャーナリズム教育か
「出版ニュース」2019年3月中旬号

ジャーナリズムの拠点を構築するために
「地平」2025年2月号

*本書は、2022～2023年度専修大学研究助成（第1種）「集会の自由の今日的意義と意味」の成果の一部である。

山田健太（やまだ　けんた）
1959年生まれ。専修大学ジャーナリズム学科/大学院ジャーナリズム学専攻教授、専門は言論法、ジャーナリズム学。日本ペンクラブ副会長。放送批評懇談会、自由人権協会、情報公開クリアリングハウスなどの各理事を務める。ほかに、日本写真家協会・名取洋之助写真賞選考委員、映倫・次世代への映画推薦委員会委員、日本図書館協会・図書館の自由委員会委員、神奈川県文化芸術振興審議会委員など。日本メディア学会理事、日本出版学会理事、日本編集者学会監事、BPO放送人権委員会委員、世田谷区情報公開・個人情報保護審議会会長、川崎市文化賞等選考委員副委員長などを歴任。キュレーターとして、「デジタル・フォト・ジャーナリズム展」2002年（図録『デジフォジャBOX』）、「here is new york －市民が見つめた9.11写真展」2003年などを企画（日本新聞博物館）。東京新聞、琉球新報にコラムを連載中。
主な著書に、『法とジャーナリズム　第4版』（勁草書房）、『ジャーナリズムの倫理』（勁草書房）、『「くうき」が僕らを呑みこむ前に』（理論社、共著）、『沖縄報道～日本のジャーナリズムの現在』（ちくま新書）、『放送法と権力』（田畑書店）、『言論の自由　拡大するメディアと縮むジャーナリズム』（ミネルヴァ書房）、『ジャーナリズムの行方』（三省堂）、『3・11とメディア　徹底検証　新聞・テレビ・WEBは何をどう伝えたか』（トランスビュー）、『現代ジャーナリズム事典』(三省堂、監修)、『政治のしくみと議員のしごと』（トランスビュー、共編）、『放送制度概論－新・放送法を読みとく』（商事法務、共編）など多数。

田畑書店

転がる石のように

揺れるジャーナリズムと軋む表現の自由

2025年4月20日　印刷
2025年4月25日　発行

著者　山《やま》田《だ》健《けん》太《た》

発行人　大槻慎二
発行所　株式会社 田畑書店
〒130-0025　東京都墨田区千歳2-13-4　跳豊ビル301
tel 03-6272-5718　fax 03-6659-6506
本文組版　田畑書店デザイン室
印刷・製本　モリモト印刷株式会社

ISBN978-4-8038-0459-1 C0030
定価はカバーに表示してあります
落丁・乱丁本はお取り替えいたします